Über dieses Buch

Dieses wahrhaft revolutionäre Buch verwandelt unser Denken von Grund auf. Wer es gelesen hat, wird alles rundum mit anderen Augen sehen: Nachbarn und Freunde, Frau und Kinder – und sich selbst. Und er wird vieles Alltägliche ebenso wie vieles bisher Unbegreifliche nun mit jener Nachsicht verstehen, die ihn dieses Buch lehrt. Kühn und konsequent nämlich, amüsant und aufreizend sachlich gibt hier ein Zoologe und Verhaltensforscher seine neue Antwort auf die alte Frage: Was ist der Mensch?
Er ist immer noch ein Affe, aber der einzige unter insgesamt 193 Arten, der nackt ist und in vielem so ganz anders als alle übrigen, dessen Verhalten jedoch nur zu erklären ist aus seiner Herkunft von früchtesammelnden Affen des Urwalds und beutejagenden Raubaffen der Steppe: In unserem gesamten Leben, im Sexuellen wie im Sozialen, in unseren Aggressionen und Neigungen, in unserer schöpferischen Neugier, in den Gewohnheiten des Essens und der Körperpflege, ja selbst in unseren Glaubensvorstellungen weist dieses Buch das Wirken tiefverwurzelter Verhaltensweisen unserer uralten Ahnen nach. Dabei nimmt es auf kein Tabu Rücksicht. Und doch ist es ganz durchdrungen vom Glauben an den Menschen und seine Zukunft.

Vollständige Taschenbuchausgabe
© Droemersche Verlagsanstalt Th. Knaur Nachf.
München/Zürich 1968
Die Originalausgabe THE NAKED APE erschien
bei Jonathan Cape, London
© 1967 by Desmond Morris
Aus dem Englischen übersetzt von Fritz Bolle
Umschlagfoto: Werner Bokelberg/STERN
Gesamtherstellung Ebner, Ulm
Printed in Germany
ISBN 3-426-00224-8

 1.–15. Tausend März 1970
16.–25. Tausend März 1970
26.–35. Tausend Juli 1970
36.–50. Tausend März 1971
51.–62. Tausend Februar 1972
63.–72. Tausend September 1972

Desmond Morris:
Der nackte Affe

Droemer Knaur

Die Entwicklung der Menschheit

von Erich Kästner (1932)

Einst haben die Kerls auf den Bäumen gehockt,
behaart und mit böser Visage.
Dann hat man sie aus dem Urwald gelockt
und die Welt asphaltiert und aufgestockt,
bis zur dreißigsten Etage.

Da saßen sie nun, den Flöhen entflohn,
in zentralgeheizten Räumen.
Da sitzen sie nun am Telefon.
Und es herrscht noch genau derselbe Ton
wie seinerzeit auf den Bäumen.

Sie hören weit. Sie sehen fern.
Sie sind mit dem Weltall in Fühlung.
Sie putzen die Zähne. Sie atmen modern.
Die Erde ist ein gebildeter Stern
mit sehr viel Wasserspülung.

Sie schießen die Briefschaften durch ein Rohr.
Sie jagen und züchten Mikroben.
Sie versehn die Natur mit allem Komfort.
Sie fliegen steil in den Himmel empor
und bleiben zwei Wochen oben.

Was ihre Verdauung übrigläßt,
das verarbeiten sie zu Watte.
Sie spalten Atome. Sie heilen Inzest.
Und sie stellen durch Stiluntersuchungen fest,
daß Cäsar Plattfüße hatte.

So haben sie mit dem Kopf und dem Mund
den Fortschritt der Menschheit geschaffen.
Doch davon mal abgesehen und
bei Lichte betrachtet sind sie im Grund
noch immer die alten Affen.

Aus Erich Kästner: *Bei Durchsicht meiner Bücher*
Droemer Knaur, München / Atrium Verlag, Zürich

Inhaltsverzeichnis

Dank des Autors 6
Warum dieses Buch geschrieben wurde 7

1 Herkunft 11
2 Sex 47
3 Aufzucht 94
4 Neugier 117
5 Kämpfen 134
6 Nahrungsaufnahme 176
7 Körperpflege 188
8 Beziehungen zu Tieren 204

Literaturnachweis 230
Bibliographie 233
Register 238

Dank des Autors

Dieses Buch wendet sich an einen denkbar weiten Leserkreis; deshalb werden auch im Text keine Arbeiten von Fachleuten zitiert – solche Zitate, wie sie einem Spezialwerk anstehen, würden hier nur den Fluß der Darstellung aufhalten. Wohl aber sind während der Arbeit an diesem Buch zahlreiche brillante Aufsätze und Bücher zu Rate gezogen worden; es wäre unstatthaft, nicht dankbar anzuerkennen, welch wertvolle Hilfe mir diese Veröffentlichungen gewesen sind. Im Anhang habe ich darum auch für jedes Kapitel und für die jeweils dort behandelten Themen die Spezialisten genannt, auf deren Arbeiten ich mich stütze; gefolgt ist dieser Teil des Anhangs von einer Literaturauswahl mit genauen bibliographischen Angaben.

Mit besonderer Freude aber trage ich hier meine Dankesschuld an die zahlreichen Kollegen und Freunde ab, die mir behilflich gewesen sind, direkt und indirekt, im Gespräch, im Briefwechsel und auf manch andere Art und Weise. Es waren dies vor allem: Dr. Anthony Ambrose, David Attenborough, Dr. David Blest, Dr. N. G. Blurton-Jones, Dr. John Bowlby, Dr. Hilda Bruce, Dr. Richard Coss, Dr. Richard Davenport, Dr. Alisdair Fraser, Professor J. H. Fremlin, Professor Robin Fox, Baroness Jane von Lawick-Goodall, Dr. Fae Hall, Professor Sir Alister Hardy, Professor Harry Harlow, Mary Haynes, Dr. Jan van Hooff, Sir Julian Huxley, Devra Kleiman, Dr. Paul Leyhausen, Dr. Lewis Lipsitt, Caroline Loizos, Professor Konrad Lorenz, Dr. Malcolm Lyall-Watson, Dr. Gilbert Manley, Dr. Isaac Marks, Tom Maschler, Dr. L. Harrison Matthews, Ramona Morris, Dr. John Napier, Caroline Nicolson, Dr. Kenneth Oakley, Dr. Frances Reynolds, Dr. Vernon Reynolds, The Hon. Miriam Rothschild, Claire Russell, Dr. W. M. S. Russell, Dr. George Schaller, Dr. John Sparks, Dr. Lionel Tiger, Professor Niko Tinbergen, Ronald Webster, Dr. Wolfgang Wickler und Professor John Yudkin.

Die Aufnahme der Namen in diese Liste bedeutet, wie ich mit Nachdruck betonen möchte, keinesfalls, daß der oder die Betreffende die von mir in diesem Buch vorgetragenen Ansichten teilt.

Warum dieses Buch geschrieben wurde

Es gibt einhundertdreiundneunzig Arten heute lebender Affen, Tieraffen (wie Meerkatze und Pavian) und Menschenaffen (wie Gorilla, Schimpanse und Orang-Utan). Bei einhundertzweiundneunzig ist der Körper mit Haar bedeckt; die einzige Ausnahme bildet ein nackter Affe, der sich selbst den Namen *Homo sapiens* gegeben hat. Dieser ebenso ungewöhnliche wie äußerst erfolgreiche Affe verbringt einen Großteil seiner Zeit damit, sich über seine hohen Zielsetzungen den Kopf zu zerbrechen, und eine gleiche Menge Zeit damit, daß er geflissentlich über seine elementaren Antriebe hinwegsieht. Dieser *Homo sapiens* ist stolz darauf, das größte Hirn unter allen Primaten zu besitzen (als Primaten, Herrentiere, hat schon anno 1758 der Altmeister der Klassifizierung aller Lebewesen, Carolus Linnaeus in Uppsala, die Halbaffen, Tieraffen, Menschenaffen und den Menschen zusammengefaßt), sucht aber die Tatsache zu verheimlichen, daß er auch den größten Penis hat – wobei er diesen Ruhmestitel fälschlicherweise gern dem mächtigen Gorilla zuschiebt. Der *Homo sapiens* ist ein ungemein stimmbegabter, ein scharfsinnig immer nach Neuem suchender, ein alle anderen auch in der Individuenzahl (und hier bis zum Überquellen) weit übertreffender Affe – und es wird höchste Zeit zu untersuchen, was die Grundlagen seines Verhaltens sind.

Ich bin Zoologe, Tierforscher, und der nackte Affe ist ein Tier. Deshalb ist es durchaus berechtigt, wenn ich in ihm ein Wild für meine Feder sehe – ich denke nicht daran, ihm noch länger aus dem Weg zu gehen nur deshalb, weil manches an seinem Verhalten so komplex und so beeindruckend ist. Was ich dabei außerdem zu meiner Entschuldigung anführen kann, ist die Tatsache, daß der *Homo sapiens*, so äußerst gescheit er auch geworden sein mag, dennoch ein nackter Affe geblieben ist: Während er sich höchst erhabene neue Motive angeeignet hat, ist ihm doch keiner seiner sehr erdgebundenen alten Triebe verlorengegangen. Das stürzt ihn oft genug in Verwirrung, doch ist es nun einmal so: Seine alten Antriebe trägt er seit Jahrmillionen in sich, seine neuen aber erst seit höchstens einigen wenigen Jahrtausenden – und es gibt keinen Anlaß zu der Hoffnung, daß das in seinem Erbgut aus einer langen stammesgeschichtlichen Vergangenheit Angesammelte schnell und leicht abzuschütteln ist. Er wäre ein weit weniger bekümmertes und weit mehr mit sich zufriedenes Lebewesen, wenn er dieser Tatsache nur erst einmal ins Gesicht sehen wollte. Vielleicht kann ihm der Zoologe dabei behilflich sein.

An den früheren Untersuchungen über das Verhalten des nackten Affen ist eines besonders merkwürdig: daß man dabei nahezu immer das in die Augen Fallende nicht gesehen hat. Die Völkerkundler von einst haben Expeditionen in die unmöglichsten Ecken der Welt unternommen, um dort die Lösung für das Rätsel unseres Wesens zu finden; sie stöberten dabei versteckte Kulturen auf, so untypische und so erfolglose Kulturen, daß sie fast ausgestorben sind. Und dann kamen die Forscher heim, mit sensationellen Tatsachen über bizarre Heiratsbräuche, seltsame Stammesorganisationen oder unheimliche Riten; von diesem Material machten sie Gebrauch, als sei es von zentraler Bedeutung für das Verhalten unserer Art insgesamt. Was damals geleistet worden ist, bleibt selbstverständlich äußerst interessant und höchst wertvoll deshalb, weil es uns zeigt, was passieren kann, wenn eine Gruppe nackter Affen in einen Seitenarm des Entwicklungsstromes und dort in eine kulturelle Sackgasse gerät, gleichsam in ein Altwasser abseits des Hauptstromes. Es ließ auch erkennen, wie weit unsere Verhaltensweisen vom Normalen abzuirren vermögen, ohne daß es zum totalen Zusammenbruch der Gesellschaftsstruktur kommt. Was das Material uns jedoch nicht zeigte, war auch nur einiges über das typische Verhalten typischer Nacktaffen. Das kann man nur erfahren, indem man die gewöhnlichen Verhaltensweisen prüft, wie sie bei allen gewöhnlichen, erfolgreich ihr Dasein meisternden Angehörigen der hauptsächlichen Kulturen gleichermaßen auftreten – bei denen, die sich sozusagen inmitten des Hauptstromes befinden und damit die überwältigende Mehrheit ausmachen. Biologisch betrachtet, ist dies die einzig richtige Einstellung. Der Völkerkundler alten Stils freilich hat ihr gegenüber den Einwand, daß seine im Technischen so einfachen Stammesgruppen dem Kern der Sache näher stehen als die Angehörigen der fortgeschrittenen Kulturen. Dazu sei in aller Bescheidenheit bemerkt, daß dem nicht so ist. Die einfachen Stammesgruppen, die heute noch existieren, sind nicht primitiv im Sinne von urtümlich – sie sind vom Weg abgekommen. Wirklich primitive, nämlich wirklich urtümliche Stämme gibt es schon seit Jahrtausenden nicht mehr. Der nackte Affe ist seinem Wesen nach eine explorative Art – will sagen: eine Art, die unablässig sucht, erkundet, probiert, die stets auf Neues bedacht ist, und das aber heißt, daß jede Gesellschaftsordnung, die es nicht geschafft hat, voranzukommen, in gewissem Sinne fehlgegangen ist. Irgend etwas ist mit ihr geschehen, irgend etwas hat bei ihr den dieser Art von der Natur gegebenen Trieb, die Umwelt zu erforschen und zu durchforschen, gehemmt. Die Eigentümlichkeiten, die von den Völkerkundlern bei solchen Stämmen studiert worden sind, können also durchaus gerade die Tatsachen sein, die den Fortschritt eben dieser Gruppen gestört haben. Und deshalb ist es gefährlich, Kenntnisse über sie zur Grundlage des einen oder anderen generellen Schemas für unser Verhalten als dem einer zoologischen Art nehmen zu wollen.

Im Gegensatz zu den Völkerkundlern sind die Psychiater und die Psychoanalytiker zu Hause geblieben und haben sich mit klinischen Studien an Menschen des Hauptstroms beschäftigt. Vieles von ihrem älteren Material allerdings leidet, wenn auch nicht an der Schwäche des von den Völkerkundlern zusammengetragenen Materials, so doch an einer unglücklichen Ausgangssituation: Die Individuen, auf die sich ihre Aussagen stützen, sind, trotz ihrer Zugehörigkeit zum Hauptstrom, notwendigerweise untypische Angehörige der Art. Denn wären sie heil und in Ordnung, erfolgreich und darum typische Individuen, so hätten sie nicht die Hilfe des Psychotherapeuten nötig gehabt und nicht ihren Beitrag zum Erfahrungsschatz des Psychiaters geliefert. Abermals will ich damit keineswegs den Wert solcher Forschung herabmindern. Sie hat uns zu einer eminent wichtigen Einsicht verholfen – zu der nämlich, wie unsere Verhaltensweisen zusammenbrechen können. Was ich meine, ist ganz einfach dies: Wenn wir versuchen, die grundlegend biologische Natur unserer Art als Gesamtheit zu diskutieren, so ist es unklug, allzu großes Gewicht auf frühere Befunde aus Völkerkunde und Psychiatrie zu legen.

(Hinzuzufügen ist hier, daß die Situation in Völkerkunde und Psychiatrie einem raschen Wandel unterworfen ist. Viele Wissenschaftler sehen jetzt, wo die Grenzen der älteren Methoden liegen, und wenden sich dem Studium typischer und gesunder Individuen zu – wie es jüngst ein Forscher ausdrückte: »Wir haben das Pferd am Schwanz aufgezäumt. Wir haben die abnormen Fälle angepackt, und erst jetzt, ein bißchen spät, beginnen wir uns auf die normalen zu konzentrieren.)

Die Betrachtungsweise, die ich für dieses Buch vorschlage, beruht auf der Kenntnis von Material, das aus drei Quellen kommt: 1) auf der Kenntnis unserer Vergangenheit, auf dem, was die Paläontologen an Knochen unserer alten Ahnen und an sonstigen Zeugnissen ihres Lebens ausgegraben haben; 2) auf der Kenntnis des tierischen Verhaltens, wie sie die Ethologen, die Verhaltensforscher, in subtilen Beobachtungen an zahlreichen Arten von Wildtieren gewonnen haben, vor allem an unseren nächsten Verwandten, den Tier- und Menschenaffen; 3) auf der Kenntnis, die man durch direktes Beobachten der fundamentalen, bei den erfolgreichen Angehörigen der großen zeitgenössischen Kulturen des Nacktaffen am weitesten verbreiteten Verhaltensweisen gewinnt.

Das ist ein gewichtiges Vorhaben, und deshalb wird es nötig sein, daß ich in manchem sehr stark vereinfache insofern, als ich all die vielfältigen Details der Methode und der Formulierung beiseite lasse und mich auf die Aspekte unseres Lebens beschränke, für die es offensichtliche Gegenstücke bei anderen Arten gibt: auf Tätigkeiten wie Nahrungsaufnahme, Körperpflege, Schlaf, Kampf, Gattenwahl und Sorge für die Nachkommenschaft. Mit diesen Grundproblemen konfrontiert – wie reagiert da der Nacktaffe? Lassen sich seine Reaktionen mit denen anderer Affen vergleichen und, wenn ja, wie? Inwiefern nimmt er eine Sonderstellung ein, und wie hängen seine Eigenheiten zusammen mit seiner Stammesgeschichte?

Es ist mir klar, daß ich das Risiko auf mich nehme, eine ganze Menge Leute vor den Kopf zu stoßen. Zu ihnen gehören solche, die keinen Wert darauf legen, nachzudenken über das Tier in sich; sie mögen meinen, daß ich unsere Art herabsetze, wenn ich von ihr in ungeschminkt tierischen Ausdrücken rede. Ihnen kann ich nur versichern, daß dies keinesfalls meine Absicht ist. Und dann sind da noch die Leute, die jeden Übergriff von seiten der Zoologie auf ihr Spezialgebiet übelnehmen. Ich aber glaube, daß mein Vorhaben von Wert sein kann und daß es – bei allen Unzulänglichkeiten – neues (und unerwartetes) Licht auf das Wesen unserer so außergewöhnlichen Art wird fallen lassen.

I Herkunft

In diesem oder jenem Zoo kann man gelegentlich an einem Käfig das Schild finden: »Neu für die Wissenschaft.« Im Käfig sieht man ein kleines Hörnchen sitzen – ähnlich unserem Eichkätzchen. Aber es hat schwarze Füße, und es stammt aus Afrika. Bisher war aus diesem Kontinent kein schwarzfüßiges Hörnchen bekannt. Man weiß nichts über dieses Tier. Und es hat keinen Namen.
Den Zoologen stellt dies Tierchen vor eine ganze Reihe von Fragen, etwa die: Was an der Lebensweise dieses Tieres hat es zu einer besonderen Art werden lassen? Oder: Wie unterscheidet sich dieses afrikanische schwarzfüßige Hörnchen von den dreihundertsechsundsechzig anderen heute lebenden Hörnchen-Arten, die bis jetzt bekannt – das heißt wissenschaftlich beschrieben und benannt – sind? Irgendwie und irgendwann im Ablauf der stammesgeschichtlichen Entwicklung der Hörnchen-Familie müssen sich die Ahnen unseres Tieres von den übrigen Angehörigen der Familie getrennt und eine eigene, selbständige Fortpflanzungsgruppe gebildet haben. Was aber in der Umwelt hat ihre Abtrennung als eine neue Lebensform ermöglicht? Der Weg, der dorthin führte, muß am Anfang ganz schmal gewesen sein: Eine kleine Gruppe von Hörnchen in einem bestimmten Gebiet wurde – so kann man vermuten – ein wenig abgewandelt und dadurch besser den besonderen Lebensbedingungen innerhalb dieses Gebietes angepaßt. Zu diesem Zeitpunkt freilich waren unsere Hörnchen noch durchaus in der Lage, sich mit ihren Verwandten in den angrenzenden Gebieten zu paaren: Die neue Form verfügte zwar über einen gewissen für ihre spezielle Lebensstätte geltenden Vorteil, war aber doch nicht mehr als eine Unterart, eine Rasse oder Subspecies, der ursprünglichen Art – jederzeit konnte sie noch verschwinden dadurch, daß sie vom Hauptstrom der Entwicklung wieder aufgesogen wurde. Mit der Zeit mag jedoch diese Gruppe neuer Hörnchen der ihnen eigenen Umwelt immer besser und besser eingepaßt worden sein, bis schließlich der Augenblick gekommen war, an dem es für sie vorteilhaft wurde, gegen jede weitere Vermischung mit ihren Nachbarn isoliert zu sein. In diesem Stadium mögen im Sozial- und im Sexualverhalten unserer Hörnchen ganz bestimmte Veränderungen vor sich gegangen sein, die eine Paarung mit anderen Hörnchen-Arten unwahrscheinlich und schließlich unmöglich machten. Zunächst kann es zu anatomi-

schen Abwandlungen gekommen sein, die etwa ein besseres
Erreichen der gerade für dieses Gebiet spezifischen Nahrung
ermöglichten, später aber änderten sich auch die Balzrufe und
-spiele, so daß schließlich nur noch Angehörige der neuen Form
auf sie ansprachen – und so war eine neue Art entstanden, von
den anderen wohlunterschieden, eine neu-artige, einzig-artige
Lebensform: die dreihundertsiebenundsechzigste Hörnchen-Art.
Wenn wir jetzt unser bisher unbenanntes Hörnchen in seinem
Zookäfig betrachten, dann können wir über all diese Dinge freilich
nur Vermutungen hegen. Was wir wirklich wissen, ist lediglich das
eine: seine Fellzeichnung – das Schwarz an den Füßen – weist
darauf hin, daß wir eine neue Form vor uns haben. Doch das ist
nur ein Symptom, ähnlich jenem äußeren Zeichen, das dem Arzt
einen Schlüssel zum Erkennen der Krankheit seines Patienten
liefert. Wollen wir diese neue Hörnchen-Art wirklich verstehen, so
dürfen wir den Schlüssel einzig und allein als solchen für einen
ersten Anfang ansehen: Er verrät uns ja nur, daß wir hier etwas
vor uns haben, das ein eingehendes Nachforschen wert ist. Wir
können natürlich versuchen, uns die Geschichte dieses Tieres vorzustellen. Aber das kann reine Vermutung bleiben und zu gefährlichen Irrtümern führen. Statt dessen fangen wir ganz bescheiden
damit an, daß wir dem Tierchen einen Namen geben, einen
einfachen und doch eindeutigen Namen: Afrikanisches Schwarzfußhörnchen. Und dann gilt es, jede seiner Lebensäußerungen,
alle Einzelheiten seines Baus und seines Verhaltens genau zu
beobachten, um feststellen zu können, ob und wie es sich von
anderen Hörnchen-Arten unterscheidet oder ob und wie es ihnen
ähnelt. Erst dann vermögen wir, einen kleinen Schritt um den
anderen, seine Geschichte zu rekonstruieren.
Der große Vorteil, über den wir verfügen, wenn wir Tiere wie
dieses Afrikanische Schwarzfußhörnchen untersuchen, ist der: Wir
sind keine Schwarzfußhörnchen – eine Tatsache, die uns jene
Bescheidenheit aufzwingt, wie sie sich für jede wirkliche wissenschaftliche Arbeit ziemt. Wie ganz anders, wie niederdrückend
anders werden die Dinge, wenn wir uns daran machen, das Men-
schentier zu untersuchen! Selbst für den Zoologen, der doch
wahrlich gewöhnt ist, ein Tier als Tier zu bezeichnen, ist es
schwer, die Überheblichkeit des subjektiv Betroffenseins abzulegen. Bis zu einem gewissen Grade können wir versuchen, diesen
Dünkel zu überwinden, indem wir uns ebenso behutsam wie
bedachtsam und eher etwas zurückhaltend dem Menschen so

nähern, als sei er eine andere Art als wir, eine fremde, merkwürdige Lebensform, die vor uns auf dem Seziertisch liegt, bereit, zergliedert zu werden. Doch wo und wie anfangen?
Wie bei jenem neuen Hörnchen können wir damit beginnen, daß wir den Menschen mit anderen, ihm anscheinend nahe verwandten Arten vergleichen. Was seine Zähne anlangt, seine Hände, seine Augen und verschiedene andere anatomische Einzelheiten, so gehört er offensichtlich zu den Primaten, wenn er auch eine höchst seltsame Art ist – wie seltsam, wird sofort klar, wenn wir die Bälge der heute lebenden einhundertzweiundneunzig Arten Affen, Tieraffen und Menschenaffen, in einer Reihe nebeneinander auslegen und dann uns vorstellen, wir sollten eine Menschenhaut in dieser langen Reihe irgendwo passend unterbringen: Wo immer wir es versuchen, scheint sie nicht am richtigen Platz zu liegen. Schließlich halten wir es für das beste, sie an das eine Ende der Reihe dort anschließen zu lassen, wo die Bälge der großen schwanzlosen Menschenaffen liegen, die von Schimpanse und Gorilla. Aber auch dort fallen die Unterschiede sofort ins Auge. Die Beine sind zu lang, die Arme zu kurz, die Füße absonderlich anders. Es ist ganz klar: Diese Primaten-Art hat eine ganz spezielle Eigenheit sich fortzubewegen herausgebildet, was wiederum ihre Körpergestalt verändert hat. Dann ist da aber noch ein weiteres Merkmal, das geradezu danach schreit beachtet zu werden: Die Haut ist de facto nackt, völlig unbehaart mit Ausnahme einiger auffallend behaarter Stellen auf dem Kopf, in den Achselhöhlen und in der Genitalgegend. Beim Vergleich mit den anderen Primaten-Arten ist dieser Unterschied geradezu dramatisch. Gewiß – manche Tieraffen- und Menschenaffen-Arten haben kleine nackte Hautflächen am Körper, im Gesicht, auf der Brust. Aber bei keiner der einhundertzweiundneunzig Arten finden wir in dieser Hinsicht etwas den Verhältnissen beim Menschen auch nur annähernd Vergleichbares. An diesem Punkt angelangt und ohne Vorgriff auf weitere Untersuchungen ist es vollauf berechtigt, dieser neuen Art den Namen »Nackter Affe« zu geben – einen einfachen, eindeutig beschreibenden Namen, der auf einfacher Beobachtung beruht und sonst nichts vorwegnimmt. Vielleicht kann dieser Name uns dabei behilflich sein, Sinn für das rechte Maß zu haben und objektiv zu bleiben.
Der Zoologe, der nachdenklich auf diese sonderbare Art blickt und sich fragt, was wohl diese einzigartigen Merkmale zu bedeuten haben, wird als nächstes darangehen, Vergleiche anzustellen. Wo

sonst noch ist Nacktheit ein hervorstechendes Kennzeichen? Da bei den übrigen Primaten auf diese Frage keine Antwort zu erhalten ist, heißt es, sich weiter umblicken. Ein schnelles Überschlagen aller heute lebenden Säugetiere zeigt sehr bald, daß sie bemerkenswert fest auf ihrem schützenden Haarkleid beharren: Nur ganz wenige von den insgesamt 4237 Arten sind in der Lage gewesen, darauf verzichten zu können. Ihren Ahnen aus dem Kriechtiergeschlecht gegenüber haben die Säugetiere den physiologisch bedeutsamen Vorteil, daß sie ihre Körpertemperatur ständig auf gleicher Höhe halten und damit die komplizierten in ihrem Organismus ablaufenden Prozesse zur Höchstleistung bringen können. Diese »Warmblütigkeit« ist so lebenswichtig, daß sie nicht ohne weiteres in Gefahr gebracht werden darf, und das gleiche gilt für alles, was zur Regelung einer konstanten Körpertemperatur dient. Dazu gehört insbesondere ein dichtes, isolierendes Haarkleid, das einerseits vor Wärmeverlust schützt, andererseits bei kräftiger Sonnenbestrahlung einer Überhitzung entgegenwirkt und außerdem die Haut vor den Einwirkungen der Lichtstrahlen bewahrt. Fehlt dieses Haarkleid, so muß, wie leicht einzusehen, ein sehr gewichtiger Grund für seine Abschaffung vorgelegen haben. Von ganz wenigen Ausnahmen abgesehen, ist es bei den Säugetieren zu diesem Schritt nur beim Übergang in ein ganz neues Medium gekommen: Die fliegenden Säugetiere, die Fledermäuse und Flughunde, mußten die Haut ihrer Schwingen nackt werden lassen, haben aber sonst allenthalben ihren Pelz behalten und können also keineswegs als nackte Arten bezeichnet werden. Bei den unterirdisch grabenden Säugern ist in einigen wenigen Fällen – genannt seien Nacktmull, Erdferkel und Gürteltiere – das Haarkleid rückgebildet. Und zum Leben im Wasser übergegangene Säugetiere wie Wale, Seekühe und Flußpferde sind im Zuge der Entwicklung zur Stromliniengestalt nackt geworden. Für nahezu alle anderen und zudem typischen Säugetiere des festen Landes hingegen, ob sie nun Läufer sind oder Kletterer, gehört das dichte Fell zur »Grundausstattung«. Sieht man einmal ab von den ohnehin einen Sonderfall bildenden Riesentieren, den Nashörnern und Elefanten (die ihre eigenen Probleme des »Heizens« und »Kühlens« haben), so steht der nackte Affe allein, herausgehoben durch seine Nacktheit aus all den Tausenden von Arten behaarter oder bepelzter Landsäuger.

An dieser Stelle angekommen, sieht sich der Zoologe zu dem Schluß gezwungen, daß er es entweder mit einem unterirdisch grabenden, vielleicht auch mit einem im Wasser lebenden Säugetier zu tun hat oder aber daß etwas sehr Sonderbares, wahrlich Einzigartiges in der Entwicklungsgeschichte des nackten Affen geschehen ist. Aber bevor sich der Zoologe zu einer Expedition aufmacht, um diesen nackten Affen in seinen heutigen Lebensstätten und hinsichtlich seiner heutigen Lebensäußerungen zu beobachten, wird er in die Vergangenheit zurückzugehen und die unmittelbaren Vorfahren der Nacktaffen so genau wie möglich kennenzulernen versuchen. Vielleicht versetzt uns die Überprüfung von Knochenfunden und von anderen Zeugnissen, vielleicht auch ein Blick auf die heute noch lebenden nächsten Verwandten in die Lage, uns ein Bild davon zu machen, was geschehen ist, als dieser neue Primaten-Typ auftauchte und sich vom alten gemeinsamen Stamm löste.

Es würde zu weit führen, hier alle die oft winzigen Beweisstücke vorzuführen, die innerhalb der letzten hundert Jahre mühselig zusammengetragen worden sind. Statt dessen wollen wir darauf vertrauen, daß die Aufgabe, soweit sie gelöst werden konnte, gelöst worden ist, und einfach das Fazit ziehen, indem wir die Erkenntnisse, die sich aus der Arbeit der nach Fossilien grabenden Paläontologen ergeben, mit denen kombinieren, die uns die Verhaltensforscher mit ihren geduldigen Beobachtungen an Menschenaffen geliefert haben.

Die Gruppe der Primaten, zu denen unser nackter Affe gehört, stammt her von altertümlichen, primitiven Insektenfressern. Diese frühen Säugetiere waren kleine, unscheinbare Geschöpfe, die flink und behende ihr Wesen im Schutz der Urwälder trieben zu einer Zeit, in der die Kriechtiere in Gestalt der großen Saurier den Schauplatz beherrschten. Vor achtzig bis fünfzig Millionen Jahren – nachdem die große Zeit der Reptilien ihr Ende gefunden hatte –, begannen die kleinen Insektenfresser sich in neue Lebensstätten hinauszuwagen. Sie breiteten sich aus und nahmen dabei vielerlei Gestalt an. Manche wurden Pflanzenfresser, andere gingen aus Gründen der Sicherheit zur grabenden Lebensweise über, einige bekamen lange Stelzbeine, die ihnen zu schneller Flucht vor den Feinden verhalfen. Und wieder andere wurden langkrallige, scharfzähnige Räuber und Mörder – die großen Reptilien hatten zwar abgedankt und waren vom Schauplatz verschwunden, aber wiederum war das offene Land zum Schlachtfeld geworden.

Immer noch aber klammerten sich inzwischen kleine Füße an die Sicherheit, die der dichte Wuchs des Urwalds bot. Doch auch hier

gab es Fortschritte: Die frühen Insektenfresser vergrößerten ihren Speisezettel – sie bewältigten die Verdauungsprobleme, die sich ihnen stellten, als sie Früchte, Nüsse, Beeren, Knospen und Blätter zu sich nahmen. Und als sie sich zu den niedersten Primaten umwandelten, vervollkommnete sich ihr Sehvermögen, die Augen rückten an die Vorderseite des Kopfes, und die Vorderfüße entwickelten sich zu Greifhänden, mit denen das Futter gefaßt und zum Mund geführt werden konnte. Mit dem dreidimensional-plastischen Sehen, mit den geschickten, fingerfertigen Händen, mit den allmählich sich vergrößernden Hirnen wurden die frühen Primaten mehr und mehr die Herren ihrer Welt im Urwald.
Irgendwann innerhalb eines Zeitraums, der fünfundzwanzig bis fünfunddreißig Millionen Jahre zurückliegt, haben diese Voraffen sich dann zu eigentlichen Affen entwickelt. Es entstanden lange Schwänze, mit denen sich das Gleichgewicht ausbalancieren ließ; gleichzeitig nahm die Körpergröße beträchtlich zu. Manche Formen waren auf dem besten Weg, sich zu reinen Laubfressern zu spezialisieren; die meisten jedoch hielten sich an abwechslungsreiche gemischte Kost. Mit fortschreitender Zeit wurden einige dieser Tieraffen noch größer, noch schwerer. Und sie gingen vom Klettern, Hüpfen und Springen zum Hangeln über – Hand über Hand sich von Ast zu Ast schwingend. Für diese Art der Fortbewegung war der Schwanz überflüssig geworden. Und die Größe der Tiere, mochte sie diese oben in den Bäumen auch schwerfälliger werden lassen, verhalf ihnen dazu, daß sie bei Ausflügen hinab auf den Waldboden weniger wachsam zu sein brauchten.
In diesem Stadium der Entwicklung – wir befinden uns jetzt in der Menschenaffen-Phase – sprach sehr viel dafür, daß die Ahnen des nackten Affen bei ihrem behaglichen Leben in der Üppigkeit des Gartens Eden blieben, in dem sie mühelos fanden, was sie brauchten. Nur wenn die Umwelt sie mit rauher Hand hinausgestoßen hätte in die weiten Räume des offenen Landes, wären sie wahrscheinlich gegangen. Denn anders als die kühnen Pioniere der frühen Säugerzeit hatten sich die Menschenaffen zu hochspezialisierten Urwaldbewohnern entwickelt, waren sie im Laufe von Jahrmillionen zur Aristokratie der Wälder geworden – dieses ihr Reich verlassen hätte bedeutet, daß sie sich den (zu dieser Zeit) bereits hochentwickelten Pflanzenfressern und Raubtieren des offenen Landes zur Auseinandersetzung hätten stellen müssen. Und so blieben sie, wo sie waren, lebten in Ruhe ihr Leben, zufrieden ihr Obst schmatzend.

Es sei betont, daß dieser Trend zum Menschenaffen sich aus ganz bestimmten Gründen nur in der Alten Welt herausgebildet hatte. Die Tieraffen waren zwar sowohl in der Alten als auch in der Neuen Welt zu Spezialisten der Baumkronenregion geworden, doch hatte der amerikanische Zweig der Primaten es zu keinen Ansätzen für ein Menschenaffenstadium gebracht. In der Alten Welt hingegen verbreiteten sich schon die Vorfahren der Menschenaffen über einen riesigen Waldgürtel, der sich von Westafrika bis nach Südostasien erstreckte – die heute noch lebenden Zeugen dieser Entwicklung sind in Afrika Schimpanse und Gorilla, in Asien Gibbon und Orang-Utan. Im Gebiet zwischen diesen beiden äußersten Vorposten fehlen heute behaarte Menschenaffen, denn die üppigen Urwälder sind dort verschwunden.

Was aber geschah nun wirlich mit den frühen Menschenaffenformen? Was wir wissen, ist dies: Es kam vor etwa fünfzehn Millionen Jahren zu einem Klimawechsel, der sich ungünstig für sie auswirkte – ihr Urwaldreich schrumpfte bedenklich. Und so standen diese Alt-Menschenaffen vor dem Zwang, entweder sich dort zu behaupten, wo ihnen ihre alte Urwaldheimat blieb, oder aber – fast im Sinne des Bibelwortes – aus dem Paradies vertrieben und mit dieser Tatsache fertig zu werden. Die Ahnen von Schimpanse und Gorilla, Gibbon und Orang blieben, wo sie waren; ihre Zahl ist seither langsam, aber stetig immer geringer geworden. Die Menschenaffen-Vorfahren der einzigen sonst noch erhalten gebliebenen Art, des nackten Affen, machten sich auf, verließen die Wälder und stellten sich dem Konkurrenzkampf mit den bereits sehr erfolgreich angepaßten Bewohnern des Erdbodens. Es war ein Vorhaben voller Risiken. Aber es hat – betrachtet vom Standpunkt des entwicklungsgeschichtlichen Erfolges – reiche Zinsen gebracht.

Die Geschichte vom Erfolg des nackten Affen ist von dem Moment an, da seine Ahnen hinausgingen in die Steppen, weithin bekannt. Dennoch wird eine kurze Zusammenfassung von Nutzen sein, weil es wichtig ist, sich vor Augen zu halten, was von da an geschehen ist, wenn wir daran gehen werden, uns ein objektives Bild vom heutigen Verhalten dieser Art zu machen.

Die neue Umwelt bot unseren Vorfahren wahrlich keine erfreulichen Aussichten. Entweder mußten sie bessere Fleischverwerter werden als die alteingesessenen Raubtiere oder bessere Pflanzenverwerter als die altbewährten Huftiere. Heute wissen wir, daß sich der Erfolg in gewissem Sinne doppelt eingestellt hat. Aber vergessen wir nicht, daß der Ackerbau erst wenige Jahrtausende alt ist, wir uns hier aber in Zeiträumen von Jahrmillionen bewegen. Eine hochspezialisierte Ausnützung des Pflanzenwuchses im Savannen- und Steppenland lag außerhalb der Möglichkeiten, die unseren damaligen Vorfahren gegeben waren – dazu bedurfte es der fortgeschrittenen Fähigkeiten sehr viel jüngerer Zeiten. Den aus dem Urwald Kommenden fehlte das richtige Verdauungssystem zur unmittelbaren Nutzung dessen, was das Grasland an pflanzlicher Nahrung bot. Gewiß – die Ernährung von Früchten und Nüssen im Wald hätte sich wandeln können in eine solche von Wurzeln und Zwiebeln im offenen Land; aber selbst da waren Grenzen gesetzt, die eine ernsthafte Beeinträchtigung bedeuteten: Im Urwald brauchte man nur in aller Bequemlichkeit die Hand auszustrecken und am Ende des nächsten Astes eine leckere reife Frucht zu pflücken; in der Steppe hingegen mußte man sehr mühselig seine pflanzliche Nahrung aus dem harten Boden scharren.

Nun standen allerdings auf dem alten Urwald-Speisezettel nicht nur Früchte und Nüsse. Tierisches Eiweiß war zweifellos für den Menschenaffen nicht minder wichtig. Schließlich war er ja aus dem alten Insektenfresserstamm hervorgegangen, und seine Urwaldheimat wimmelte zudem von Insekten und anderem Kleingetier: Da gab es saftige Käfer, Eier, hilflose Jungvögel im Nest, Baumfrösche und kleine Reptilien, und all das zu fressen und zu verdauen hatte für sein ohnehin nicht sonderlich spezialisiertes Verdauungssystem kein großes Problem bedeutet. Nun, auf dem Steppenboden stand solches Futter nicht weniger reichlich zur Verfügung, und so war kein Grund da, daß er nicht diesen Teil seiner Speisekarte erweitern sollte. Und vorerst konnte er es auch noch nicht aufnehmen mit den Jägern aus dem Raubtiergeschlecht, deren Beruf das Töten war; schon eine kleine Schleichkatze – ganz zu schweigen von den Großkatzen – war in der Lage, ihn zu Tode zu beißen. Wohl aber konnte er Jungtiere aller Art fangen, hilflose, schwächliche, kranke – und damit war der erste Schritt getan, ein erster leichter Schritt auf dem Weg zu vermehrter Fleischnahrung. Das aber, was als wirlich lohnende Beute lockte, stand auf hohen, stelzenhaften Beinen, bereit, jederzeit in blitzschneller Flucht davonzustürzen: Noch befanden sich die großen, mit tierischem Eiweiß vollgepackten Huftiere für die Steppen-Menschenaffen weit außerhalb des Zugriffs.

Damit sind wir zu der etwa letzten Jahrmillion in der Stammesgeschichte des nackten Affen gekommen und zugleich zu einer Reihe umwälzender, zunehmend dramatisch sich zuspitzender Entwicklungen. Verschiedenes geschah zugleich – und es ist wichtig, dies festzuhalten: Immer wieder und allzu oft wird diese Geschichte so erzählt, daß man das, was sich damals ereignete, Stück für Stück darlegt, so, als habe ein Fortschritt den nächsten nach sich gezogen. Das ist irreführend. Diese Ahnen aus dem Geschlecht der Steppen-Menschenaffen hatten bereits ein großes, leistungsfähiges Gehirn. Sie verfügten über einen vorzüglichen Gesichtssinn und über brauchbare Greifhände. Und als Primaten hatten sie selbstverständlich eine gewisse Art von Sozialordnung. Unter dem starken Druck, der sie zwang, mehr und mehr tierische Beute zu fangen und zu töten, darin immer tüchtiger zu werden, kam es zu entscheidenden Änderungen: Sie richteten sich mehr und mehr auf – wurden zu besseren, schnelleren Läufern. Die Hände, nicht mehr als Organe der Bewegung gebraucht, lösten sich vom Boden – sie wurden zu kräftigen, leistungsfähigen Greifwerkzeugen, die Waffen halten konnten. Das Gehirn verfeinerte sich, wurde komplexer und komplizierter – es entstand ein besser und rascher funktionierender Entscheidungsmechanismus. All das aber ging nicht nacheinander vor sich, es ergab sich nicht eines aus dem anderen im Ablauf eines größeren folgerichtigen Geschehens, sondern nebeneinander und in Wechselwirkung miteinander – ein winziger Schritt voran erst hier, dann dort, jeder den andern bedingend und vorwärts drängend: Ein jagender Menschenaffe entstand – ein Raubaffe.

Nun könnte man einwenden, warum denn wohl die Entwicklung nicht den Weg zu der weit weniger drastischen Ausbildung eines eher wildkatzen- oder wildhundähnlichen Raubaffentyps eingeschlagen hat, zu einem Katzenaffen etwa oder einem Wolfsaffen ganz einfach dadurch, daß die Zähne zu einem Raubtiergebiß wurden, die Nägel zu Raubtierkrallen als Waffe des Beuteschlagens und -tötens. Das aber hätte jene Steppen-Menschenaffen, unsere Ahnen, zu einer direkten kämpferischen Auseinandersetzung mit den bereits in dieser Hinsicht hochspezialisierten Raubtieren aus der Katzen- und Hundesippe gezwungen: Mit deren eigenen Waffen hätten sie sich ihnen stellen müssen, und der Ausgang dieses Kampfes wäre zweifellos verheerend geworden für die Primaten. (Soweit wir wissen, besteht durchaus die Möglichkeit, daß dieser Weg eingeschlagen wurde, sich aber so gründlich als Irrweg erwies, daß wir nicht einmal Belege dafür haben finden

können.) Statt dessen kam es zu einem ganz und gar neuen Versuch: Künstliche Waffen wurden gebraucht anstelle naturgegebener. Und dieser Versuch gelang.
Der nächste Schritt führte vom Werkzeugbenutzer (der einen Stein aufliest und ihn als Waffe führt) zum Geräthersteller (der den Stein zweckentsprechend als Waffe zurichtet). Parallel zu dieser Entwicklung läuft eine andere, die zu verbesserten Methoden der Jagd – verbessert nicht nur hinsichtlich der Waffen, sondern auch der Zusammenarbeit im Sozialverband. Die Raubaffen waren Rudeljäger, und wie sie in der Technik des Tötens Fortschritte machten, so taten sie dies auch in der Ordnung ihrer Gruppen. Auch die in Rudeln jagenden Wölfe haben ihre Taktik. Der Raubaffe jedoch mit seinem viel besseren Gehirn, als der Wolf es hat, konnte auch die Probleme der Verständigung und der Zusammenarbeit innerhalb der jagenden Gruppe viel besser lösen mit dem Erfolg, daß seine Jagdmethoden sich zunehmend vervollkommneten. Und immer noch hielt die stürmische Entwicklung des Gehirns an.
Die jagende Gruppe bestand im wesentlichen aus Männchen (oder sagen wir gleich: aus Männern, wie es auch die Zoologen bei den männlichen Menschenaffen tun). Die Weiber waren zu sehr mit dem Aufziehen der Jungen beschäftigt, als daß sie beim Jagen und Packen der Beute hätten mittun können. Mit zunehmender Vervollkommnung der Jagdarten kam es zu immer weiter sich dehnenden Streifzügen; damit aber wurde es für den Raubaffen entscheidend wichtig, abzugehen von der nomadisch hierhin und dorthin schweifenden Lebensweise seiner Vorfahren: Ein stetig beibehaltener Platz war nötig, eine Stätte, ein Lager, zu der die Jäger heimkommen konnten mit ihrer Beute, eine Wohnstelle, an der die Weiber und Kinder warten konnten, bis sie ihren Anteil an der Beute bekamen. Dieser Entwicklungsschritt hat, wie wir noch sehen werden, zu tiefgreifenden Auswirkungen auf zahlreiche Aspekte im Verhalten des Nacktaffen geführt – selbst solcher Nacktaffen von heute, die denkbar vergeistigt sind.
Und so kam der Raubaffe zu dem, was die Verhaltensforschung ein »Revier« nennt – ein abgegrenzter Bezirk, der als »Besitz« angesehen und verteidigt wird. Das gesamte Gefüge des Sexual-, Eltern- und Sozialverhaltens wurde dadurch entscheidend beeinflußt. Die alte Lebensweise des Umherziehens und Früchtesammelns schwand schnell dahin. Jetzt erst hatte der Raubaffe seinen Garten Eden endgültig verlassen. Er war ein Menschenaffe mit

Verantwortlichkeit geworden: Er begann, sich den Kopf zu zerbrechen über die urzeitlichen Gegenstücke von Waschmaschine und Kühlschrank. Er erfand, was zum Wohnkomfort gehört: Feuergebrauch, Lebensmittelvorrat, Unterkunft, die er nun sich selbst schuf. An dieser Stelle angekommen, gilt es einen Augenblick zu verharren. Denn jetzt gehen wir aus dem Bereich der Biologie über in den der Kultur. Die biologische Grundlage für diese letzten Fortschritte ist zwar ein Gehirn, groß und feinstrukturiert genug, den Raubaffen zu all dem zu befähigen; aber wie er es bewältigt, ist nun nicht mehr eine Angelegenheit der Lenkung und Steuerung durch das artspezifische Erbgut, durch Angeborenes. Der Urwald-Menschenaffe, der ein bodenbewohnender Steppen-Menschenaffe wurde, aus dem ein Raubaffe entstand, der sich zum räuberisch lebenden Affen mit Revierbesitz fortentwickelt hatte, ist nun ein Kulturaffe geworden. Und hier machen wir für ein Weilchen halt.

Es sei an dieser Stelle wiederholt, daß wir uns in diesem Buch nicht mit der nun folgenden mächtigen kulturellen Entfaltung befassen, auf die der nackte Affe von heute so stolz ist – stolz auf jenen dramatischen Fortschritt, der ihn in rund einer halben Million Jahre vom Anzünden des Lagerfeuers zum Zünden der Raketen von Raumschiffen geführt hat. Es ist dies ganz gewiß eine erregende Geschichte. Aber es steht zu befürchten, der nackte Affe läßt sich von alledem blenden und vergißt über dem trügerischen Schein an der Oberfläche, daß er noch immer und in sehr beträchtlichem Ausmaß zu den Primaten gehört. (»Aff bleibt Aff und Schelm bleibt Schelm, selbst wenn sie beide / daherstolzieren in Samt und Seide.«) Auch ein Weltraumaffe muß pinkeln . . .

Nur wenn wir uns den Weg sehr genau anschauen, der uns von den Ursprüngen her zu dem geführt hat, was wir sind, und wenn wir daraufhin unser Verhalten heute als das einer zoologischen Art unter biologischen Gesichtspunkten eingehend studieren – nur dann können wir wirklich ein wohlausgewogenes, objektives Verständnis unseres so außergewöhnlichen Daseins gewinnen.

Wenn wir unsere Entwicklungsgeschichte anerkennen, so wie sie hier skizziert worden ist, dann steht eines fest: daß wir entstanden sind als raubtierhafte Primaten, als Raubaffen. Das gibt uns unter den heute lebenden Tier- und Menschenaffen eine einzigartige Sonderstellung. Umwandlungen solcher Art sind jedoch aus anderen Säugetiergruppen keineswegs unbekannt. Beim schwarzweißen Bambusbären zum Beispiel liegt der Fall genau umgekehrt:

Während wir uns aus Vegetariern zu Fleischfressern entwickelt haben, ist der Bambusbär vom Fleischfresser zum Vegetarier geworden, und ganz ähnlich uns stellt er auch sonst in vielerlei Hinsicht ein außergewöhnliches, ja einzigartiges Geschöpf dar. Der Witz ist nämlich der, daß ein Wechsel solcher Art ein Lebewesen entstehen läßt mit einer zweifachen Persönlichkeit: Ist erst einmal über die Schwelle gekommen, so stürzt es gleichsam mit großer Entwicklungsenergie in seine neue Rolle – mit einer so großen Energie, daß es noch viele von seinen alten Eigenarten mit sich reißt. Die Zeit hat einfach nicht ausgereicht, all die alten Merkmale abzulegen, während schon in großer Eile die neuen sich ausbildeten. Als im Erdaltertum die ersten Fische sich daranmachten, das trockene Land zu erobern, da stürmten sozusagen ihre neuen Eigenschaften – die Eigenschaften vierfüßiger Landbewohner – voraus, während sie gleichzeitig noch immer die alten Zeugnisse ihres Wasserlebens mit sich schleppten. Denn es dauert Jahrmillionen, bis ein umwälzend neuer Tiertyp zu letzter Vollendung heranreift – die Pionierformen sind gewöhnlich sehr sonderbare Mischgestalten. Und so ein Mixtum compositum ist auch der Nacktaffe. Sein gesamter Körperbau, seine Lebensweise waren abgestellt auf ein Baumleben im Urwald – und dann wurde er plötzlich (plötzlich hier im entwicklungsgeschichtlichen Sinn gemeint) hinausgeschleudert in eine Welt, in der er nur bestehen konnte, wenn er ein Leben führte wie ein Wolf mit Witz und Waffen. Und nun gilt es sehr genau zu prüfen, wie dieser Wandel sich ausgewirkt hat nicht nur auf seinen Körper, sondern vor allem auch auf sein Verhalten. Und darüber hinaus müssen wir versuchen festzustellen, ob und wie sich der Einfluß dieses Erbes bis auf den heutigen Tag bemerkbar macht.

Eine Möglichkeit ist die, Körperbau und Lebensweise eines »reinen« früchtesammelnden Primaten mit denen eines »reinen« fleischfressenden Raubtiers zu vergleichen. Erst wenn wir uns ganz klar sind über die Unterschiede hinsichtlich dieser zwei so gegensätzlichen Methoden des Nahrungserwerbs, können wir darangehen, uns noch einmal die Situation des nackten Affen vorzunehmen und zu sehen, wie die Mischung entstanden ist.

Die hellsten Sterne am Raubtierhimmel sind einmal die Wildhunde und Wölfe und zum zweiten die Großkatzen wie Löwe, Tiger und Leopard. Sie sind wahrhaft großartig mit hochfeinen Sinnesorganen ausgestattet. Ihr Gehör ist scharf, die äußeren Ohren können sie so genau hierhin und dorthin richten, daß sie noch das leiseste Rascheln, den schwächsten Hauch wahrzunehmen vermögen. Ihre Augen, nicht sonderlich tüchtig im Erkennen von unbewegten Einzelheiten oder von Farben, reagieren unglaublich gut noch auf die winzigste Bewegung. Ihr Geruchssinn ist so vollendet, daß es uns schwerfällt, uns so etwas überhaupt vorzustellen; sie müssen buchstäblich in einer Landschaft von Gerüchen leben. Nicht nur, daß sie in der Lage sind, einen ganz bestimmten Duft mit unfehlbarer Sicherheit zu erkennen – sie können auch die einzelnen Duftkomponenten aus einem ganzen Geruchskomplex herausriechen. Bei Experimenten, die man 1953 mit Hunden angestellt hat, ergab sich, daß ihr Geruchssinn millionen- bis milliardenmal so scharf ist wie der unsrige. Diese staunenswerten Befunde sind allerdings inzwischen angezweifelt worden; in späteren, sorgfältigeren Untersuchungen waren sie nicht zu bestätigen. Aber selbst bei allervorsichtigster Schätzung bleibt es dabei, daß der Geruchssinn des Hundes noch immer etwa hundertmal so gut ist wie unsrer.

Zusätzlich zu dieser erstklassigen Ausstattung mit Sinnesorganen besitzen Wildhunde und Großkatzen eine wunderbar athletische Konstitution. Die Katzen haben sich als blitzschnelle Springer spezialisiert, die Wildhunde als Langstreckenläufer von großem Stehvermögen. Und für das Töten der Beute verfügen sie alle über mächtige Kiefer, gefährlich scharfe Zähne und, im Fall der Großkatzen, dick mit Muskeln bepackte Vordergliedmaßen, bewehrt mit riesigen, dolchartigen Klauen.

Für diese Tiere ist das Töten zum Selbstzweck geworden, zu dem, was die Verhaltensforschung eine Endhandlung nennt (wie Trinken, Schlafen, Begatten). Gewiß: Sie töten nur selten ohne Anlaß oder im Übermaß. Aber auch wenn man im Zoo eines dieser Raubtiere reichlich mit Fleisch eines bereits getöteten Tieres versorgt, ist sein Drang zu jagen alles andere denn gestillt. Ein Haushund, der von seinem Herrn ausgeführt wird oder gar hinter dem »Stöckchen« herhetzen und es packen darf, erhält dadurch für den ihm angeborenen Jagdtrieb Befriedigung in einem Ausmaß, wie es auch ein noch so voller Futternapf niemals schaffen könnte. Und selbst die bis zum Platzen vollgestopfte Hauskatze braucht einfach ihr nächtliches Schleichen und die Chance, einen ahnungslosen Vogel schlagen zu können.

Der Verdauungstrakt der Raubtiere ist darauf eingestellt, daß auf verhältnismäßig lange Zeiten des Fastens ein wildes Schlingen folgt. (Wölfe beispielsweise können bei einer einzigen Mahlzeit ein Fünftel ihres gesamten Körpergewichts fressen – wollten wir Entsprechendes leisten, müßten wir einen Braten von fünfzehn bis zwanzig Kilo auf einen Sitz zu uns nehmen.) Die Nahrung der Raubtiere ist sehr hochwertig; sie wird weitgehend im Körper ausgenutzt. Dennoch ist ihr Kot schmierig und übelriechend; bei manchen Arten wird er verscharrt und die Stelle sorgfältig zugedeckt. Andere setzen ihren Kot erst in beträchtlicher Entfernung von ihrem Lager ab. Und wenn Welpen den Bau beschmutzen, frißt die Mutter den Kot und hält so das Heim sauber.

Einfache Formen des Anlegens von Vorräten gibt es: Hunde und manche Katzen-Arten vergraben Aas, und der Leopard hängt Reste der Beute in Astgabeln auf. Auf Zeiten intensiver Spannung und körperlicher Aktivität beim Jagen und Beuteschlagen folgen periodisch Zeiten größter Faulheit und Entspannung. Bei Auseinandersetzungen innerhalb der Gruppe bedeuten die gefährlichen Waffen, die für das Beutemachen lebenswichtig sind, schon in Fällen von sonst unbedeutenden Streitigkeiten oder Rivalitäten eine höchst ernste Bedrohung für Leib und Leben: Zwei Wölfe oder zwei Löwen, die aneinander geraten, sind so schwer bewaffnet, daß ein Kampf mit Leichtigkeit und binnen Sekunden zu schlimmen Verletzungen oder zum Tode führen könnte. Das aber würde den Bestand der Art ernsthaft gefährden, und so sind im Ablauf der langen stammesgeschichtlichen Entwicklung, die diesen Arten zu ihren für den Beutefang notwendigen tödlichen Waffen verholfen hat, ebenso notwendigerweise sehr wirkungsvolle Hemmungen ausgebildet worden, die den Gebrauch der Waffen gegen Angehörige der eigenen Art unterbinden. Diese Hemmungen sind offenbar angeboren, beruhen auf artspezifischen ererbten Anlagen, denn sie brauchen nicht erlernt zu werden: Es haben sich »Demuthaltungen« entwickelt; der Unterlegene zeigt mit ihnen an, daß er aufgibt, und gleichzeitig beschwichtigt diese Demuthaltung den Überlegenen und hemmt ganz automatisch jeden weiteren Angriff. Solche Signale gehören zum lebenswichtigen Besitz der »reinen« Fleischfresser.

Die Jagdmethode ist von Art zu Art verschieden: Der Leopard, ein Einzelgänger, schleicht sich an oder lauert auf dem Ansitz, bis er schließlich zuspringt. Auch der Gepard pirscht sich behutsam an sein Opfer, stürmt dann aber die letzten hundert Meter in einem wilden Sprint. Der Löwe jagt gewöhnlich im Rudel: Einer scheucht die Beute zu panischer Flucht auf und treibt sie so dem im Hinterhalt liegenden Rest des Rudels zu. Das Wolfsrudel umzingelt das gehetzte Wild und reißt es gemeinsam. Und die buntscheckigen afrikanischen Hyänenhunde hetzen ihre Beute ebenfalls, aber in einem erbarmungslosen Galopp, wobei ein Hyänenhund den andern beim Angriff ablöst, bis das durch Blutverlust ermattete Wild gestellt ist und gerissen wird.

Jüngste Feldforschungen in Afrika haben das überraschende Ergebnis gezeitigt, daß auch die Fleckenhyäne ein Rudelgänger ist und nicht, wie man immer gedacht hat, hauptsächlich ein Aasfresser. Der Irrtum konnte sich so lange halten, weil die Hyänen sich nur in der Nacht zu Rudeln zusammenrotten und man nur Berichte vom Aasfressen tagsüber kannte. Wenn die Nacht hereinfällt, wird die Hyäne zum erbarmungslosen Töter – nicht weniger als der Hyänenhund am Tage. Bis an die dreißig Tiere jagen gemeinsam. Mühelos halten sie mit den verfolgten Zebras und Antilopen Schritt, die jetzt in der Dunkelheit ohnehin nicht die gleiche Geschwindigkeit wie am hellichten Tage erreichen. Immer wieder beißen die Hyänen in die Beine dieses oder jenes Beutetieres, bis es hinter der fliehenden Herde zurückbleibt. Und jetzt stürzen sich alle auf das Opfer und verbeißen sich in seine Weichteile, bis es stürzt und stirbt. Die gemeinsam jagenden Hyänen haben auch ein gemeinsames Lager; zu einem solchen »Klan« gehören zehn bis hundert Tiere. Die Weibchen halten sich dicht an das Lagergebiet, während die Männchen sehr viel beweglicher sind und manchmal weit in andere Gebiete wandern. Zwischen den Angehörigen eines Klans und denen eines anderen kommt es zu Feindseligkeiten, wenn Hyänen außerhalb ihres eigenen Klan-Reviers auf Fremde stoßen, während man zwischen Tieren des gleichen Klans nur wenige Aggressionshandlungen beobachtet hat.

Das Verteilen der Nahrung wird von einer ganzen Reihe von Arten geübt. Bei einer großen Beute ist natürlich genug Fleisch für die ganze Jagdgemeinschaft da, so daß es nur zu ein wenig Gezänk kommt; unter gewissen Umständen fällt aber selbst das weg, und man teilt sich den Raub. Von den Hyänenhunden zum Beispiel weiß man, daß der eine dem andern Futter vorwürgt, wenn die Jagd vorbei ist – manchmal in einem solchen Ausmaß, daß man schon gesagt hat, Hyänenhunde hätten einen »gemeinsamen Magen«.

Sind Junge da, so geben sich die Raubtiere alle Mühe, ihren Nachwuchs mit Nahrung zu versorgen. Löwinnen, die auf die Jagd ausgezogen sind, schleppen Fleisch ins Lager oder verschlingen große Stücke, die sie dann für die Jungen wieder herauswürgen. Auch von Löwenmännchen ist derartiges berichtet worden, doch scheint es nicht allgemein praktiziert zu werden. Wolfsrüden hingegen legen Entfernungen bis zu fünfundzwanzig Kilometer zurück, um dem Weibchen und den Welpen Futter zuzutragen. Große Knochen, an denen noch Fleisch sitzt, werden den Jungen mitgebracht, damit sie daran nagen können, oder beim Zerreißen der Beute verschlungenes Fleisch wird erbrochen, wenn der Rüde ins Lager zurückkommt.

Dies also waren einige der wichtigsten Eigenheiten der »reinen« Raubtiere, soweit sie in Zusammenhang stehen mit deren Lebensweise als Jäger. Wie lassen sie sich vergleichen mit denen »reiner« früchtesammelnder Tier- und Menschenaffen?

Im Sinnesapparat der höheren Primaten ist der Gesichtssinn sehr viel stärker ausgeprägt als das Riechvermögen. Kein Wunder: Beim Herumklettern im Laubgewirr der Bäume ist das Sehen weit wichtiger als das Wittern; dementsprechend hat sich die Schnauze verkleinert, wodurch wiederum die Augen ein besseres Gesichtsfeld bekommen. Bei der Futtersuche gibt die Farbe der Früchte wichtige Aufschlüsse, so daß, anders als die Raubtiere, die Primaten ein gutes Farbsehvermögen besitzen. Ihre Augen können auch Nichtbewegtes besser ausmachen: Was sie zur Nahrung brauchen, bleibt ja an Ort und Stelle – winzige Bewegungen zu erfassen ist für sie weniger lebenswichtig als das Erkennen feiner Unterschiede in Form und Struktur. Wesentlich ist auch ein gutes Gehör, wenn auch nicht so wichtig wie für die umherziehenden Jäger; so sind bei den höheren Primaten die Ohrmuscheln kleiner, und es fehlt ihnen an Beweglichkeit, die sie bei den Raubtieren aufweisen. Feiner ausgebildet ist hingegen der Geschmackssinn: Das Futter ist recht verschiedenartig und ganz unterschiedlich im Aroma – es gibt sehr viel mehr zu schmecken. Besonders stark entwickelt ist die Reaktion auf Süßes.

Hinsichtlich ihres Körperbaus sind die Primaten gut ausgerüstet für jedes Klettern, Klimmen und Klammern, nicht jedoch für hohe Geschwindigkeiten beim Rennen auf dem Erdboden oder für Höchstleistungen im Langstreckenlauf: Der Primatenkörper ist eher der eines behenden Akrobaten als der eines stämmigen Athleten. Die Hände sind vorzüglich geeignet zum Greifen, nicht jedoch zum Zuschlagen und Reißen. Kiefer und Zähne haben beachtliche Stärke, sind aber sonst keineswegs vergleichbar dem mächtigen Beiß-, Reiß- und Brechapparat der Raubtiere. Das gelegentliche Fressen unbedeutend kleiner Beutetiere bedarf keines gargantualischen Aufwandes: Töten gehört in der Tat nicht zu den Grundanforderungen im Leben der Primaten.

Die Nahrungsaufnahme erfolgt über einen guten Teil des Tages: Auf gewaltige Freßfeste folgen nicht, wie bei den Raubtieren, lange Zeiten des Fastens, sondern die Affen schmausen tagein, tagaus. Selbstverständlich gibt es auch Ruhepausen, normalerweise um die Tagesmitte und während der Nacht; dennoch ist der Unterschied auffallend. Futter ist immer da, es rührt sich nicht vom Fleck, sondern wartet nur darauf, gepflückt und gegessen zu werden. Alles, was die Tiere zu tun haben, ist, daß sie von einem Futterplatz zum nächsten ziehen, je nach Lust und Laune, je nach Appetit und je nach Fruchtwechsel und Jahreszeit. Nahrungsvorräte werden nicht angelegt, wenn man nicht den nur für kurze Frist aufbewahrten Inhalt der Backentaschen mancher Tieraffen dazurechnen will.

Der Kot ist weniger übelriechend als bei den Fleischfressern, und es hat sich auch kein besonderes Verhalten für sein Absetzen oder Verscharren entwickelt – er fällt ja schließlich einfach vom Baum herab, und da die Familienverbände und Gruppen ständig unterwegs sind, besteht kaum Gefahr, daß ihr jeweiliges Revier übermäßig verdreckt oder verstänkert wird. Selbst die großen Menschenaffen bauen sich allabendlich das Schlafnest, in dem sie die Nacht verbringen, an der jeweiligen Raststelle neu; auch sie brauchten sich also eigentlich keine Sorgen um die Sauberhaltung ihres Schlafplatzes zu machen. (Um so interessanter ist die Feststellung, daß man in 99 Prozent der verlassenen Gorillanester in einem Gebiet Afrikas Gorillakot gefunden hat und daß in 73 Prozent der Fälle die Tiere tatsächlich im Kot gelegen hatten. So etwas erhöht natürlich das Risiko einer Erkrankung durch Selbstansteckung, ist aber zugleich ein kennzeichnender Beleg dafür, daß die Primaten an ihrem Kot grundsätzlich desinteressiert sind.)

Da das Futter reichlich vorhanden ist und sich nicht von der Stelle bewegt, besteht für die Primaten keinerlei Veranlassung, sich bei der Nahrungssuche voneinander zu trennen. Sie können beim Umherziehen und bei der Flucht, bei der Rast und beim Schlafen in enger Gemeinschaft bleiben, wobei jeder auf jedes Bewegungen und Beschäftigungen achtet. Denn jedem kann in jedem Augenblick irgend etwas Gutes einfallen, was dann jeder nachmacht. Das aber ist nun ganz und gar nicht raubtierhaft. Auch bei solchen Primaten-Arten, deren Gruppen sich von Zeit zu Zeit aufteilen, besteht die kleinste Einheit niemals nur aus einem einzelnen Tier. Ein Affe allein ist ein sehr verletzliches Wesen, denn ihm fehlen die natürlichen Waffen der Raubtiere – als Einzelgänger fällt er allzu leicht dem schleichenden oder lauernden Jäger zum Opfer.

Der Sinn für ein Zusammenwirken, wie wir ihn bei Rudeljägern, etwa den Wölfen, antreffen, fehlt in der Primaten-Sippe weithin. Ihr Tageslauf wird bestimmt von Rangstreitigkeiten und Vorherrschaft. Selbstverständlich gibt es Auseinandersetzungen um die Stellung innerhalb der Rangordnung bei den Raubtieren ebenso wie bei den Primaten, doch sind die bei diesen nicht so gemildert wie bei den Rudeljägern, bei denen Zusammenarbeit vor Rangstreitigkeiten geht. Schwierige Jagdtaktiken, die eine Koordination verlangen, sind für die Affen unnötig; ihre Art des Nahrungserwerbs erfordert nicht, daß die Tiere sich auf so komplizierte Weise miteinander verbünden – Primaten können sehr viel mehr von einer Minute zur nächsten von der Hand in den Mund leben.

Da den Primaten überall und rundum genug Futter zur Verfügung steht, haben sie es kaum nötig, über weite Strecken zu wandern. Anläßlich sehr sorgfältiger Beobachtungen an Gorillas, den größten lebenden Primaten, in der Freiheit ihrer Urwaldheimat hat man auch ihre Bewegungen von Ort zu Ort verfolgt und dabei festgestellt, daß sie im Durchschnitt nur einen halben Kilometer am Tag zurücklegen, manchmal sogar nur wenige hundert Meter. Ganz anders bei Raubtieren: Sie müssen oft bei einem einzigen Jagdzug viele Kilometer durchstreifen, gelegentlich, wie wir wissen, bis achtzig Kilometer und mehr, so daß sie Tage brauchen, bis sie zum Lager zurückkehren. Dieses Heimkehren zum festen Standquartier ist typisch für die Raubtiere, hingegen weit weniger üblich bei Tier- und Menschenaffen. Gewiß – eine Gruppe Primaten lebt in einem deutlich begrenzten Revier; zur Nachtruhe jedoch wird sie sich wahrscheinlich dort begeben, wo sie sich gerade im Zug ihres Umherschweifens bei Tagesende befunden hat. Das Gelände, in dem eine solche Gruppe lebt, ist ihr zwar wohlbekannt, denn es wird ja immer wieder kreuz und quer durchstreift; aber die Gruppe wird ihren jeweiligen Aufenthalt innerhalb des ganzen Gebietes sehr viel mehr vom Zufall abhängen lassen. Auch die Beziehungen zwischen einer Bande von Affen und der nächsten sind weniger aggressiv und weniger defensiv als bei den Raubtieren. Ein Revier ist nach der Definition der Verhaltensforscher ein Bezirk, der verteidigt wird – Primaten sind daher keine typischen Tiere mit Revierbesitz.

Eine Kleinigkeit, aber eine für unsere Betrachtungen doch sehr wesentliche, muß noch erwähnt werden: Raubtiere haben Flöhe, Primaten nicht. Tieraffen und Menschenaffen werden von Läusen und manchen anderen Außenschmarotzern geplagt, nie jedoch – entgegen einer weitverbreiteten Meinung – von Flöhen. Und das aus gutem Grund, wie man sofort einsehen wird, wenn man den Lebensablauf des Flohs kennenlernt: Dieses Insekt legt nämlich seine Eier nicht (wie die Läuse es tun) an den Haaren des Wirtes ab, sondern auf dem Boden bei der Schlafstelle seines Opfers. Nach drei Tagen kriechen winzige, madenähnliche Larven aus den Eiern; sie saugen nicht Blut, sondern ernähren sich von all dem feinen zerriebenen Abfall im Schmutz des Lagers. Zwei Wochen alt, spinnen sie einen Kokon und verpuppen sich. In diesem Ruhestadium verharren sie zwei weitere Wochen, um dann als fertige Flöhe zu schlüpfen, bereit zum Sprung auf den Körper des nächst erreichbaren Wirtes. So ist der Floh für mindestens den ersten Monat seines Lebens getrennt von seiner Wirtsart. Und damit wird klar, warum nomadisch lebende Säugetiere wie Tier- und Menschenaffen nicht unter Flöhen zu leiden haben. Selbst falls wirklich einmal ein paar umherstreunende Flöhe auf Primaten gelangen und dazu das Glück haben, dort einen Gatten zu finden, werden die Eier bleiben, wo sie am Boden liegen, wenn die Affengruppe weiterzieht – die aus der Puppenhülle schlüpfenden Jungflöhe finden keinen Wirt, der »zu Hause« ist und ihnen die Möglichkeit gibt, ihre Sippe fortzupflanzen. Flöhe sind also Parasiten einzig und allein von Tieren mit fester Wohnstatt, beispielsweise von typischen Raubtieren. Wie wichtig diese Kleinigkeit ist, wird jedem Leser sofort einleuchten.

Beim Vergleich der so unterschiedlichen Lebensweisen der Raubtiere und der Primaten habe ich mich verständlicherweise auf die typischen Jäger des offenen Geländes einerseits und die typischen Fruchtsammler des Waldes andererseits beschränkt. Es gibt hier wie dort gewisse Abweichungen von der Regel; jetzt aber müssen wir uns mit der einen großen Ausnahme beschäftigen: mit dem nackten Affen. Bis zu welchem Grad war er fähig, sich selbst abzuwandeln, sein Fruchtsammler-Erbe zu verbinden und zu vermischen mit seinen neuerworbenen Raubtier-Eigenheiten? Genauer: Welche Art von Tier zu werden ist er dadurch veranlaßt worden?

Um mit den Sinnesorganen zu beginnen: In dieser Hinsicht war er für ein Leben am Boden schlecht ausgestattet – sein Geruchssinn zu schwach, sein Gehör nicht scharf genug. Körperlich war er hoffnungslos unterentwickelt, völlig ungeeignet für einen anstrengenden Dauerlauf ebenso wie für blitzschnelles Sprinten. Hinsichtlich des »Charakters« war er eher auf Streit aus als auf Zusammenwirken, und zweifellos hatte er für das Planen gemeinsamer Aktionen und für das Konzentrieren darauf kaum Anlagen. Zum Glück jedoch verfügte er über ein vorzügliches Gehirn; es war, was Auffassungsgabe und Anpassungsfähigkeit – nennen wir es Intelligenz – anlangt, bereits besser als das seiner Konkurrenten aus dem Raubtiergeschlecht. Dadurch, daß der nackte Affe sich aufrichtete, daß er seine Hände in der einen, seine Füße in der anderen Richtung abwandelte, daß sein Gehirn sich vervollkommnete und er von ihm Gebrauch machte so intensiv wie möglich, dadurch hatte er eine Chance.

Das ist leicht gesagt. In Wirklichkeit dauerte all dies lange Zeit, und es hatte vielerlei Rückwirkungen auf andere Seiten seines täglichen Lebens, wie noch zu zeigen sein wird. Was wir hier im Augenblick brauchen, ist eine Antwort auf die Frage: Wie hat er es zustande gebracht, und wie ist dadurch dann sein Verhalten bei der Jagd und bei der Nahrungsaufnahme beeinflußt worden?

Da für die Entscheidung im Konkurrenzkampf das Gehirn wichtiger war als Muskelkraft, mußte durch irgendeinen dramatischen Entwicklungsschritt die Hirnkraft wesentlich gesteigert werden. Wie das geschah, ist seltsam genug: Der Raubaffe wurde zum Kindsaffen. Dieser Trick ist im Entwicklungsgeschehen keineswegs einmalig – bei einer ganzen Reihe sonst grundverschiedener Fälle hat er sich bewährt. Sehr vereinfacht ausgedrückt, ist folgendes gemeint: In einem als Neotenie bezeichneten Vorgang werden gewisse jugendliche – wenn man will: infantile – Merkmale beibehalten bis ins Erwachsenenalter. (Ein berühmtes Beispiel ist der mexikanische Axolotl, eine Salamander-Art, die zeit ihres Lebens auf dem Larvenstadium der Kaulquappe stehenbleibt, sich in diesem Zustand jedoch fortzupflanzen vermag.)

Auf welche Weise diese Neotenie bei der Vergrößerung und Entwicklung des Primatenhirns wirksam geworden ist, macht man sich am besten klar, indem man das noch ungeborene Junge eines typischen Tieraffen betrachtet. Vor der Geburt nimmt das Gehirn des Affenbetus in Größe und Feinbau rapid zu; bei der Geburt hat es bereits siebzig Prozent seiner vollen Größe beim ausgewachsenen Tier erreicht. Die verbleibenden 30 Prozent werden schnell nachgeholt – in den ersten sechs Monaten. Noch beim Schimpansenkind ist es ähnlich: Es vollendet sein Hirnwachstum innerhalb der ersten zwölf Monate nach der Geburt. Ganz anders bei unserer Art: Wir haben bei der Geburt ein Gehirn, das nur 23 Prozent seiner endgültigen Größe im Erwachsenenalter ausmacht, der rapide Wachstumsprozeß hält sechs Jahre nach der Geburt an und ist völlig abgeschlossen erst mit dem dreiundzwanzigsten Lebensjahr.

Für jeden von uns geht also das Hirnwachstum noch etwa zehn Jahre *nach* Erreichen der Geschlechtsreife weiter, während es beim Schimpansen schon sechs oder sieben *vor* der ersten sexuellen Aktivität abgeschlossen ist. Diese Tatsache zeigt sehr klar, was gemeint ist, wenn wir gesagt haben, daß wir Kindsaffen geworden seien, aber es ist auch wichtig, diese Feststellung einzuschränken: Wir (oder besser: die Raubaffen als unsere Ahnen) wurden infantil hinsichtlich gewisser Züge, nicht jedoch hinsichtlich anderer. Die Rate der Entwicklungsgeschwindigkeit unserer verschiedenen Eigenschaften war ganz unterschiedlich. Während sie sich zum Beispiel bei unseren Fortpflanzungsorganen beschleunigte, hinkte sie beim Hirnwachstum hinterher. Und so war es auch bei anderen Teilen unserer Anatomie – bei manchen trat eine erhebliche Verzögerung ein, bei manchen eine geringe, bei anderen gar keine. Mit anderen Worten: Es war ein Prozeß unterschiedlicher Verkindlichung. War dieser Weg erst einmal eingeschlagen, so mußte die natürliche Auslese (die ausmerzt, was weniger gut angepaßt und deshalb weniger lebenstüchtig ist) alles begünstigen, was durch Verlangsamen in der Ausbildung dieses oder jenes Teils unserer Körperlichkeit zum Überleben in einer schwierigen, ja feindlichen Umwelt beitrug. Das Gehirn war nicht der einzige Körperteil, an dem das geschah – auch die Körperhaltung wurde auf die gleiche Weise beeinflußt. Beim ungeborenen Säugetier liegt die Schädelachse im rechten Winkel zur Körperachse. Würde es in dieser Stellung geboren, müßte beim vierfüßigen Laufen sein Kopf zum Boden hin gerichtet sein; deshalb dreht sich der Schädel vor der Geburt rückwärts so, daß seine Achse mit der des Körpers zusammenfällt, so daß nach der Geburt und beim Laufen der Kopf nach vorn zeigt. Wenn nun aber ein solches Tier anfangen würde, sich auf seinen Hinterbeinen aufzurichten und solchermaßen auch zu laufen, müßte sein Kopf himmelwärts gerichtet sein. Und deshalb ist es für ein aufrecht gehendes Tier wie den Raubaffen wichtig, den embryonalen rechten Winkel zwischen Schädel- und Körperachse beizubehalten, so daß, trotz der neuen Fortbewegungsweise, der Kopf nach vorn gerichtet ist. Das ist denn auch geschehen, und es liefert uns zudem ein weiteres Beispiel für Neotenie – das Erhalten eines vorgeburtlichen Stadiums bis hin ins Erwachsenenalter.

Viele andere körperliche Merkmale des Raubaffen können wir als auf diese Weise entstanden deuten: den langen schlanken Hals, das flache Gesicht, die kleinen Zähne und ihr spätes Durchbrechen, das Fehlen schwerer, vorspringender Augenbrauen und die Unfähigkeit, den großen Zeh so einschlagen zu können wie den Daumen.

Die Tatsache, daß so viele verschiedene embryonale Merkmale von potentiellem Wert für die neue Rolle waren, die der Raubaffe zu spielen hatte, führte zu dem entwicklungsgeschichtlichen Durchbruch, den er so nötig hatte. Auf einen neotenischen Schlag sozusagen, bekam er das Hirn, das er brauchte, und die Körperhaltung, deren er bedurfte: Jetzt konnte er aufrecht laufen, die Hände frei zum Waffentragen, und gleichzeitig entwickelte sich das Gehirn, das ihn befähigte, eben diese Waffen zu entwickeln! Mehr noch: Er wurde nicht nur klüger (man möchte fast mit dem englischen brainy – was von brain, Gehirn, kommt – sagen: »hirnlicher«), indem er mit allen möglichen Dingen herumhantierte, sondern durch die verlängerte Kindheit konnte er von den Eltern und anderen Erwachsenen auch mehr lernen. Affen- und Schimpansenkinder sind verspielt, explorativ (wir erinnern uns: neugierig, nach Neuem gierig im schönsten Sinn des Wortes) und erfinderisch, aber mit dieser Phase ist es bei ihnen schon sehr bald zu Ende.

Die Kindheit des nackten Affen hingegen war in dieser Hinsicht verlängert bis hin in die Zeit des geschlechtsreifen Erwachsenen – reichlich Spielraum, all die Fertigkeiten und Techniken nachzuahmen und zu lernen, die von vorangegangenen Generationen erfunden worden waren. Was eigentlich gegen seine Befähigung zum Jägerleben sprach: seine körperliche Schwächlichkeit, seine unzureichende Ausstattung mit den einschlägigen Instinkten – das wurde nun mehr als aufgewogen durch seine Intelligenz und sein Imitationsvermögen. Er konnte von seinen Eltern so viel lernen wie kein anderes Tier je zuvor.

Aber mit Lernen allein war es noch nicht getan. Auch im Erbgut mußte etwas geschehen, mußten grundlegende biologischeÄnderungen in der Natur des Raubaffen unterstützend hinzutreten. Wollte man nämlich einfach einen typischen waldbewohnenden, früchtesammelnden Primaten, wie wir ihn beschrieben haben, hernehmen und ihm ein großes Gehirn sowie die körperliche Konstitution eines jägerisch lebenden Menschenaffen geben, so wäre es für dieses Wesen sehr schwer, wirklich ein erfolgreicher Raubaffe zu werden, sofern nicht gewisse andere Umwandlungen hinzukämen. Denn seine elementaren, ihm wesenseigenen Verhaltensmuster wären einfach falsch. Er könnte noch so sehr in der Lage sein, sich Dinge auszudenken und sie gescheit zu planen – die tief in seinem Grund verwurzelten Antriebe wären vom falschen Typ: Das Erlernen würde seinen naturgegebenen Trieben *entgegen*wirken, nicht nur in seinem Verhalten beim Nahrungserwerb, sondern auch in seinem ganzen Sozial-, Aggressions- und Sexualverhalten ebenso wie in all den anderen Aspekten des fundamentalen Verhaltens in seinem früheren Primaten-Dasein. Wenn hier nicht außerdem genetisch gesteuerte, also vom Erbgut gelenkte Änderungen eingriffen, dann war die ganze neue Lern-Erziehung des jungen Raubaffen nichts wert – setzte sie ein unmöglich zu erreichendes Ziel. Mit Kulturellem ist viel zu erreichen. Aber mögen die Mechanismen der höheren Hirnzentren noch so brillant funktionieren – es bedarf nun einmal einer nicht unbeträchtlichen Unterstützung durch die tieferen Schichten.

Wenn wir jetzt noch einmal zurückblicken auf den Unterschied zwischen dem typischen »reinen« Raubtier und dem typischen »reinen« Primaten, so erkennen wir, was da wahrscheinlich vor sich gegangen ist. Beim hochentwickelten Raubtier sind die Handlungen des Nahrungsuchens (Jagen und Töten) getrennt von denen der Nahrungsaufnahme (Fressen); beide wurden zu zwei verschiedenen Systemen von Antrieben, Motiven, Stimmungen, wobei das eine nur teilweise vom anderen abhängig ist. Das hat sich so entwickelt, weil die gesamte Abfolge derart in die Länge gezogen und mühsam ist: Die Freßhandlung vollzieht sich gleichsam weit entfernt vom Jagen und Töten, und so ist die Tötungshandlung zum Selbstzweck geworden. Untersuchungen an Katzen haben ergeben, daß bei ihnen die Abfolge noch weiter unterteilt ist: Beutefang, Töten, Zerreißen der Beute (als Vorbereitung für den Freßakt) und Fressen – jede dieser Handlungen hat ihr eigenes, teilweise selbständiges Motivationssystem. Ist eine der Verhaltensweisen abgelaufen und der Trieb befriedigt, so bedeutet das noch keinesfalls, daß es auch die anderen sind.

Für die früchtepflückenden Primaten ist die Situation ganz anders. Stets bleibt der Ablauf von Nahrungssuche, Nahrungserwerb und Nahrungsaufnahme so relativ kurz, daß eine Aufgliederung in verschiedene Motivationssysteme nicht nötig ist. Damit aber haben wir etwas, das, im Fall des Raubaffen, geändert werden mußte und radikal geändert worden ist. Das Jagen mußte seinen Lohn in sich finden, mußte zum Selbstzweck werden, es durfte nicht mehr nur einfach als zweckgerichtete Einleitung zu der anschließenden und abschließenden Endhandlung des Fressens fungieren. Es ist durchaus denkbar, daß sich, wie bei der Katze, das Jagen, das Töten, das Vorbereiten der Beute zu selbständigen, voneinander unabhängigen Zwecken entwickeln konnten, vielleicht jede für sich zur Endhandlung. Jede hätte dann ihren eigenen Ausdruck gefunden, und die eine wäre nicht dadurch zu löschen, daß die übrigen ihre Befriedigung gefunden haben. Wenn wir daraufhin das Verhalten des Nacktaffen von heute bei der Nahrungsaufnahme untersuchen – wie das in einem späteren Kapitel geschehen soll –, werden wir eine Menge Hinweise darauf finden, daß so etwas tatsächlich geschehen ist.

Zusätzlich zu seinem Wandel in einen biologischen – will sagen: aus naturgegebenen, angeborenen Antrieben heraus handelnden – Töter (im Gegensatz zum »kulturellen«, nämlich aus Erlerntem, Erworbenem handelnden) mußte der Raubaffe auch die zeitlichen Abläufe seines Nahrungsaufnahme-Verhaltens abändern. Mit den Häppchen eine Minute um die andere war es vorbei; statt dessen gab es Mahlzeiten nur noch in Abständen. Damit kam das Anlegen von Vorräten in Übung. Und in das große Schema der Verhaltensweise war ein Streben nach Rückkehr zu einem festen Lagerplatz einzubauen. Dazu mußten das Orientierungs- und das Heimfindevermögen verbessert werden. Und das Absetzen von Kot hatte eine auf räumliche Sonderung abzielende Verhaltensweise zu werden, eine (wie bei den Raubtieren) private Handlung anstatt einer (wie bei den Primaten) innerhalb der Gemeinschaft stattfindenden.

Wie erwähnt, ist eine der Folgen des Besitzes von festen Wohnstätten die Möglichkeit des Befalls mit Flöhen: Raubtiere haben Flöhe, Primaten nicht. Wenn also der Raubaffe zu einer einzigartigen Form innerhalb seiner Primatenverwandtschaft dadurch geworden war, daß er ein festes Lager besaß, so muß man erwarten, daß er auch eine Ausnahme macht von der Regel: Primaten haben keine Flöhe. Nun, der Mensch hat nicht nur, wie wir wissen, Flöhe, sondern sogar eine ihm eigene Art Menschenfloh, eine von den anderen Floh-Arten wohl unterschiedene, die sich mit uns gesondert entwickelt hat. Wenn der Menschenfloh genügend Zeit hatte, zu einer eigenen, neuen Art zu werden, dann muß dies tatsächlich gemeinsam mit uns in der langen Zeit geschehen sein, in der wir geworden sind – und so ist er ein nicht eben willkommener, aber doch recht interessanter Zeuge unserer frühesten Raubaffenvergangenheit.

In seinem Sozialgefüge mußte der Raubaffe seinen Drang zur Verständigung und zum Zusammenwirken mit seinesgleichen verbessern. Die »Signale« im Gesichtsausdruck und in Lautäußerungen hatten komplizierter zu werden. Und nun, da er Waffen in der Hand trug, bestand auch die Notwendigkeit zu besonders wirkungsvollen, sofort einleuchtenden Signalen, die alle Angriffshandlungen innerhalb des Sozialverbandes hemmten. Andererseits aber mußte er jetzt, im Besitz einer zu verteidigenden Wohnstatt, kräftiger mit Aggressionshandlungen auf Angehörige rivalisierender Gruppen reagieren.

Und infolge der Anforderungen, die seine neue Lebensweise an den Raubaffen stellte, mußte der mächtige alte Primatentrieb, sich nie von der Gruppe zu entfernen, abgeschwächt werden.

Im Zuge der neugewonnenen Zusammenarbeit und der nun auf Raubzügen betriebenen neuen Art des Nahrungserwerbs mußte es jetzt auch zum Verteilen der Beute kommen: Wie Wolfsrüden hatten also die Raubaffenmänner Nahrung für die säugenden Mütter und die so langsam heranwachsenden Kinder heimzuschleppen – wiederum ein ganz neues Verhalten, diesmal für den Vater, denn die bei den Primaten geltende Regel sieht vor, daß alle elterliche Fürsorge nur von der Mutter her kommt. (Und nur ein gescheiter Primate, wie unser Raubaffe, kennt seinen eigenen Vater.)

Infolge der extrem lange dauernden Abhängigkeit des Jungen von seiner Mutter und auf Grund der großen Anforderungen, die das Kind an sie stellte, mußten die Weiber fast ständig im Lager bleiben. In dieser Hinsicht nun stellt uns die neue Lebensweise des Raubaffen vor ein ganz besonderes Problem – ein Problem, das uns bei den typischen »reinen« Raubtieren nicht begegnet: die Rolle, die die beiden Geschlechter zu spielen haben. Die zur Jagd ausziehenden Gruppen müssen nämlich, anders als bei den »reinen« Raubtieren, nur aus Männern bestehen. Wenn aber irgend etwas der Primaten-Natur wider den Strich ging, dann dieses: Einem Primatenmännchen war es einfach unmöglich, sich auf Futtersuche zu begeben und dabei seine Weibchen ungeschützt vor den Belästigungen durch andere Männchen zurückzulassen. Kein noch so großer Zuwachs an Erlerntem, an kultureller Übung vermochte dieses Problem zu lösen – hier mußte unbedingt ein tiefgreifender Wandel im Sozialverhalten eintreten.

Die Lösung des Problems fand sich in der engen Paarbindung: Raubaffenmann und Raubaffenfrau mußten sich ineinander verlieben und einander treu bleiben. Das gibt es in vielen anderen Tiergruppen auch, ist bei den Primaten jedoch eine rare Sache. Gleich drei Probleme waren damit auf einen Schlag gelöst: Erstens blieben die Weiber an ihre Männer gebunden, waren ihnen treu in der Zeit, in der diese auf der Jagd abwesend waren. Zweitens wurden sexuell bedingte Rivalitäten zwischen den Männern vermindert, was sich wiederum fördernd auswirkte auf ihre sich entwickelnde Zusammenarbeit: Wenn die Jagd Erfolg haben sollte, mußten sowohl die schwächeren Männer als auch die stärkeren ihre Rolle dabei übernehmen – alle spielten eine wesentliche Rolle, und keiner durfte beiseite gestoßen werden, verurteilt zu einer Existenz am Rand der Gemeinschaft, wie es bei so vielen anderen Primaten-Arten der Fall ist. Mehr noch: Mit seinen neuen tödlichen Waffen stand der Raubaffenmann unter dem massiven Druck der Notwendigkeit, jedes nur mögliche Zerwürfnis, jeden Streit innerhalb des Stammes soweit es ging zu beschwichtigen, wenn nicht auszuschalten. Drittens: Die Paarbindung – ein Mann und eine Frau bilden jeweils eine Einheit für Fortpflanzung und Kinderaufzucht – kam auch dem Nachwuchs zugute. Die schwere Aufgabe, die nur langsam heranwachsenden Jungen zu betreuen und anzulernen, erforderte einfach die eng zusammenhaltende Einheit der Familie. Auch von anderen Tiergruppen, seien es Fische, Vögel oder Säugetiere, kennen wir die Herausbildung einer sehr festen Paarbindung dann, wenn die Last der Brutpflege und Jugendbetreuung für einen Elternteil zu schwer wird – die Eltern, Männchen und Weibchen, sind während der Brut- und Aufzuchtzeit einander eng verbunden.

Auf diese Weise also konnten die Raubaffenweiber der Unterstützung durch ihre Männer sicher sein und sich selbst ganz ihren Mutterpflichten widmen. Umgekehrt waren die Männer der Treue ihrer Weiber sicher, konnten sie getrost zurücklassen, wenn es auf die Jagd ging, und konnten es vermeiden, um die Weiber kämpfen zu müssen. Dem Nachwuchs aber kam ein Höchstmaß von Sorgfalt und Aufmerksamkeit zugute. Das hört sich nun freilich an wie eine wahrhaft ideale Lösung. Es bedeutete aber auch einen einschneidenden Wandel im sonst bei den Primaten üblichen Sozial- und Sexualverhalten, und zudem ist – wie wir noch sehen werden – dieser Entwicklungsprozeß nicht zur letzten Vollkommenheit gediehen: Aus dem bei unserer Art heute zu beobachtenden Verhalten geht klar hervor, daß er nur teilweise verwirklicht worden ist und daß die in uns steckenden älteren Primaten-Triebe nach wie vor durchbrechen, wenn auch in geringerem Ausmaß.

Dies ist also der Weg, auf dem der Raubaffe zu seiner Rolle als tödlich gefährliches Raubtier kam und dementsprechend seine alte Lebensweise nach Art der Primaten änderte. Wie ich angedeutet habe, ist es dazu mehr durch biologische als durch kulturelle Abwandlungen gekommen – die neue zoologische Art hat sich also genetisch (in ihrem Erbgut) verändert. Doch dies wolle der Leser als eine nicht beweisbare Annahme verstehen. Vielleicht meinen Sie – und das wäre kein Wunder angesichts der Macht, mit der die Lehre von der Wichtigkeit des Kulturellen auf uns einwirkt –, zu diesen Veränderungen und Abwandlungen hätte es auch ohne sonderliche Mühe durch Erlernen, Üben und Entwickeln neuer Traditionen kommen können. Ich bezweifle das. Man braucht nur das Verhalten unserer Art heutzutage zu beobachten, um zu sehen, daß es eben nicht so ist. Kulturelle Entwicklungen haben uns in steigendem Ausmaß zu imponierenden technologischen und technischen Fortschritten verholfen, doch wo immer diese mit unseren tief verwurzelten biologischen Eigenschaften aneinandergeraten, stoßen sie auf starken Widerstand. diejenigen Verhaltensweisen, für die das Fundament einst, in unserer Vergangenheit als Raubaffen, gelegt worden ist, schimmern noch immer in allem durch, was wir auch treiben – so erhaben es sein mag. Hätte sich das Gefüge unseres naturhaften Tuns und Lassens – unseres Nahrungserwerbs, unserer Ängste, unserer Aggressionen, unseres Geschlechtsverhaltens, unserer elterlichen Fürsorge – wirklich einzig und allein durch Mittel und Wege des Kulturellen herausgebildet, dann müßten wir, und daran ist wohl kaum zu zweifeln, all das heute besser in der Hand haben, müßten diesen Weg wirklich eingeschlagen haben und uns nach den zunehmend sich verstärkenden, außerordentlich hohen Anforderungen richten, die unsere Fortschritte im Technischen an uns stellen. Das haben wir jedoch nicht getan. Wir haben uns immer wieder unserer alten animalischen Natur unterworfen und stillschweigend zugelassen, daß sich da in uns ein in vielen Farben schillerndes Tier regt. Und wenn wir ehrlich sind, werden wir auch folgendes zugeben müssen: Es müßte Jahrmillionen dauern und bedürfte derselben biologischen Prozesse von Mutation und Selektion, von Änderungen im Erbgefüge und Auslese des am besten Angepaßten – der Zeit und des Geschehens also, die uns dorthin gebracht haben –, wenn sich das Animalische in uns ändern sollte. Bis dies tatsächlich der Fall ist, wird unsere so unvergleichbar kompliziert gewordene Zivilisation nur dann gedeihen können, wenn wir sie so formen, daß wir nicht dauernd mit den in uns angelegten animalischen Bedürfnissen in Konflikt geraten oder versuchen müssen, sie zu unterdrücken. Denn unseligerweise ist unser Denkhirn noch immer nicht in harmonischem Einklang mit unserem Gefühls-, Stimmungs- und Triebhirn. Es gibt wahrlich Beispiele genug, die uns zeigen, wo die Dinge verquer gegangen sind, wo menschliche Gemeinschaften und Gesellschaften zugrunde gegangen oder bis zur Lächerlichkeit wirkungslos geworden sind.

In den folgen Kapiteln wollen wir zu erkennen versuchen, wie dies geschehen konnte. Vorerst aber ist noch eine Frage zu beantworten – die Frage, die am Anfang dieses Kapitels gestellt wurde. Als wir dieser absonderlichen Art zum erstenmal begegneten, fiel uns an ihr ein Merkmal auf, mit dem sie, als zoologische Art in der langen Reihe der Primaten betrachtet, von allen anderen absticht: ihre nackte Haut. Diese Eigenheit hat mich veranlaßt, ihr den Namen »Nackter Affe« zu geben. Wir haben inzwischen einiges dazugelernt – so viel, daß wir ihr eine ganze Anzahl weiterer, ebenfalls treffender Namen geben könnten: Aufrechtgehender Affe; Gerätherstellender Affe; Hirnaffe; Revierbesitzender Affe und so fort. Aber all das trifft nicht, was uns zuallererst ins Auge fiel. Sähe man einen Vertreter unserer Art als Ausstellungsobjekt in einem Zoologischen Museum, dann wäre die Nacktheit diejenige Eigenschaft, die sofort und unmittelbar Eindruck auf uns machen müßte. Und deshalb wollen wir an diesem Namen festhalten, und sei es nur deshalb, um unsere Untersuchung in Parallele zu bringen mit anderen zoologischen Arbeiten – denn es gilt im Gedächtnis zu behalten, daß wir uns vorgenommen hatten, unser Thema zoologisch abzuhandeln. Was aber ist die Bedeutung dieser so merkwürdigen Eigenart, dieser Nacktheit? Wie und warum ist der Raubaffe zum Nacktaffen geworden?

Ärgerlicherweise geben uns Ausgrabungen und Fossilkunde keine

Auskunft, wenn es um Unterschiede in Haut und Haaren geht, so daß wir keine genaue Vorstellung haben, wann die große Enthaarung vor sich ging. Wir können nur mit einiger Sicherheit vermuten, daß es nicht geschah, bevor unsere Ahnen ihre Urwaldheimat verließen. Höchstwahrscheinlich hängt diese so sonderbare Entwicklung zur Haarlosigkeit zusammen mit der tiefgreifenden Umwandlung im offenen Gelände. Also: Was hat sich da abgespielt, und wie konnte diese Eigenheit dem sich herausbildenden Steppen-, Jagd- und Raubaffen von Nutzen sein?

Mit diesen Fragen haben sich Fachleute seit langem und in mancherlei phantasiereichen und phantastischen Theorien herumgequält. Einer der am meisten versprechenden Erklärungsversuche will die Nacktheit in Verbindung bringen mit dem Prozeß der Neotenie: Ein eben geborenes Schimpansenbaby hat zwar einen recht ansehnlichen Haarwuchs auf dem Kopf, sonst aber ist sein Körper nahezu nackt. Und wenn sich dieser Zustand durch Neotenie hinausschieben würde bis ins Erwachsenenalter des Tieres, dann wären die Behaarungsverhältnisse beim ausgewachsenen Schimpansen denen bei uns sehr ähnlich.

Nun ist es interessant, daß die neotenische Unterdrückung des Haarwuchses bei unserer Art nicht vollständig gelungen ist. Der heranwachsende Embryo beginnt zunächst so, als wolle er den Weg zur typischen Säugetierbehaarung einschlagen, denn zwischen dem siebenten und achten Monat seines Lebens im Mutterleib ist er nahezu vollständig mit einem feinen Haarkleid bedeckt. Dieses Fetalhaar, Lanugo genannt, wird erst kurz vor der Geburt abgestoßen; vorzeitig geborene Säuglinge kommen manchmal noch mit der Lanugo auf die Welt, zum nicht geringen Schrecken ihrer Eltern. Von sehr seltenen Fällen abgesehen, verschwindet diese erste Behaarung jedoch regelmäßig; wir kennen nur etwa dreißig verbürgte Fälle, in denen Kinder zu voll behaarten Erwachsenen (zu »Löwen«- oder »Bärenmenschen«) geworden sind.

Im übrigen scheint es nur so, als seien wir haarlos: Alle Angehörigen unserer Art nämlich besitzen eine sehr große Zahl von Körperhaaren – und zwar de facto mehr als die uns verwandten Schimpansen. Nicht also, daß wir sämtliche Haare verloren hätten – es wachsen uns lediglich winzige. (Das gilt allerdings nicht für alle Rassen: Die Neger haben einen sowohl tatsächlichen wie scheinbaren Haarverlust durchgemacht.) Dieses Faktum hat einige Anatomen zu der Meinung veranlaßt, wir

39

dürften uns keineswegs für eine haarlose oder nackte Art ansehen, und ein berühmter Fachmann verstieg sich sogar zu der Behauptung, »die Ansicht, wir seien die unter allen Primaten am wenigsten Behaarten, ist alles andere denn wahr; die zahlreichen wunderlichen Theorien, die man aufgestellt hat, um den angeblichen Haarverlust zu erklären, sind ganz unnütz«. Das ist, offen gesagt, unsinnig – genauso unsinnig, als wollte man sagen, ein Blinder sei nicht blind, denn er habe ja zwei Augen. Vom funktionellen Standpunkt aus gesehen, sind wir splitternackt, ist unsere Haut den Einwirkungen der Außenwelt ganz und gar ausgesetzt. Diese Tatsache muß erklärt werden, ganz gleich, wie viele winzige Härchen wir unter dem Vergrößerungsglas zählen können.

Der Deutungsversuch mit Hilfe der Neotenie liefert uns nur einen Hinweis darauf, *wie* die Nacktheit zustande gekommen sein kann. Er sagt uns jedoch nichts über den Wert des Nacktseins als einer neuen Eigenschaft, die für den nackten Affen von Nutzen war für sein Bestehen in einer feindlichen Umwelt. Man könnte selbstverständlich einwenden, daß sie überhaupt keinen Wert hatte, sondern nur eine zwecklose Nebenerscheinung anderer durch Neotenie entstandener lebenswichtiger Umwandlungen sei, etwa der Ausweitung des Gehirns. Wie wir jedoch bereits gesehen haben, ist die Neotenie ein Prozeß unterschiedlicher Retardierung (Verlangsamung) von Entwicklungsvorgängen. Manches läuft langsamer ab als anderes – die Wachstumsraten verschieben sich. Es ist deshalb kaum wahrscheinlich, daß ein infantiler Zug, der, wie die Nacktheit, potentielle Gefahren in sich barg, nur deshalb beibehalten bleiben durfte, weil andere Prozesse sich verlangsamten. Hätte er also nicht irgendeinen besonderen Wert für die neue Art bedeutet, so wäre er sicherlich sehr bald schon durch die natürliche Auslese wieder zum Verschwinden gebracht worden.

Was aber war dann der Überlebenswert der nackten Haut? Eine Theorie gibt folgende Erklärung: Als der Raubaffe sein nomadisches Herumvagabundieren aufgab und zum Leben mit festem Lager überging, wimmelten begreiflicherweise seine Wohnstätten sehr bald schon von Hautparasiten. Dadurch, daß stets dieselben Schlafplätze benutzt wurden, Nacht für Nacht, entstanden, so besagt diese Theorie, abnorm günstige Brutstätten für Zecken, Milben, Flöhe und Wanzen in einem Ausmaß, daß die sehr ernste Gefahr schwerer Erkrankungen bestand. Wenn der Lagerbewohner sein Haarkleid abwarf, war die Gefahr nicht mehr so groß.

An diesem Gedanken mag etwas Wahres sein, doch trifft er wohl nicht den Kern der Sache. Denn nur wenige Säugetiere, die Lager und Baue, Bauten und Höhlen bewohnen – und es gibt Hunderte solcher Arten –, sind diesen Schritt gegangen. Aber auch wenn die Nacktheit sich in anderem Zusammenhang entwickelt hat, mag sie immerhin eine Erleichterung hinsichtlich des Befalls mit Hautparasiten gebracht haben – deren Beseitigung bei den stärker behaarten Primaten noch immer einen guten Teil ihrer Zeit beansprucht.

Einem anderen, dem eben diskutierten ähnlichen Gedanken zufolge ist der Raubaffe in seinen Freßgewohnheiten so unsauber gewesen, daß sein Haarkleid im Nu verklebte und verklumpte und damit wiederum zu einer Bedrohung seiner Gesundheit wurde. In diesem Zusammenhang hat man darauf hingewiesen, daß die Geier, die Kopf und Hals tief in blutiges Aas versenken, an eben diesen Stellen ihre Federn verloren haben; die gleiche Entwicklung, nur weiter und über den ganzen Körper ausgedehnt, habe sich auch bei dem Raubaffen vollzogen. Demgegenüber ist jedoch einzuwenden, daß die Fertigkeit zum Herstellen von Gerät für das Töten und Zerwirken von Beute sich wohl kaum früher eingestellt hat als die Fähigkeit, sich körperfremder Dinge zum Reinigen des Haarkleides zu bedienen: Schon der Schimpanse im Urwald benutzt gelegentlich Blätter als Klopapier, wenn es beim Kotabsetzen Schwierigkeiten gibt.

Man hat auch daran gedacht, daß die Feuernutzung zum Verlust des Haarkleides geführt habe: Nur bei Nacht sei es dem Raubaffen kalt gewesen; nachdem er erst einmal behaglich am Lagerfeuer sitzen konnte, habe er auf seinen Pelz verzichten können und sei so zugleich in die Lage versetzt worden, besser mit der Hitze tagsüber fertig zu werden.

Eine weitere recht geistreiche Theorie beruht auf einem kuriosen Einfall: Der alte bodenbewohnende Menschenaffe habe, nachdem er aus dem Urwald gekommen und bevor er zum Raubaffen geworden sei, erst einmal eine lange Zeit als Wasseraffe gelebt und zwar, wie man sich vorstellt, an tropischen Meeresküsten: Dort habe er Muscheln und andere Strandlebewesen genug finden können – reichlichere und verlockendere Nahrung als in den Steppen. Zunächst mag er dabei das Watt und das Flachwasser abgesucht haben, nach und nach dann aber auch zum Schwimmen über größere Tiefen und zum Tauchen nach Nahrung übergegangen sein. Und dabei, so heißt es, habe er sein Haarkleid verloren wie andere Säugetiere auch, die ins Meer zurückgekehrt sind. Nur sein Kopf, den er ja oberhalb des Wasserspiegels halten mußte, habe das Haar als Schutz gegen die Sonneneinstrahlung behalten. Erst später, als die Steingeräte, ursprünglich geschaffen zum Zerschlagen und Öffnen von Muscheln, genügend vervollkommnet waren, sei der Nacktaffe von seiner Wiege an der Meeresküste fortgezogen und habe sich als Jäger über die weiten Steppen ausgebreitet.

Diese Theorie erklärt eigentlich ganz hübsch, warum wir uns so geschickt im Wasser zu bewegen wissen, während unsere nächsten Verwandten, die Schimpansen, dort so hilflos sind, daß sie sehr schnell ertrinken. Sie erklärt auch unseren stromlinienförmigen Körper und die aufrechte Haltung, zu der es nach dieser Meinung dadurch gekommen ist, daß wir in immer tieferes Wasser wateten. Und sie deutet eine bemerkenswerte Eigenheit im Strich unserer Körperbehaarung. Untersucht man diese nämlich genauer, so zeigt sich, daß die feinen Haare am Rücken sich in ihrer Richtung verblüffend von denen anderer Menschenaffen unterscheiden. Bei uns geht der Haarstrich (oder Haarstrom) am Rücken schrägabwärts und innenwärts auf die Wirbelsäule zu; er folgt damit der Richtung des Wasserstroms längs eines schwimmenden Körpers und zeigt so zugleich, daß das Haarkleid, noch bevor es abgeschafft wurde, Umwandlungen unterworfen war, genau im Sinne einer größtmöglichen Herabsetzung des Strömungswiderstandes beim Schwimmen. Die Theorie vom Wasser- oder Meeresaffen erklärt außerdem, warum wir unter allen Primaten insofern einzig dastehen, als wir eine dicke Schicht Unterhautfett besitzen – eine Isolierschicht, die dem »Blubber«-Speck der Wale und Robben entspricht. Und zwar, so wird betont, habe es bisher für diese Eigenheit unserer Anatomie keine andere Deutung gegeben. Als weiteres Argument wird von dieser Theorie die Feinfühligkeit unserer Hände aufgeführt: Auch eine derbe Hand vermag einen Knüppel oder einen Faustkeil zu führen; es bedürfe jedoch, so heißt es, einer feingegliederten und hochempfindlichen Hand, um im Wasser nach Futter zu tasten. Vielleicht also war dies der Weg, auf dem der Bodenaffe zu seiner Superhand kam, die ihn dann erst zum Jagd- und Raubaffen befähigte. Und schließlich nimmt die Wassertheorie auch noch die Fossilienjäger und ihre altüberkommenen Methoden aufs Korn: Geradezu einzigartig erfolglos seien sie mit ihren Versuchen geblieben, die entscheidenden Zwischenglieder unserer stammesgeschichtlichen Vergangenheit auszugraben – weshalb ihnen der gute Tip gegeben wird, sie sollten sich doch endlich einmal der Mühe unterziehen, genau in den Gebieten zu suchen, die sich heute dort erstrecken, wo vor etwa einer Million Jahren die Meeresküste Afrikas lag: Da würden sie schon einiges finden, was für sie von Nutzen sei.

Leider ist das bisher noch nicht geschehen, und so entbehrt die Wassertheorie trotz ihrer sehr ansprechenden Indizienbeweise einer soliden Grundlage. Sie gibt ja in der Tat recht elegante Deutungen für eine ganze Reihe von Einzelheiten, verlangt dafür aber auch, daß man für den Ablauf der Entwicklung eine hypothetische Phase, und zwar keine kleine, annimmt, für die es keinen direkten Beweis gibt. (Sollte sie sich übrigens eines Tages doch als richtig herausstellen, so bräuchte das noch immer keinen ernsthaften Widerspruch gegen das hier in großen Zügen gezeichnete Bild von der Entwicklung des Raubaffen aus einem Bodenaffen zu bedeuten. Es hieße allenfalls, daß der Bodenaffe eine heilsame Taufe durchgemacht hat.)

Aus ganz anderem Gebiet kommt das nächste Argument: Zum Haarverlust sei es gekommen nicht in Reaktion auf die physische Umwelt, sondern im Verfolg eines sozialen Trends. Mit anderen Worten: Die Nacktheit entstand nicht als eine mechanische Vorkehr, sondern als Signal. Nackte Hautflächen finden wir auch bei manchen Primaten-Arten; unter gewissen Umständen wirken sie offenbar als Zeichen zum Erkennen der Artzugehörigkeit: Der Affe vermag an ihnen zu sehen, ob ein anderer Affe von gleicher Art ist oder von fremder. Im Fall des Nacktaffen wäre dann der Haarverlust einfach als ein willkürlich ausgelesenes Merkmal anzusehen, das zufälligerweise als »Erkennungsmarke« eben dieser Art übernommen wurde. Und zweifelsohne ist nicht zu leugnen, daß ein splitternackter Affe mühelos als solcher zu erkennen war. Aber es gibt eine Vielzahl anderer, weit weniger drastischer Wege, zum selben Ziel zu kommen, ohne den Nutzen des isolierenden Haarkleides aufgeben zu müssen.

Auf dem gleichen Gebiet liegt ein weiterer Deutungsversuch: Die Haarlosigkeit sei entstanden als Verstärkung eines sexuellen Signals. Zur Begründung wird aufgeführt, daß bei den Säugetieren ganz allgemein die Männchen behaarter sind als die Weibchen; indem sich dieser Geschlechtsunterschied verstärkte, wurde die mehr und mehr nackte Raubaffenfrau auch sexuell mehr und mehr attraktiv für den Raubaffenmann. Diese Tendenz zum Verlust der Behaarung griff dann auch auf den Mann über, obschon

in geringerem Ausmaß und unter Ausbildung von Kontrasten – man denke an den Bart.
Der letztgenannte Gedanke, mag eine recht gute Erklärung für die geschlechtliche Differenzierung hinsichtlich der Behaarung geben. Dennoch ist zu sagen, daß auch in diesem Fall mit dem Verlust der schützenden Isolierung ein zu hoher Preis für ein lediglich äußeres sexuelles Zeichen gezahlt werden mußte, selbst wenn man einräumt, daß mit dem Unterhautfett der Nachteil wenigstens teilweise kompensiert wurde. In abgewandelter Form sagt diese Theorie, daß nicht so sehr dieses äußerliche Zeichen sexuell wichtig war als vielmehr die durch die Nacktheit gesteigerte Berührungssensibilität. Dafür kann nun allerdings vorgebracht werden, daß bei der sexuellen Begegnung Mann und Frau tatsächlich durch Entblößen der nackten Haut voreinander empfänglicher werden für erotische Reize: Bei einer Art, bei der sich eine enge Paarbindung zwischen den Gatten herausbildete, mußte Nacktheit die sexuelle Erregung erhöhen und das Band zwischen Mann und Frau durch Intensivierung der in der Begattung liegenden Befriedigung verstärken.
Die wohl am häufigsten vorgebrachte Erklärung der Haarlosigkeit ist die als einer Vorrichtung zum Kühlen. Beim Verlassen der schattigen Wälder sah sich der Raubaffe sehr viel höheren Temperaturen ausgesetzt, als er sie vorher kennengelernt hatte, und so habe er, um einer Überhitzung vorzubeugen, sein Haarkleid abgelegt. Auf den ersten Blick klingt das ganz überzeugend. Auch wir ziehen an einem heißen Sommertag die Jacke aus. Bei genauerem Zusehen freilich hält diese These nicht stand. Erstens hat kein anderes (etwa unsere Größe erreichendes) Tier des offenen Geländes diesen Schritt getan: Wäre es wirklich so leicht, wie man zunächst annehmen mag, so müßte es nackte Löwen oder nackte Schakale geben. Statt dessen haben die aber ein zwar kurzes, jedoch dichtes Fell. Die nackte Haut der Luft aussetzen erhöht sicherlich die Wärmeabgabe, führt aber gleichzeitig zu verstärkter Erwärmung und möglichen Schädigungen durch Sonneneinstrahlung, wie jedermann vom Sonnenbaden her weiß. Bei Experimenten, die man in der Wüste angestellt hat, ist folgendes herausgekommen: Das Tragen leichter Kleidung vermindert den Wärmeverlust, indem es die Wasserverdunstung herabsetzt, es vermindert aber auch die Zunahme der Erwärmung aus der Umgebung um 55 Prozent des Betrages, der sich bei völliger Nacktheit einstellen würde. Und bei wirklich hohen Temperaturen gibt eine

schwerere, lockerere Bekleidung der Art, wie sie in den arabischen Ländern getragen wird, einen besseren Schutz ab als leichte Bekleidung. Denn sie hält die von außen kommende Wärme ab, läßt aber gleichzeitig die Luft rund um den Körper zirkulieren und fördert so die Verdunstungskälte des Schweißes.

Die Situation ist also weit komplizierter, als es zunächst schien: Wesentliche Faktoren sind die tatsächlichen Umgebungstemperaturen und der Anteil der direkten Sonnenbestrahlung. Selbst wenn wir unterstellen, daß das Klima der Haarlosigkeit günstig war – also erträglich warm, nicht jedoch übermäßig heiß –, müssen wir immer noch den doch nicht zu übersehenden Unterschied zwischen den nackten Affen und den anderen durchweg behaarten Raubtieren des offenen Geländes erklären.

Nun gibt es eine Möglichkeit, dies zu tun, und so finden wir vielleicht auch die beste Antwort auf den mit der Nacktheit zusammenhängenden gesamten Fragenkomplex. Der wesentliche Unterschied zwischen dem Raubaffen und seinen Konkurrenten aus dem Raubtiergeschlecht war der, daß er seiner ganzen körperlichen Konstitution nach weder fähig war zum blitzschnellen Schlag nach der Beute noch zum Hetzen über lange Strecken. Genau das aber war es, was er tun mußte, und er setzte sich mit Erfolg durch, weil er das bessere Gehirn hatte, weil er bei der Jagd über geschicktere Taktiken verfügte und weil er Waffen besaß, die im Töten wirkungsvoller waren. Aber trotz alledem mußte er gewaltige Anstrengungen auf sich nehmen – Anstrengungen hier ganz einfach physisch gemeint: Das Jagen war für ihn so entscheidend wichtig, daß er sich damit abzufinden hatte; beim Jagen aber ist er zweifellos einer beachtlichen Überhitzung unterworfen gewesen. Und deshalb muß sich ein starker Selektionsdruck in Richtung auf ein Herabsetzen dieser Überhitzung ausgewirkt haben: Jede noch so schwache Verbesserung wurde gefördert, auch wenn sie in anderer Hinsicht Opfer verlangte. Denn davon hing sein Überleben ab, sein nacktes Überleben (wie hier das Wort »nackt« stimmt!). Der Zwang, Überhitzung zu vermeiden, war mit Sicherheit der entscheidende Faktor für die Umwandlung des behaarten Raubaffen in den nackten Affen. Wenn wir die Neotenie als den diesen Wandel fördernden Prozeß ansehen und die bereits erwähnten sonstigen Fortschritte von geringerem Vorteil hinzunehmen, dann haben wir eine vertretbare These: Durch Verlust der Behaarung und durch Vermehren der Schweißdrüsen auf der gesamten Körperoberfläche konnte ein erheblicher Kühlungseffekt erzielt werden, nicht für ein Schlaraffendasein, wohl aber für den Höhepunkt der Jagd – ein Kühleffekt dadurch, daß sich eine reichliche Schicht Verdunstungsflüssigkeit auf den der Luft ausgesetzten überanstrengten Körper und auf die Gliedmaßen legte.

Das würde allerdings bei extrem heißem Klima nicht recht funktionieren, und zwar wegen der Schädigungen der bloßen Haut. In einem erträglich warmen Klima jedoch mußte es sich bewähren um so mehr, als parallel zu dieser Tendenz sich die Unterhaut-Fettschicht ausbildete als Hinweis darauf, daß es zeitweise nötig war, den Körper warmzuhalten. Sie nämlich gleicht den Verlust des Haarkleides insofern aus, als sie bei Kälte gleichmäßige Körperwärme sichern hilft, ohne bei Überhitzung die Schweißverdunstung zu behindern. Und wenn wir uns daran erinnern, wie entscheidend wichtig die Jagd für die neue Lebensweise unserer Ahnen gewesen ist, so wird eines klar: Die Kombination von Haarverlust, vermehrter Zahl von Schweißdrüsen und Fettschicht unter der Haut hat diesen unseren Vorfahren genau das gegeben, was sie am dringendsten brauchten.

So steht er nun vor uns, unser aufrecht gehender, jagender, über Waffen verfügender, ein Revier besitzender, neotenischer, mit einem vorzüglichen Gehirn ausgerüsteter nackter Affe, ein Primate der Herkunft nach und ein Raubtier aus Notwendigkeit – steht er da, bereit die Welt zu erobern. Noch aber ist er ein sehr junger Anfänger, ein sehr neues Versuchsobjekt, und Anfänger und Versuchsobjekte pflegen so ihre Mucken und Unvollkommenheiten an sich zu haben. Für ihn wird sein ganzer Ärger und Verdruß daher kommen, daß all sein Aufstieg, den er kulturell bewerkstelligt, mit rasanter Geschwindigkeit jedem seiner genetischen Fortschritte davonlaufen wird. Seine Gene als sein Erbgefüge werden hinterherhinken, und immer und immer wieder wird er daran erinnert werden, daß er, allen Leistungen in der Bewältigung seiner Umwelt zum Trotz, im Grunde noch immer ein nackter Affe ist.

Hier angekommen, können wir seine Herkunft und seine Vergangenheit verlassen und uns mit seinem Heute befassen. Wie verhält sich der jetzige nackte Affe? Wie wird er fertig mit den uralten Problemen des Nahrungserwerbs, des Kampfes, der Paarung, der Fürsorge für den Nachwuchs? Wie fähig ist sein Computer-Gehirn, seine alten Säugertriebe umzumodeln? Vielleicht hat er ihnen mehr nachzugeben, als er zugeben möchte.

Nun – wir werden sehen...

2 Sex

Was seine Sexualität anlangt, so sieht sich der nackte Affe heute in einer reichlich konfusen Situation: Als Primate wird er in die eine Richtung gezerrt, als Raubtier in die andere, und als Angehöriger einer hochkompliziert zivilisierten Gemeinschaft in eine dritte.

Um mit der ersten zu beginnen: Alle seine grundlegenden sexuellen Eigenschaften verdankt er seinen früchtepflückenden, waldbewohnenden Menschenaffen-Ahnen. Diese Merkmale wurden dann umgeändert, um ihn tauglich werden zu lassen für ein jägerisches Leben im offenen Gelände. Das war schon schwierig; doch dann hatte er sich auch noch an die rasante Entwicklung eines ständig komplexer werdenden kulturell bestimmten Sozialgefüges anzupassen.

Der erste Schritt, vom Sexualverhalten des Früchtepflückers zu dem des Jägers, vollzog sich über eine relativ lange Zeit und mit beträchtlichem Erfolg. Der zweite Schritt hingegen erwies sich als weniger erfolgreich. Er erfolgte zu schnell und noch dazu in einer erzwungenen Abhängigkeit von der Intelligenz, also unter Anwendung erlernter Beschränkungen anstelle biologischer Abwandlungen unter Einwirkung der natürlichen Auslese. Man könnte geradezu sagen, daß der Fortschritt der Kultur das Sexualverhalten weniger geprägt hat als vielmehr das Sexualverhalten die Kultur. Dies mag sich wie eine allzu kühne, allzu stark verallgemeinernde Behauptung anhören. Darum sei zunächst mein Standpunkt dargelegt, damit wir dann am Ende des Kapitels auf diese Frage noch zurückgreifen können.

Zunächst gilt es, exakt festzulegen, wie sich der nackte Affe heute bei seinem Sexualverhalten benimmt. Das ist gar nicht so einfach, wie es aussieht, und zwar wegen der großen Unterschiedlichkeiten sowohl zwischen den Kulturen wie innerhalb der einzelnen Kulturen. Die einzige Möglichkeit, die sich anbietet, ist die, Durchschnittswerte aus einem großen Material zu betrachten, wobei das Material aus den Gesellschaftsordnungen entnommen sei, die sich am erfolgreichsten durchgesetzt haben. Die kleinen, zurückgebliebenen und erfolglosen Gesellschaften können wir weithin außer acht lassen; mögen bei ihnen noch so faszinierende, noch so bizarre Sitten herrschen – biologisch gesprochen gehören sie nicht mehr zum Hauptstrom der Entwicklung. Mehr noch: Das bei ihnen praktizierte ausgefallene Sexualverhalten kann durchaus mitgewirkt haben daran, daß sie als gesellschaftliche Strukturen in eine Sackgasse geraten sind.

Das meiste, was uns an eingehender Information zur Verfügung steht, stammt aus sorgfältigen nordamerikanischen Untersuchungen jüngster Zeit. Glücklicherweise haben wir es hier mit einer sehr großen und erfolgreichen Kultur zu tun, die wir als durchaus repräsentativ für den nackten Affen unserer Zeit ansehen dürfen, ohne befürchten zu müssen, daß die Tatsachen verdreht werden.

Das Sexualverhalten unserer Art läuft in drei charakteristischen Phasen ab: Paarbildung, Handlungen vor der Begattung und schließlich die Begattung selbst, wobei diese Reihenfoge nicht immer eingehalten wird. Die erste Phase, meist als Werbung bezeichnet, ist im Vergleich mit anderen Tieren bemerkenswert verlängert; sie dauert häufig Wochen oder gar Monate an. Wie bei vielen Arten sonst ist sie gekennzeichnet durch ein zögernd versuchendes (das Wort durchaus in seinem Doppelsinn gemeint), ambivalentes Verhalten mit Konflikten zwischen Angst, Aggression und sexueller Anziehung. Nervosität und Unschlüssigkeit werden allmählich geringer, wenn die wechselseitigen sexuellen Signale stark genug sind; als solche wirken bestimmte recht komplizierte Ausdrucksbewegungen des Gesichts, ferner Körperhaltung und Lautäußerungen. Zu den Lautäußerungen gehören hochspezialisierte und symbolisierte gesprochene Signale, die – und das ist nicht minder wichtig – dem Partner aus dem anderen Geschlecht in einem ganz bestimmten Tonfall geboten werden. Wenn man von Liebespaaren sagt, sie »murmeln süße Nichtigkeiten«, so kennzeichnet dies sehr klar die Bedeutung des Tonfalls gegenüber dem, was mit Worten gesagt wird.

Nach dem einleitenden Stadium mit seiner Entfaltung optischen und akustischen Gehabes kommt es zu einfachen körperlichen Berührungen, gewöhnlich verbunden mit Handlungen der Fortbewegung, die sich nun jedesmal, wenn das Paar beieinander ist, ständig und beträchtlich verstärken: Auf Berührungen von Hand zu Hand und von Arm zu Arm folgen solche zwischen Mund und Gesicht und von Mund zu Mund. Es kommt zu wechselseitiger Umarmung, teils im Stehen, teils im Gehen. Häufig beobachtet man spontanes, plötzliches Rennen, einander Jagen, Springen und Tanzen; auch kindliches Spielverhalten taucht wieder auf.

Viele Handlungen dieser Phase der Paarbildung finden in aller Öffentlichkeit statt. Wenn sie jedoch überleitet zur nächsten, der Phase, die der Begattung vorausgeht, beginnt die Heimlichtuerei:

Bei den nun folgenden Verhaltensweisen wird soweit wie nur möglich Absonderung von allen übrigen Angehörigen der Art gesucht. In dem der Begattung vorangehenden Stadium, dem Vorspiel, läßt sich feststellen, daß in auffallend zunehmendem Maße die horizontale Körperhaltung eingenommen wird. Die Berührungen von Körper zu Körper steigern sich in ihrer Stärke ebenso wie in der Dauer. Auf ein Liegen Seite an Seite von weniger hoher Intensität folgen immer wieder Berührungen hoher Intensität von Gesicht zu Gesicht. Diese Stellungen können für Minuten, aber auch für Stunden beibehalten werden; währenddem werden die akustischen und optischen Signale allmählich weniger wichtig, die Tastsignale merklich häufiger. Dazu gehören Bewegungen und Druck unterschiedlicher Stärke an und von allen Körperteilen, insbesondere von Fingern, Händen, Lippen und Zunge. Die Kleidung wird nach und nach abgelegt, der Berührungsreiz von Haut zu Haut steigert sich soweit wie nur möglich.

Der Kontakt Mund zu Mund erreicht während dieser Phase höchste Frequenz und größte Dauer; der von den Lippen ausgeübte Druck variiert zwischen sanfter Zartheit und äußerster Heftigkeit. Während der Reaktionen höherer Insentität öffnen sich die Lippen, und die Zunge wird in den Mund des Partners eingeführt; aktive Bewegungen der Zunge sollen die dafür empfindliche Schleimhaut der Mundhöhle reizen. Lippen und Zunge werden auch noch an vielen anderen Stellen des Körpers verwendet, vor allem an Ohrläppchen, Hals und Genitalien. Der Mann wendet sich besonders den Brüsten und Brustwarzen der Frau zu; Berührungen mit Lippe und Zunge gehen über in regelrechtes Lecken und Saugen. Ist es erst einmal dazu gekommen, so werden auch die Genitalien des Partners zum Ziel entsprechender Handlungen, wobei sich der Mann größtenteils auf die Klitoris der Frau, diese sich auf den Penis des Mannes konzentriert, in beiden Fällen jedoch auch andere Körperregionen beteiligt werden.

Außer zum Küssen, Lecken und Saugen wird der Mund auch an verschiedenen Körperstellen des Partners zu Beißhandlungen unterschiedlicher Stärke benutzt, typischerweise zu nicht mehr als einem leichten Knabbern an der Haut, manchmal jedoch zu kräftigem, ja schmerzhaftem Zubeißen.

Zwischen der körperlichen Reizung des Partners mit Hilfe des Mundes kommt es, häufig zugleich mit dieser, zu einer ausgedehnten Beschäftigung mit der Haut. Hände und Finger streichen gleichsam erkundend über die gesamte Körperoberfläche, mit besonderer Berücksichtigung des Gesichts und, bei gesteigerter Intensität, der Gesäß- und Genitalgegend. Wie bei der Berührung mit dem Mund befaßt sich der Mann nun wiederum besonders mit den Brüsten und Brustwarzen der Frau. Die Finger betätigen sich bei ihren Bewegungen immer wieder leicht klopfend und streichelnd, greifen aber von Zeit zu Zeit auch sehr kräftig zu, wobei die Fingernägel tief in das Fleisch gegraben werden können. Die Frau kann den Penis des Mannes fassen oder ihn rhythmisch streicheln und so die Begattungsbewegungen simulieren; auf ähnliche Weise reizt der Mann die weiblichen Genitalien, insbesondere die Klitoris, wiederum häufig mit rhythmischen Bewegungen.

Zusätzlich zu den Berührungen mit dem Mund, der Hand und ganz allgemein dem ganzen Körper gibt es bei hoher Intensität des Begattungsvorspiels noch ein rhythmisches Reiben der Genitalien am Körper des Partners. Hinzu kommt in beträchtlichem Ausmaß ein Umschlingen mit und von Armen und Beinen, wobei gelegentlich starke Muskelkontraktionen auftreten, so daß der Körper in einen Zustand hochgespannten Anklammerns gerät, dem Entspannung folgt.

Dies also sind die auf den Partner in der Wechselfolge des Vorspiels zur Begattung einwirkenden Sexualreize, die ihn in physiologisch ausreichende Bereitschaft zur anschließenden Begattung versetzen. Sie beginnt mit dem Einführen des Penis in die Vagina; zumeist geschieht dies bei horizontaler Lage des Paares, der Mann, Gesicht gegen Gesicht, über der Frau, die ihre Beine spreizt. Es gibt zahlreiche Abwandlungen dieser Stellung, wie wir noch diskutieren werden; die eben geschilderte ist jedoch die häufigste und ganz und gar typische. Nach dem Einschieben des Penis vollführt der Mann mit seinem Becken eine Reihe rhythmischer Stöße. Diese können nach Stärke und Geschwindigkeit unterschiedlich sein; sie sind jedoch, wenn keine Hemmungen vorhanden sind, schnell bei gleichzeitigem tiefem Eindringen. Mit dem Fortgang der Begattung gekoppelt ist eine Tendenz zur Verringerung der Berührungen mit Mund und Hand, zumindest hinsichtlich ihrer Zartheit und ihres Gesamtumfanges. Dennoch halten diese nun nur noch zusätzlichen Arten gegenseitiger Reizung in gewissem Ausmaß während fast des ganzen Ablaufs der Begattung an.

Die Phase der Begattung ist im typischen Fall sehr viel kürzer als die des Vorspiels. Der Mann gelangt zur Endhandlung, dem Ausstoßen des Spermas, meist innerhalb weniger Minuten, falls er sich nicht bewußt einer Verzögerungstaktik bedient. Während bei den übrigen Primaten die Weibchen in der Abfolge ihres Sexualverhaltens anscheinend keinen Höhepunkt erleben, steht der nackte Affe diesbezüglich einzigartig da: Wenn der Mann den Begattungsakt über eine längere Zeit hinauszieht, erreicht auch die Frau schließlich einen Höhe- und Endpunkt, das explosive Erlebnis des Orgasmus – genauso heftig und die Hochspannung lösend wie beim Mann, und auch physiologisch mit dem seinen identisch, ausgenommen lediglich die Ejakulation. Manche Frauen erreichen diesen Punkt sehr schnell, andere überhaupt nicht; im Durchschnitt kommt es dazu zehn bis zwanzig Minuten nach Beginn der Begattung.

Diese Diskrepanz zwischen Mann und Frau bezüglich der Zeit, die für das Erreichen des sexuellen Höhepunktes und das Lösen der Spannung benötigt wird, ist sonderbar. Wir werden das noch im einzelnen zu diskutieren haben, und zwar dann, wenn wir die funktionelle Bedeutung der verschiedenen sexuellen Verhaltensweisen besprechen. Hier mag genügen, daß der Mann den Faktor Zeit ausschalten und den weiblichen Orgasmus auslösen kann, und zwar entweder durch Verlängern und Steigern der Reizung beim Vorspiel (so daß die Frau bereits vor Einführen des Penis hoch erregt ist); außerdem dadurch, daß er sich während der Begattung verzögernder Techniken bedient und so seinen eigenen Höhepunkt hinausschiebt; ferner durch Fortsetzen der Begattung unmittelbar nach der Ejakulation so lange, bis die Erektion zurückgeht; oder schließlich dadurch, daß er nach kurzem Ausruhen die Begattung zum zweitenmal vollzieht. In diesem Fall ist sein Sexualtrieb bereits abgeschwächt; er wird also ganz automatisch längere Zeit bis zum nächsten Orgasmus brauchen und so der Frau genügend Zeit lassen, auch den ihren zu erreichen. Dem Eintreten des Orgasmus bei beiden Partnern folgt gewöhnlich eine beträchtliche Zeit der Erschöpfung, Entspannung, Ruhe, häufig auch des Schlafes.

Nach den Sexualreizen müssen wir uns nun mit den Sexualreaktionen befassen. Wie beantwortet der Körper all diese intensive Reizung? Bei beiden Geschlechtern kommt es zu Steigerungen in der Pulsfrequenz, im Blutdruck und in der Atmung; diese beginnen bereits während des Vorspiels und erreichen ihren Höhepunkt beim Orgasmus. Die Pulsfrequenz, die normalerweise bei 70 bis

80 pro Minute liegt, steigt auf 90 bis 100 im ersten Stadium der sexuellen Erregung, klettert auf 130 bei hoher Erregung und erreicht im Orgasmus mit etwa 150 den Gipfel. Der Blutdruck beginnt mit etwa 120 und gelangt beim sexuellen Höhepunkt auf 200 bis 250. Die Atmung wird tiefer, die Atemzüge beschleunigen sich mit steigernder Erregung und werden, wenn der Orgasmus erreicht ist, zu einem ausgedehnten Keuchen, das oft von rhythmischem Stöhnen oder Ächzen begleitet wird. Im Moment des Höhepunktes kann das Gesicht verzerrt sein, der Mund weit offen stehen ebenso wie die Nasenflügel – ähnlich wie bei einem Sportler in der höchsten Anspannung oder wie bei jemandem, der nach Luft ringt.

Eine weitere wesentliche Folge der sexuellen Erregung ist ein dramatischer Wechsel in der Verteilung des Blutes von den tieferen Regionen des Körpers hin zu den näher der Oberfläche gelegenen. Diese allenthalben sich auswirkende verstärkte Durchblutung der Haut führt zu einer Reihe auffallender Erscheinungen. Nicht nur, daß der Körper sich wärmer anfühlt – er »glüht vor Liebe« –; in bestimmten Gebieten macht sich auch eine ganz spezifische Veränderung bemerkbar: Bei hoher Erregung erscheint eine charakteristische, sexuell bedingte fleckige Rötung der Haut. Am häufigsten sieht man sie bei der Frau. Gewöhnlich beginnt sie auf der Hautpartie in der Magengegend und am Oberbauch, dehnt sich dann auf die Oberseite der Brüste und den oberen Thorax aus, weiter über die Seiten- und Mittelpartie der Brüste auf ihrer Unterseite. Auch Gesicht und Hals können beteiligt sein, bei sehr stark reagierenden Frauen außerdem Unterbauch, Schultern, Ellbogen und, im Orgasmus, Schenkel, Gesäß und Rücken; in gewissen Fällen ist sogar die gesamte Körperoberfläche gerötet. Man hat dieses Phänomen als masern- oder ausschlagähnlich beschrieben; offenbar handelt es sich um ein optisches Sexualsignal. Weniger häufig kommt die sexuelle Hautröte beim Mann vor; auch hier beginnt sie am Oberbauch und weitet sich dann über Brust, Hals und Gesicht, gelegentlich über Schultern, Unterarme und Schenkel aus. Nach Erreichen des Orgasmus verschwindet diese sexuelle Rötung schnell; dabei klingt sie in umgekehrter Richtung ihres Erscheinens ab.

Zusätzlich zu diesem Rötungsphänomen und der allgemeinen Gefäßerweiterung kommt es zu einem deutlichen Blutandrang in verschiedenen schwellfähigen Organen: Diese Blutüberfüllung entsteht dadurch, daß die Arterien mehr Blut in die betreffenden

Organe fördern, als die Venen wegführen können; der Zustand kann für beträchtliche Zeit aufrechterhalten bleiben, da infolge der Blutfülle die ableitenden Venen verschlossen werden. Eine solche Kongestion läßt sich beobachten an Lippen, Nase, Ohrläppchen, Brustwarzen und Genitalien beider Geschlechter, bei der Frau auch an den Brüsten. Die Lippen schwellen, werden röter und wölben sich weiter vor als sonst. Die Weichteile der Nase schwellen ebenfalls an, die Nasenöffnungen dehnen sich, die Nasenflügel verdicken sich. Die Brustwarzen werden bei Mann und Frau vergrößert und richten sich auf, in stärkerem Ausmaß bei der Frau. (Das ist nicht nur eine Folge der Blutüberfüllung, sondern erfolgt unter Mitwirkung von Muskelkontraktionen.) Die weibliche Brustwarze erreicht dabei Längen bis zu einem Zentimeter und einen Durchmesser bis zu einem halben Zentimeter. Der dunkel pigmentierte Warzenhof schwillt bei der Frau (nicht aber beim Mann) gleichfalls an, seine Färbung wird dunkler. Die weibliche Brust läßt eine deutliche Größenzunahme erkennen; während des Orgasmus kann diese bei einer normalen Frau bis zu 25 Prozent betragen, wobei die Brust zugleich fester, stärker gerundet und weiter vorgewölbt erscheint.

Auch die Genitalien beider Geschlechter machen mit fortschreitender sexueller Erregung erhebliche Veränderungen durch.

Bei der Frau führt eine massive Blutüberfüllung der Scheidenwände zu einer äußerst schnellen Feuchtigkeitsanreicherung, manchmal schon kurz nach Beginn des Vorspiels. Außerdem verlängern und dehnen sich die inneren zwei Drittel des Vaginalschlauches; die Gesamtlänge der Vagina kann sich im Zustand hoher sexueller Erregung bis auf zehn Zentimeter vergrößern. Beim Nahen des Orgasmus schwillt das äußere Drittel des Vaginalrohrs, und während des Orgasmus selbst kommt es hier zu einem zwei bis vier Sekunden anhaltenden krampfähnlichen Zusammenziehen der Muskeln, gefolgt von rhythmischen Kontraktionen in Abständen von 0,8 Sekunden.

Während der Erregung sind die äußeren weiblichen Genitalien beträchtlich geschwollen, wobei die jetzt geöffneten großen Schamlippen das Zwei- bis Dreifache ihrer normalen Abmessungen erreichen. Die kleinen inneren Schamlippen sind ebenfalls um das Doppelte bis Dreifache vergrößert und strecken sich durch die wie ein Schutzwall davorliegenden großen Schamlippen nach außen, so daß die Gesamtlänge der Vagina nochmals um einen Zentimeter vergrößert wird. Mit zunehmender Erregung

ändern die bereits mit Blut überfüllten und verdickten kleinen Schamlippen auffallend ihre Farbe: Sie werden kräftiger rot.
Die Klitoris (das weibliche Gegenstück zum Penis) wird ebenfalls vergrößert und richtet sich auf; mit steigender sexueller Erregung allerdings überdecken die angeschwollenen Schamlippen den Kitzler, so daß er in diesem Stadium zwar durch den Penis direkt nicht mehr gereizt werden kann, wohl aber durch den rhythmischen Druck, den die Bewegungen des Mannes ausüben.
Der Penis, sonst schlaff, wird bei der Erregung durch starke Blutüberfüllung steif, er richtet sich auf und vergrößert sich von neuneinhalb Zentimeter Durchschnittslänge um weitere sieben bis acht Zentimeter; auch sein Durchmesser nimmt zu, so daß der nackte Affe im Zustand der Erektion den größten Penis unter allen Primaten hat.
Im Moment des sexuellen Höhepunktes erfolgen mehrere sehr kräftige Muskelkontraktionen und lassen die Samenflüssigkeit sich in den Vaginalschlauch ergießen; die ersten, zugleich stärksten haben die gleiche Frequenz von 0,8 Sekunden wie die Vaginalkontraktionen beim Orgasmus der Frau.
Während der Erregung zieht sich die Haut des Hodensacks zusammen; die Beweglichkeit der Hoden verringert sich dadurch. Gleichzeitig werden diese durch Verkürzen der Samenstränge angehoben (wie es auch bei Kälte, Angst und Wut der Fall ist) und so dichter an den Körper herangeführt. Durch arterielle Blutüberfüllung kommt es zu einer Hodenvergrößerung um fünfzig bis hundert Prozent.
Damit hätten wir die Hauptmerkmale der Veränderungen am männlichen und weiblichen Körper infolge sexueller Tätigkeit kennengelernt. Unmittelbar nach dem Orgasmus werden sie alle rasch wieder abgebaut – das Individuum kehrt in die normale physiologische Ruhelage zurück. Eine unmittelbar nach dem Orgasmus sich einstellende Reaktion bedarf jedoch noch der Erwähnung: ein heftiges Schwitzen bei Mann und Frau ganz unabhängig vom Grad der physischen Anstrengung bei den vorangegangenen Sexualhandlungen, wohl aber entsprechend der Intensität des Orgasmus selbst. Der Schweiß bildet sich am Rücken, an den Oberschenkeln und auf der Oberbrust, auch in den Achselhöhlen. Bei besonders hoher Intensität kann der ganze Leib, von den Schultern bis zu den Schenkeln, naß werden, außerdem schwitzen die Handflächen, die Fußsohlen und, während das Gesicht rotfleckig wird, Stirn und Oberlippe.

Diese kurze Zusammenfassung der bei unserer Art auftretenden Sexualreize und der Reaktionen auf diese soll uns nun als Grundlage dienen für die Erörterung der Bedeutung unseres Sexualverhaltens hinsichtlich unserer Herkunft und unserer Lebensweise. Dabei gilt es zunächst festzustellen, daß die erwähnten Reize und Reaktionen nicht immer mit gleicher Häufigkeit auftreten. Manche stellen sich unausweichlich und immer ein, sobald ein Mann und eine Frau sich in sexueller Betätigung begegnen, andere nur bei einem Teil der Fälle. Immerhin erfolgen sie so ausreichend häufig, daß man sie als »artcharakteristisch« bezeichnen kann. So findet sich von den körperlichen Reaktionen die sexuelle Hautröte bei 75 Prozent der Frauen und bei 25 Prozent der Männer; Erektion der Brustwarzen kommt bei allen Frauen und bei 60 Prozent der Männer vor, reichliches Schwitzen nach dem Orgasmus jedoch nur bei einem Drittel aller Männer und Frauen. Sieht man einmal von diesen Sonderfällen ab, so läßt sich sagen, daß die meisten anderen Reaktionen stets erfolgen, wenn auch je nach den Umständen mit starken Variationen in ihrer jeweiligen Stärke und Dauer.

Und noch etwas ist hier zu behandeln: die Verteilung der sexuellen Betätigung über den individuellen Lebenslauf. Während der ersten zehn Jahre gibt es keine wirklichen Sexualhandlungen. Zwar beobachtet man bei Kindern bis zu diesem Alter in erheblichem Umfang sogenannte »Sexualspiele«, doch können offensichtlich bis zur ersten Ovulation beim weiblichen Geschlecht und bis zur ersten Ejakulation beim männlichen funktionell echte sexuelle Verhaltensweisen nicht vorkommen. Die Menstruation beginnt bei manchen Mädchen mit zehn Jahren; mit vierzehn haben 80 Prozent der Mädchen normale Menses, mit neunzehn alle. Die Ausbildung der Schamhaare, die Verbreiterung der Hüften und das Anschwellen der Brüste geht dieser Entwicklung parallel, oft sogar voraus. Das allgemeine Körperwachstum erfolgt langsamer; es ist nicht vor dem zweiundzwanzigsten Lebensjahr abgeschlossen.

Bei manchen Knaben kommt es im allgemeinen erst mit elf Jahren zur ersten Samenausstoßung – ihr Sexualleben beginnt also später als das der Mädchen. (Die früheste echte Ejakulation ist – als extreme Ausnahme – von einem Achtjährigen bekannt.) Mit zwölf haben 45 Prozent aller Knaben die erste Ejakulation erlebt, mit vierzehn 80 Prozent; jetzt haben sie also die Mädchen erreicht. Das Durchschnittsalter für die erste Ejakulation ist dreizehn Jahre und zehn Monate. Nun wächst auch die Körperbehaarung, insbesondere in der Schamgegend und im Gesicht, wobei sich als typisch diese Abfolge einstellt: Schamhaar, Achselhöhlen, Oberlippe, Wangen und dann, jedoch in unterschiedlichem Ausmaß, Brust und sonstige Körperteile. Anstelle der Hüftverbreiterung kommt es bei Jungen zu stärkerer Verbreiterung der Schultern. Die Stimme wird tiefer; das gibt es bei den Mädchen ebenfalls, wenn auch in viel geringerem Ausmaß. Bei beiden Geschlechtern stellt sich jetzt auch ein beschleunigtes Wachstum der Genitalorgane selbst ein.

Eigenartig und interessant ist die Tatsache, die sich ergibt, wenn man die sexuelle Reaktionsfähigkeit einmal unter dem Gesichtspunkt der Häufigkeit des Orgasmus betrachtet: Der Mann ist in dieser Hinsicht sehr viel schneller als die Frau. Er erreicht zwar die volle sexuelle Reife erst rund ein Jahr später, den vollen Orgasmus jedoch bereits lange vor dem zwanzigsten Lebensjahr, während die Frau dahin erst um die Mitte der Zwanzig oder gar Dreißig gelangt: Mit neunundzwanzig ist sie erst so weit wie ein Fünfzehnjähriger; lediglich 23 Prozent aller fünfzehnjährigen Mädchen haben bereits einen Orgasmus erlebt, und bei den Zwanzigjährigen sind es noch immer nicht mehr als 53 Prozent; erst bei den Frauen von fünfunddreißig liegt der Satz bei 90 Prozent.

Der erwachsene Mann kommt durchschnittlich auf drei Orgasmen wöchentlich; über sieben Prozent haben jeden Tag oder öfter als täglich eine Ejakulation. Die Häufigkeit des Orgasmus beim Mann erreicht ihren Höhepunkt im Durchschnitt zwischen dem fünfzehnten und dem dreißigsten Lebensjahr und sinkt dann langsam, aber stetig ab, ebenso die Fähigkeit zu mehrfacher Ejakulation; auch die Höhe, zu der sich der erigierte Penis erhebt, vermindert sich. Die Erektion kann im Alter zwischen fünfzehn und zwanzig durchschnittlich bis fast eine Stunde anhalten, dauert aber beim siebzig Jahre Alten nur noch sieben Minuten; immerhin sind 70 Prozent aller Männer noch in diesem Alter sexuell aktiv.

Ein ähnliches Bild schwindender Sexualität bei zunehmendem Alter finden wir bei der Frau; das mehr oder minder plötzliche Aufhören der Ovulation um die Fünfzig bedeutet allerdings, wenn man die Gesamtheit betrachtet, noch keinen deutlichen Einschnitt hinsichtlich des Grades der sexuellen Reaktionsfähigkeit, und zudem ist der Einfluß der Menopause auf das Sexualverhalten individuell sehr unterschiedlich.

Die weit überwiegende Mehrzahl aller Kopulationsakte finden bei

Partnern in Paarbindung statt. Diese kann eine in aller Form geschlossene Ehe sein oder eine mehr oder weniger zwanglose Verbindung. Daß, wie bekannt, der vor- und außereheliche Beischlaf so häufig ist, sollte nicht zum Anlaß für die Behauptung genommen werden, wir hätten es mit einer wilden Promiskuität zu tun. In den meisten Fällen nämlich können wir auch hier das typische Werbungs- und Paarungsverhalten feststellen, selbst wenn die Bindung nicht besonders lange anhält. Annähernd 90 Prozent der Bevölkerung kommen zur Paarbindung in aller Förmlichkeit, allerdings haben 50 Prozent der Frauen und 84 Prozent der Männer bereits vorehelichen Beischlaf ausgeübt. Die Rate des außerehelichen Beischlafs liegt im Alter von vierzig Jahren bei 26 Prozent der verheirateten Frauen und bei 50 Prozent der verheirateten Männer. Außerdem bricht die offizielle Paarbindung in einer Anzahl von Fällen völlig zusammen und wird aufgegeben (z. B. in Amerika 1956 bei 0,9 Prozent aller Ehen, in der Bundesrepublik 1962 bei 0,87 Prozent). Der Paarbindungsmechanismus ist bei unserer Art zwar sehr kräftig, aber keineswegs perfekt ausgebildet.

Nun erst haben wir alle Fakten beisammen und können anfangen, unsere Fragen zu stellen: Wie kann unser Sexualverhalten daran mitwirken, den Bestand unserer Art zu erhalten? Warum verhalten wir uns so, wie wir uns verhalten, und nicht anders? Vielleicht lassen sich diese Fragen besser beantworten, wenn wir zuvor eine andere stellen: Wie läßt sich unser Sexualverhalten mit dem der übrigen lebenden Primaten vergleichen?

Rund heraus gesagt: Bei unserer eigenen Art ist eine sehr viel intensivere sexuelle Aktivität festzustellen als bei allen anderen Primaten, unsere nächsten Verwandten nicht ausgenommen. Die verlängerte Phase der Werbung fehlt ihnen. Kaum ein Tier- oder Menschenaffe kennt eine verlängerte Paarbindung.

Das die Begattung einleitende Vorspiel ist kurz und besteht meist nur aus einigen wenigen Ausdrucksbewegungen im Gesicht sowie einfachen Lautäußerungen, und die Begattung selbst ist nur sehr kurz. (Beim Pavian beispielsweise beträgt die Zeit vom Aufreiten bis zum Samenerguß nicht mehr als sieben bis acht Sekunden, wobei insgesamt nur fünfzehn – oft weniger – Stöße mit dem Becken ausgeführt werden.) Das Weibchen erlebt anscheinend keinerlei Art von Höhepunkt des Geschlechtsakts; wenn es überhaupt so etwas wie einen Orgasmus gibt, kann es sich nur um eine im Vergleich mit dem Orgasmus der Frau unserer Art völlig unbedeutende Reaktion handeln.

Die Periode der sexuellen Ansprechbarkeit ist beim Tier- und Menschenaffenweibchen stärker eingeschränkt; sie macht innerhalb des Monatszyklus gewöhnlich nur eine Woche aus, manchmal noch etwas weniger. Dies bedeutet freilich schon einen Fortschritt gegenüber den anderen Säugetieren, bei denen sie noch viel enger auf die eigentliche Zeit der Ovulation begrenzt ist; bei unserer Art jedoch hat sich die schon bei den Primaten angedeutete Tendenz zu längerer sexueller Bereitschaft bis zur äußersten Grenze erstreckt: Die Frau ist sexuell tatsächlich immer ansprechbar. Sobald ein Tier- oder Menschenaffenweibchen schwanger wird oder säugt, hört die sexuelle Aktivität auf, anders als bei unserer Art, bei der sie auch dann festzustellen ist – nur innerhalb einer kurzen Zeit unmittelbar nach dem Gebären findet keine Paarung statt.

Damit wird bereits eines klar: Der nackte Affe ist der von allen Primaten am meisten geschlechtsbetonte – sagen wir ruhig: der sexyste Affe. Wollen wir die Ursache dafür finden, müssen wir wieder einmal auf unsere Herkunft zurückblicken. Was ist da geschehen? Erstens: Der Raubaffe mußte jagen, wenn er überleben wollte. Zweitens: Er mußte ein besseres Gehirn haben zum Ausgleich für seinen Körper, der zum Jagen ärmlich genug ausgerüstet war. Drittens: Er bedurfte einer verlängerten Kindheit, um ein größeres Hirn heranwachsen zu lassen und um Spielraum zum Lernen zu haben. Viertens: Die Frauen mußten im Lager bleiben und die Kinder hüten, während die Männer zu jagen hatten. Fünftens: Die Männer mußten bei der Jagd eng zusammenarbeiten. Sechstens: Sie mußten sich aufrecht bewegen und Waffen benutzen, wenn die Jagd Erfolg haben sollte. Damit ist keineswegs gesagt, daß diese Abwandlungen auch in dieser Reihenfolge aufgetreten sind – im Gegenteil: Sie haben sich zweifellos zur selben Zeit entwickelt, wobei jede Änderung sich förderlich auf die anderen auswirkte. Außerdem wurden hier nur die sechs hauptsächlichen, entscheidend wichtigen Änderungen aufgeführt, denen der Raubaffe bei seiner Entwicklung unterworfen war. Nicht zu trennen von diesen Abwandlungen sind, wie ich glaube, alle für unser jetziges Sexualverhalten nötigen Zutaten.

Fangen wir also an: Die Männer mußten sicher sein, daß ihre Frauen ihnen treu blieben auch in Abwesenheit der Männer während der Jagd. Folgerichtig hatte sich bei den Frauen die Tendenz zur Bindung an nur einen Mann – zur Paarbindung – zu entwickeln. Weiter: Da von den schwächeren Männern ebenfalls erwartet wurde, daß sie beim Jagen mitmachten, mußten ihnen mehr Rechte auch im Sexuellen gegeben werden. Der Anteil der Frauen an der Beute war zu erhöhen, die Sexualordnung mußte weniger tyrannisch werden, demokratisch sozusagen: Auch bei jedem Mann hatte sich die Tendenz zur Paarbindung zu verstärken. Da außerdem die Männer jetzt mit tödlichen Waffen versehen waren, jede sexuelle Rivalität also höchst gefährlich werden konnte, war auch das ein guter Grund dafür, daß sich jeder Mann mit nur einer Frau begnügte. Obenan aber standen die infolge des so langsamen Wachsens der Kinder sehr viel gewichtiger gewordenen Elternpflichten. So mußte sich ein Elternverhalten entwickeln und mußten die elterlichen Pflichten zwischen Vater und Mutter aufgeteilt werden – abermals ein guter Grund für eine enge Paarbindung.

Von dieser Situation ausgehend, können wir nun zusehen, wie aus ihr die anderen Dinge entstanden sind. Der nackte Affe mußte die Fähigkeit gewinnen, sich zu verlieben, damit er sexuell nur auf einen einzigen Partner geprägt wurde, was wiederum nötig war für die Herausbildung der Paarbindung – welchen Weg immer man einschlägt, es kommt aufs selbe heraus. Wie aber kam der Nacktaffe dazu? Welche Faktoren wirkten sich für diesen Trend günstig aus? Als Primate hatte er eine Tendenz zu einer kurzen, nur wenige Tage oder Wochen dauernden Paarbildung mitgebracht, die nun nicht nur überhaupt verstärkt werden mußte, sondern vor allem hinsichtlich der Zeitdauer. Etwas, das dabei förderlich gewesen sein mag, war seine eigene verlängerte Kindheit. Während der langen Jahre des Heranwachsens wird es sicherlich zu einer tieferen persönlichen Bindung an die Eltern gekommen sein – viel stärker und viel länger anhaltend als bei einem Affenjungen. Wenn dann aber mit der Reife und dem Selbständigwerden sich diese Elternbindung löste, mag sich ein Gefühl der Bindungslosigkeit, der Verlassenheit, eingestellt haben – eine Lücke, die ausgefüllt werden mußte. Und damit war der nackte Affe bereits vorgeformt für die Ausbildung einer neuen, gleich starken Bindung, die an die Stelle der Elternbindung trat.

Aber selbst wenn dies bereits ausreichen mochte, die neue Paarbindung einzugehen, gab es noch einen zusätzlichen Faktor, der dafür sorgte, daß die Paarbindung auch anhielt – sie sollte schließlich lange genug anhalten angesichts der für sehr lange Zeit gegebenen Notwendigkeit, eine Familie ernähren zu müssen. Einmal verliebt, mußte der nackte Affe also verliebt bleiben. Das wiederum konnte gesichert werden durch eine verlängerte, erregende Werbung. Aber auch dann war noch etwas nötig. Die zugleich simpelste und am ehesten zum Ziel führende Methode war die, den Austausch von Sexualhandlungen innerhalb des Paares zu steigern und lohnender werden zu lassen. Mit anderen Worten: Sex mußte sexyer werden.

Aber wie? Auf jede nur mögliche Weise – das scheint jedenfalls die richtige Antwort zu sein. Wenn wir noch einmal zurückblicken auf das heutige Sexualverhalten des nackten Affen, so werden wir erkennen, wie die Sexualhandlungen Gestalt angenommen haben. Die verstärkte sexuelle Bereitschaft der Frau ist keineswegs allein unter dem Gesichtspunkt einer erhöhten Geburtenziffer zu erklären. Selbstverständlich wird sich diese erhöhen, wenn die Frau schon während des Stillens wieder zur Begattung bereit ist – andernfalls wäre die Lage ja angesichts der langen Abhängigkeit der Kinder von ihr geradezu katastrophal. Das erklärt aber noch keineswegs, warum die Frau auch während des gesamten Monatszyklus sexuell erregt und zur Paarung bereit ist. Innerhalb dieses Zyklus steht ja nach der Ovulation eine reife befruchtungsfähige Eizelle immer nur für Tage zur Verfügung, so daß eine Begattung außerhalb dieser Zeit keinerlei Funktionen für die Fortpflanzung hat. Die bei unserer Art in so verstärktem Umfang übliche Begattung dient also offensichtlich nicht dem Zeugen von Nachwuchs, sondern soll die Paarbindung dadurch vertiefen, daß die Begattung den Partnern wechselseitig Lust verschafft. Und damit wird klar, daß die ständige Fähigkeit zum Vollzug der sexuellen Vereinigung in der Paarbindung durchaus nicht etwa ein dekadent überzüchteter Auswuchs unserer modernen Zivilisation ist, sondern eine biologisch fundierte, stammesgeschichtlich tiefverwurzelte Eigenheit unserer Art.

Auch wenn der monatliche Zyklus der Frau unterbrochen wird – mit anderen Worten: wenn sie schwanger geworden ist –, bleibt die Frau für den Mann ansprechbar. Das ist ebenfalls besonders wichtig, denn bei der Bindung *eines* Mannes an *eine* Frau wäre es gefährlich, wenn der Mann zu lange warten müßte: Die Paarbindung könnte darunter leiden.

Zusätzlich zu der Ausdehnung der Zeit, in der Sexualhandlungen stattfinden können, wurden auch diese Handlungen selbst vervollkommnet. Das jägerische Leben, das uns zu unserer nackten Haut und zu sensiblen Händen verholfen hat, gab uns damit auch größeren Spielraum für sexuell erregende Berührungen von Kör-

per zu Körper, wie sie besonders für das die Paarung einleitende Vorspiel wichtig sind, für all das Streicheln, Reiben, Pressen, Tätscheln, das es in dieser Häufigkeit bei anderen Primaten nicht gibt. Außerdem werden so spezialisierte und reich innervierte Organe wie Lippen, Ohrläppchen, Brustwarzen, Brüste und Genitalien hoch sensibel für erotische Berührungsreize. Die Ohrläppchen haben sich offenbar sogar eigens zu diesem Zweck erst entwickelt. In Anatomiebüchern liest man oft, sie seien bedeutungs- und zwecklose »Auswüchse«; manchmal hat man sie auch als »Überbleibsel« aus der Zeit gedeutet, als wir noch größere Ohren hatten. Aber gerade das kann nicht stimmen. Denn wenn wir uns daraufhin die anderen Primaten ansehen, werden wir feststellen, daß sie gar keine fleischigen Ohrläppchen haben. So sind diese also höchstwahrscheinlich keine »Überbleibsel«, sondern Neuerwerbungen; und wenn wir außerdem wissen, daß die sich bei sexueller Erregung mit Blut füllen, anschwellen und übersensibel werden, dann kann es eigentlich kaum noch einen Zweifel daran geben, daß ihre Ausbildung einzig und allein der Schaffung einer weiteren erogenen Zone gedient hat. (Man möge nicht annehmen, das lächerliche Ohrläppchen werde hier überbewertet; es sind Fälle bekannt, und zwar bei Männern wie bei Frauen, in denen allein durch Reizung der Ohrläppchen ein Orgasmus ausgelöst werden konnte.) In diesem Zusammenhang ist auch unsere vorspringende, fleischige Nase interessant, mit der wir nämlich ebenfalls einzigartig unter den übrigen Primaten dastehen. Sie ist selbst den Anatomen derart rätselhaft, daß sie keine Erklärung für ihre Existenz vorbringen können; einer hat sie als »Luxusbildung ohne funktionelle Bedeutung« bezeichnet. Demgegenüber ist denn doch wohl nicht recht glaubhaft, daß ein so auffallendes und von der Nasenform bei den Primaten so abstechendes Merkmal sich ohne jede Funktion entwickelt haben sollte. Und wenn man dann liest, daß die äußere Nasenwand ein schwammig schwellfähiges Gewebe enthält, das durch Blutstau bei sexueller Erregung zur Vergrößerung der Nase und zur Erweiterung der Nasenlöcher führt, dann beginnt man zu staunen.
Ebenso wie beim Repertoire der Vervollkommnungen hinsichtlich der Berührungsreize gibt es einige nicht minder einzigartige Entwicklungen im visuellen Bereich. Eine wesentliche Rolle spielen hier komplizierte Ausdrucksbewegungen des Gesichts, die freilich auch in vielen anderen Zusammenhängen als Signale für eine bessere Verständigung unter den Artgenossen dienen. Innerhalb der

Primaten-Gruppe verfügen wir über die am höchsten entwickelte und am feinsten differenzierte Gesichtsmuskulatur, und in der Tat ist die Vielfalt unseres Gesichtsausdrucks unter allen Tieren die nuancenreichste. Durch winzige Muskelbewegungen in der Mund-, Nasen-, Brauen- und Stirnpartie und durch mannigfachste Kombination solcher Bewegungen können wir eine Fülle komplexer Gemütsbewegungen und ihre Wandlungen ausdrücken. Bei sexueller Begegnung und ganz besonders im frühen Stadium der Werbung sind solche Ausdrucksbewegungen von eminenter Bedeutung. (Einzelheiten sollen in einem späteren Kapitel diskutiert werden.) Auch eine Erweiterung der Pupille kommt bei sexueller Erregung vor, gewiß ein nur winziger Wechsel im Ausdruck; und doch ist diese Reaktion wohl wichtiger, als wir uns vorstellen; nicht anders ist es mit dem Glänzen der Augenoberfläche.

Wie mit Ohrläppchen und vorspringender Nase, so steht unsere Art auch mit ihren Lippen einzig da – die übrigen Primaten haben selbstverständlich ebenfalls Lippen, jedoch nicht solche, die wie bei uns von innen nach außen gewölbt sind. Ein Schimpanse kann seine Lippen vorschieben und umstülpen wie zu einem übertriebenen Schmollmund, wobei die sonst stets verborgen liegende Schleimhaut sichtbar wird. Dieses Schmollen wird jedoch immer nur für kurze Zeit gezeigt; dann erscheint sofort wieder das normale »dünnlippige« Aussehen. Wir hingegen haben ständig nach außen gewandte, aufgeworfene Lippen – für einen Schimpansen muß das aussehen, als machten wir ständig einen Schmollmund. Und wenn Sie je Gelegenheit haben sollten, von einem Ihnen freundschaftlich gesinnten Schimpansen umarmt zu werden, so wird der kräftige Kuß, den er Ihnen auf den Hals drückt, jeden Zweifel beheben, ob er wohl in der Lage sei, mit seinen Lippen ein Berührungssignal zu geben. Für den Schimpansen ist ein solcher Kuß übrigens eher ein Signal der Begrüßung als ein sexuelles; bei uns jedoch wird das Küssen in beiderlei Bedeutung geübt, und es bekommt, sehr viel häufiger und sehr viel länger betrieben, besondere Bedeutung im Vor(begattungs)-spiel. Im Zusammenhang mit dieser Entwicklung war es vermutlich »bequemer«, die sensible Schleimhaut ständig ausgestülpt zu halten – besondere Muskelkontraktionen in der Mundregion waren nun während der verlängerten Berührung von Mund zu Mund nicht mehr nötig. Das ist aber nicht alles. Die aufgeworfene Lippenschleimhaut nahm eine deutlich umrissene, charakteristische Gestalt an, ging nicht mehr unmerklich in die anschließende Gesichtshaut über, sondern bildete eine scharfe Grenzlinie. Damit aber wurden die Lippen wichtige optische Signale. Wir haben bereits erfahren, daß sexuelle Erregung zur Schwellung und Rötung der Lippen führt; die deutliche Abgrenzung der Lippen hat ganz offensichtlich ihre Vervollkommnung als Signal gefördert, indem sie sonst kaum merkliche Veränderungen in der Lippenstellung leichter erkennen ließ. Im übrigen sind ja unsere Lippen auch in Ruhelage, also dann, wenn wir nicht sexuell erregt sind, röter als die übrige Gesichtshaut; damit wirken sie einfach durch ihr Dasein und auch ohne das Anzeigen von physiologischen Änderungen als Werbesignal, als Plakat, das anzeigt: Hier befindet sich eine für sexuelle Berührungsreize empfindliche Zone.

Natürlich haben sich auch die Anatomen über diese unsere einzigartigen Lippen den Kopf zerbrochen und von ihrer Entstehung und Bedeutung gesagt, »daß man sie noch nicht recht versteht«; allenfalls sei zu vermuten, daß sie etwas zu tun hätten mit dem vermehrten Saugen des Brustkindes. Aber das Schimpansenjunge leistet auch Beachtliches beim Saugen, und seine muskulösen und zum Greifen besser geeigneten Lippen sind dafür doch ganz offensichtlich sehr viel tauglicher. So jedenfalls läßt sich die Ausbildung der scharfen Grenzen zwischen Lippen und umgebender Haut nicht erklären, ganz zu schweigen von dem so auffallenden Unterschied zwischen den Lippen der hell- und der dunkelhäutigen Völker. Wenn das Klima eine dunkle Hautfarbe fordert, so wirkt sich das gegen die Funktion der Lippen als eines optischen Signals dadurch aus, daß die Farbkontraste verringert werden. Sollten aber die Lippen wirklich als visuelles Signal wichtig sein, dann muß man erwarten, daß der verminderte Farbkontrast durch irgend etwas anderes kompensiert wird. Genau das ist offensichtlich geschehen: Die Lippen der Negriden behalten ihre Auffälligkeit dadurch, daß sie verbreitert und stärker aufgeworfen sind – was ihnen an Farbkontrast verlorengegangen ist, haben sie durch Größe und Form ausgeglichen. Auch die Randbegrenzung der Lippen ist bei den Negriden schärfer betont: Der Lippen»saum« der hellerfarbigen Rassen wird bei den Negriden zu einem etwas erhöhten Rand, der zugleich heller ist als die übrige Haut. Anatomisch erweisen sich diese Merkmale übrigens als keineswegs primitiv; sie bedeuten vielmehr einen positiven Fortschritt in der Spezialisierung der Lippenregion.

Es gibt noch eine ganze Reihe weiterer auffallender visueller

Sexualsignale. In der Pubertät wird, wie bereits erwähnt, das Eintreten der vollen Zeugungsfähigkeit durch Erscheinen von Haaren besonders in der Genitalgegend, in den Achselhöhlen und, beim Mann, im Gesicht signalisiert. Bei der Frau kommt es zu einem rapiden Wachstum der Brüste. Auch die Körpergestalt verändert sich: Verbreiterung der Schultern beim Mann, des Beckens bei der Frau. Auf diese Weise wird für eine Unterscheidung nicht nur des geschlechtsreifen Individuums vom nicht geschlechtsreifen gesorgt, sondern auch für die zwischen geschlechtsreifem Mann und geschlechtsreifer Frau: Die Signale zeigen also gleicherweise, daß jetzt die Zeugungsorgane funktionsfähig sind und daß man einen Mann bzw. eine Frau vor sich hat.

Die starke Vergrößerung der weiblichen Brüste gilt gemeinhin als eine Entwicklung, die mehr auf die Mutterschaft abzielt als auf ein Sexualsignal. Dennoch erscheinen die dafür vorgebrachten Beweise als schwach. Andere Primaten-Arten nämlich versorgen ihren Nachwuchs ebenfalls sehr reichlich mit Milch, ohne daß es bei ihnen zu so deutlich abgesetzten halbkugeligen Anschwellungen der Brüste kommt – in dieser Hinsicht steht das weibliche Geschlecht unserer Art unter allen Primaten einzig da. Demnach sieht es so aus, als ob mit der Ausbildung vorspringender Brüste von charakteristischer Gestalt abermals ein Sexualsignal geschaffen worden ist. Ermöglicht und verstärkt wurde dieser Prozeß jedenfalls durch die Entwicklung der Nacktheit: Bei einem dichten Fell bleiben geschwollene Brüste unauffällig; erst mit dem Haarverlust werden sie richtig sichtbar. Mit ihrer den Blick anziehenden Größe und Gestalt lenken sie außerdem die Aufmerksamkeit auf die Warzen und auf deren Erektion bei sexueller Erregung; in diesem Zustand und zu dem gleichen Zweck verstärkt sich außerdem die dunkle Färbung des Hofes um die Warzen.

Die Nacktheit der Haut ermöglicht auch Signale, die auf einem Wechsel der Farbe beruhen. Derlei Farbänderungen an bestimmten Körperpartien gibt es bei anderen Tieren ebenfalls, und zwar an kleinen nackten Stellen; bei unserer eigenen Art jedoch erfolgen sie sehr viel ausgedehnter: Besonders häufig ist das Erröten in den ersten Stadien der Werbung, und im späteren Zustand höherer Erregung kommt es zu der beschriebenen sexuellen Hautröte. (Wiederum haben die dunkelfarbigen Rassen diese Signale den klimatischen Anforderungen ihrer Umwelt opfern müssen. Wir wissen jedoch, daß diese Reaktionen noch immer ablaufen, obwohl sie als Farbwechsel unsichtbar bleiben; genaue Untersuchungen

lassen jedoch deutliche Änderungen in der Hautstruktur erkennen.)
Bevor wir das Gebiet der optischen Sexualsignale verlassen, müssen wir noch einen recht ungewöhnlichen, aber sehr interessanten Aspekt ihrer Entwicklung behandeln. Dafür bedarf es zuvor des Blickes auf einige höchst merkwürdige Dinge, die am Körper einiger unserer entfernteren Verwandten aus der Gruppe der Tieraffen passiert sind. Jüngste deutsche Forschungen nämlich haben gezeigt, daß manche Arten sich sozusagen selbst nachahmen. Die erstaunlichsten Beispiele solcher »innerartlichen Mimikry« finden wir beim Mandrill und beim Dschelada- oder Blutbrust-Pavian. Das Mandrill-Männchen hat einen knallroten Penis und beiderseits dazu leuchtendblaue Hodenflecken. Dieses Färbungsmuster wird im Gesicht wiederholt: Nasenspitze und Nasenrücken sind hochrot, die tiefgefurchten Backen kräftig blau. Es ist, als imitiere das Gesicht des Mandrillmannes »mimisch« seine Genitalregion, indem es die dortigen optischen Signale wiederholt. Warum? Bei der Begegnung des männlichen Mandrills mit anderen Tieren ist infolge seiner Körperhaltung die Genitalzeichnung mehr oder weniger verdeckt; durch sein phallisch betontes Gesicht kann er die so lebenswichtige Information, die das Signal beinhaltet, dennoch übermitteln. Bei den weiblichen Dscheladas stoßen wir auf einen ähnlichen Fall von Selbstmimikry: Rund um ihre Genitalien zieht sich ein leuchtend roter Fleck, umsäumt von weißen Warzen. Die Schamlippen der Vulva, inmitten dieses Flecks, sind noch kräftiger rot. Und dieses Muster wird auf der Brust des Dschelada-Weibchens wiederholt. In der Mitte des Brustflecks liegen die tiefroten Brustwarzen so dicht beieinander, daß sie denkbar stark an die Lippen der Vulva erinnern. (Wie dicht die Warzen beieinander stehen, ersieht man daraus, daß das Dscheladajunge gleichzeitig an beiden Zitzen saugt.) Wie beim richtigen Genitalfleck wechselt auch beim Brustfleck die Farbintensität im Ablauf der Stadien des monatlichen Sexualzyklus.
Die Folgerung, die man aus dieser Feststellung ziehen muß, ist die: Bei Mandrill und Dschelada sind die Genitalsignale aus irgendeinem Grund auf die Vorderseite projiziert worden. Wir wissen zu wenig über das Wildleben des Mandrills, als daß wir uns zureichende Vorstellungen über sein sonderbares Signal machen könnten. Anders bei den Dscheladas. Sie sitzen im Gegensatz zu ihren meisten Verwandten sehr viel aufrecht. Ist dies aber ihre typische Haltung, dann liegt die Folgerung auf der

Hand: Durch die Verlagerung der Sexualsignale auf die Brust ist deren Übermittlung an die übrigen Angehörigen der Herde wesentlich erleichtert. Wie Mandrill und Dschelada haben auch zahlreiche andere Primaten-Arten kräftig gefärbte Genitalien; die Wiederholung solcher Signale auf der Vorderseite ist jedoch eine seltene Erscheinung.

Bei unserer eigenen Art ist mit der Körperhaltung ein radikaler Wechsel eingetreten: Wie die Dscheladas sitzen wir einen großen Teil des Tages aufrecht. Und wir stehen außerdem aufrecht und blicken einander beim sozialen Kontakt ins Gesicht. Könnte es vielleicht sein, daß sich auch bei uns so etwas wie eine innerartliche Mimikry ergeben hat? Könnte die aufrechte Haltung unsere Sexualsignale beeinflußt haben? Bei allen anderen Primaten ist die typische Stellung beim Begatten die: Das Männchen bespringt das Weibchen von hinten. Dazu hebt das Weibchen sein Hinterende vor dem Männchen – die Genitalregion als sexuelles Signal wird ihm von hinten präsentiert. Das Männchen nimmt es wahr, kommt zum Weibchen und reitet auf. Während der Begattung erfolgt keinerlei körperliche Berührung von vorn – das Weibchen preßt ja seine hinten gelegene Genitalregion gegen den Leib des Männchens. Ganz anders bei uns: Hier haben wir nicht nur ein langes Vorspiel Gesicht gegen Gesicht, sondern auch die Begattung erfolgt von vorn.

Über diese Tatsache ist immer wieder diskutiert worden; seit langem hat man die Frontalstellung Gesicht gegen Gesicht bei der Paarung als die für uns einzig und allein biologisch »richtige«, naturgegebene angesehen, alle anderen für mehr oder weniger ausgeklügelte Abwandlungen. Dieser Meinung ist neuerdings von Fachleuten entgegengehalten worden, daß es, soweit es unsere Art anlangt, keine natürlich bevorzugte, spezifische »Grundstellung« gebe – jede Art körperlicher Vereinigung müsse uns eigentlich recht sein, denn als die so einfallsreiche Art, die wir ja nun einmal sind, sei es doch nur natürlich, wenn wir es mit allen möglichen Stellungen versuchen – je mehr, desto besser, denn so werde für größere Abwechslung und für Neues beim Sexualakt gesorgt und der sexuellen Langeweile vorgebeugt, die sich zwischen den Partnern eines auf lange Zeit eng verbundenen Paares einstellt. Dieses Argument ist in dem Zusammenhang, in dem es vorgebracht worden ist, durchaus stichhaltig; seine Vertreter sind jedoch in ihrem Bemühen, ihre Meinung durchzusetzen, etwas zu weit gegangen. Ausgangspunkt war nämlich die Vorstellung, nur die Grundstellung Gesicht gegen Gesicht sei normal, alle anderen jedoch seien »Sünde«. Um dieser Vorstellung entgegenzutreten, hatte man den Wert der Abwandlung betont, und zwar mit vollem Recht: Jede den beiden Partnern eines verheirateten Paares zugute kommende Steigerung der sexuellen Befriedigung wird die Paarbindung verstärken. Und deshalb sind die von der Grundstellung abweichenden Variationen für unsere Art in der Tat biologisch wichtig. Nur eines haben die Fachleute in ihrem Kampf gegen alte Vorurteile übersehen: daß es für unsere Art trotz allem nur eine einzige naturgegebene Stellung gibt – die frontale. Denn alle Sexualsignale erscheinen dort, wo auch alle erogenen Zonen liegen, an der Vorderseite des Körpers: die Ausdrucksbewegungen des Gesichts, Lippe, Bart und Brustwarzen, Warzenhof und weibliche Brüste, Schambehaarung, die Genitalien selbst, die Flächen, über die sich das Erröten zieht, und die meisten Stellen, an denen die sexuelle Hautröte erscheint. Nun könnte man einwenden, daß viele dieser Signale durchaus perfekt funktionieren in den ersten Phasen des Paarungsverhaltens, die auch sehr wohl in Frontalstellung ablaufen könnten, daß dann aber, wenn beide Partner durch die frontale Reizung in höchste Erregung geraten sind, sich der Mann für die Begattung selbst nach hinten begibt oder zum gleichen Zweck eine andere etwas weniger übliche Stellung einnimmt, wie sie ihm gerade einfällt. Das ist völlig richtig, und es gilt möglicherweise für das Erfinden neuer Stellungen. Dennoch hat diese These ihre Nachteile. Da ist zunächst folgendes: Das persönliche Kennen des Sexualpartners ist bei Arten mit enger Paarbindung wie der unsrigen von sehr hoher Wichtigkeit – das Vis-à-vis bedeutet, daß die ankommenden Signale und die Reaktionen auf sie innig verknüpft werden mit den Signalen, an denen die Persönlichkeit des Partners erkannt wird: Frontaler Sex Gesicht zu Gesicht ist »personifizierter Sex«. Außerdem lassen sich Reize durch Berührungsempfindungen an den auf der Vorderseite des Körpers liegenden erogenen Zonen über das Vorspiel hinaus bis in die Phase der Begattung hinein fortsetzen, wenn der Begattungsakt frontal ausgeübt wird. Viele dieser Empfindungen gehen jedoch mit dem Einnehmen anderer Stellungen verloren. Die Stellung vis-à-vis ermöglicht außerdem eine maximale Reizung der Klitoris während der Beckenstöße des Mannes. Gewiß wird sie stets, und zwar unabhängig von der Stellung des Mannes in bezug auf die Frau, passiv gereizt durch die Zugwirkung der Stöße des Mannes; bei der frontalen Paarung kommt jedoch der direkte rhythmische

Druck der männlichen Beckenregion auf die Zone der Klitoris hinzu, was die Reizung ganz beträchtlich erhöht. Und schließlich spricht auch ein anatomisches Merkmal dafür, daß diese Stellung die für unsere Art naturgegebene ist, nämlich die Form des Vaginalrohrs. Beim Vergleich mit anderen Primaten-Arten stellt sich heraus, daß es deutlich nach vorn gebogen ist, ja sogar stärker gebogen, als man für dieses passive Ergebnis des Überganges zur aufrechten Körperhaltung erwarten sollte. Wäre es jedoch für das weibliche Geschlecht unserer Art wichtig gewesen, seine Genitalien dem Mann für ein Aufreiten von hinten darzubieten, so hätte – und daran kann kein Zweifel sein – die natürliche Auslese diesen Trend schon sehr bald gefördert, und es wäre bei der Frau zur Ausbildung eines mehr nach hinten führenden Vaginalschlauchs gekommen.

So erscheint es durchaus einleuchtend, daß die Frontalstellung die natürliche Grundstellung für unsere Art ist. Selbstverständlich gibt es eine ganze Reihe von Abwandlungen, bei denen das vis-à-vis nicht ausgeschlossen wird: Mann oben, Frau oben, Seite an Seite, im Sitzen, im Stehen und so weiter. Die am besten funktionierende und häufigste ist jedoch die, bei der beide Partner liegen, der Mann über der Frau. Nach amerikanischen Untersuchungen läßt sich schätzen, daß in den USA 70 Prozent der Bevölkerung nur diese Stellung einnehmen; auch solche Personen, die ihre Stellung wechseln, bedienen sich meist der frontalen Grundstellung, und weniger als zehn Prozent machen Gebrauch von Stellungen, bei denen der Mann sich hinter der Frau befindet. Auch eine sehr ausgedehnte Untersuchung an allen möglichen Kulturen und fast zweihundert verschiedenen Gesellschaftsordnungen in allen Teilen der Welt hat zu dem Ergebnis geführt, daß die Begattung von hinten bei keiner einzigen der überprüften Gemeinschaften als das Übliche gilt.

Wenn wir als Resultat unserer kleinen Abschweifung diese Tatsache als gegeben anerkennen, können wir zurückkehren zu der Frage, die wir vorhin gestellt haben: ob nicht auch bei unserer aufrecht sitzenden, stehenden und gehenden Art so etwas wie sexuelle Selbstmimikry vor sich gegangen sein kann? Als das weibliche Geschlecht bei unserer Art mit Erfolg begann, das männliche Interesse auf die Vorderseite des Körpers zu konzentrieren – konnte da nicht entwicklungsgeschichtlich etwas geschehen, das diese Vorderseite noch anziehender werden ließ? Nun – irgendwann in unserer frühen Vergangenheit muß die

Begattung von hinten die übliche gewesen sein. Nehmen wir einmal an, dabei sei ein Stadium erreicht worden, bei dem das Weib sich als Sexualsignal für den Mann hinter ihm eines Paares fleischig halbkugeliger Hinterbacken (die übrigens bei den Primaten sonst nicht vorkommen) sowie eines Paares hochroter Labien (Schamlippen) bediente. Nehmen wir weiter an, beim Mann habe sich eine sehr kräftige sexuelle Reaktion auf diese spezifischen Signale ausgebildet. Und nehmen wir drittens an, daß in diesem Stadium der Entwicklung die Art sich in ihren sozialen Kontakten zunehmend vertikal und frontal orientierte. In dieser Situation sollte man eigentlich erwarten, daß sich an der Vorderseite des Körpers irgendeine Form von innerartlicher Mimikry ähnlich der beim Dschelada-Weibchen finden läßt. Nun – blicken wir einmal auf die Vorderseite der Frauen unserer Art. Können wir da etwas entdecken, das vielleicht die alte Schaustellung halbkugeliger Hinterbacken und roter Schamlippen imitiert? Die Antwort steht so fest wie der Busen: Die halbkugelig vorgewölbten Brüste sind sicherlich Kopien der fleischigen Hinterbacken, die scharf begrenzten roten Lippen des Mundes solche der roten Labien. (Es sei daran erinnert, daß bei hochgradiger sexueller Erregung sowohl die Lippen des Mundes wie die Schamlippen anschwellen und sich kräftiger rot färben, so daß sie sich nicht nur darin ähneln, sondern bei sexueller Erregung sich auch auf gleiche Weise verändern.) Falls das männliche Geschlecht unserer Art schon darauf eingestellt war, sexuell auf diese an der Hinterseite in der Genitalregion erscheinenden Signale zu reagieren, dann müßte es auch über eine gleichsam bereits eingebaute Fähigkeit verfügen, sich von den Signalen beeindrucken zu lassen, wenn diese in alter Gestalt nun an der Vorderseite des weiblichen Körpers erschienen. Und genau das ist, so will mir scheinen, geschehen: Die Frauen tragen Duplikate von Hinterbacken und Labien in Form von Brüsten und Mund. (Dabei fällt einem begreiflicherweise sofort der Gebrauch von Lippenstift und Büstenhalter ein; mit ihnen wollen wir uns aber erst beschäftigen, wenn wir die Sexualpraktiken der modernen Zivilisation behandeln.)

Neben den so außerordentlich wichtigen visuellen Signalen gibt es auch gewisse Geruchsreize, die eine Rolle im Sexualverhalten spielen. Die Stärke unseres Geruchssinnes hat sich zwar im Ablauf der Entwicklung beträchtlich vermindert; immer noch ist er aber ganz passabel, und an der sexuellen Aktivität ist er mehr beteiligt, als wir gemeinhin glauben. Wir wissen, daß es im Körpergeruch

Geschlechtsunterschiede gibt, und man hat vermutet, daß bei der Paarbildung – beim Verlieben – auch eine Geruchsprägung mitspielt, eine Fixierung auf den individuellen Körpergeruch des Partners. Damit im Zusammenhang steht vielleicht die sehr interessante Entdeckung, daß mit der Pubertät ein deutlicher Wandel in der Vorliebe für bestimmte Gerüche einhergeht. Vor der sexuellen Reife läßt sich eine ausgesprochene Vorliebe für süße und fruchtige Düfte feststellen, mit Eintritt der Pubertät jedoch hat es damit ein jähes Ende, und der Geschmack wandelt sich dramatisch: Jetzt werden blumige, ätherisch-ölige und moschusähnliche Gerüche bevorzugt. Das trifft für beide Geschlechter zu; die Vorliebe für Moschus ist allerdings bei Männern stärker ausgeprägt als bei Frauen. Erwachsene sollen Moschus in der Luft noch bei einer Verdünnung von eins zu acht Millionen feststellen können; kennzeichnend ist, daß diese Substanz bei vielen Säugetierarten, bei denen sie in besonderen Drüsen erzeugt wird, eine außerordentlich große Rolle als Duftsignal spielt. Wir selbst besitzen zwar keine großen Duftdrüsen, wohl aber zahlreiche kleine – die sogenannten apokrinen Drüsen. Sie ähneln den Schweißdrüsen, jedoch enthält ihr Sekret einen höheren Anteil an festen Stoffen. Man findet sie an mehreren Stellen, in besonders hoher Konzentration in den Achselhöhlen und in der Genitalregion. Die Haare dort spielen zweifellos eine wichtige Rolle dadurch, daß sie den Duft festhalten; ob die Angabe stimmt, daß die Duftproduktion an diesen Stellen während der sexuellen Erregung erhöht ist, konnte noch nicht gesichert werden, da eingehende Untersuchungen bisher fehlen. Wohl aber wissen wir, daß die Zahl der apokrinen Drüsen beim weiblichen Geschlecht unserer Art um 75 Prozent höher liegt als beim männlichen; interessant ist in diesem Zusammenhang, daß bei sexuellen Begegnungen niederer Säugetiere das Männchen sein Weibchen sehr viel mehr beschnüffelt als dieses das Männchen.

Die Lage unserer auf die Dufterzeugung spezialisierten Körperflächen ist offensichtlich wiederum eine Anpassung an die frontale Begegnung beim sexuellen Kontakt. Was die Genitalzone anlangt, so gibt es da nichts, was wir nicht mit den anderen Säugetieren gemein hätten. Die Konzentration in den Achselhöhlen hingegen ist schon weit weniger zu erwarten gewesen. Anscheinend macht sich auch hier der für unsere Art spezifische Trend bemerkbar, neue Stellen sexueller Reizung an die Vorderseite des Körpers zu verlegen – eben im Zusammenhang mit der Vervollkommnung der sexuellen Kontakte Gesicht zu Gesicht. Im Fall der Achselhöhlen heißt das, die Nase des Partners während des Vorspiels und der Begattung möglichst dicht an die hauptsächlich dufterzeugenden Körperpartien zu bringen.

Bis jetzt haben wir betrachtet, wie das sexuelle Appetenzverhalten (so nennen die Ethologen jedes zweckgerichtete Verhalten, das aktiv ganz bestimmte Reizsituationen anstrebt) bei unserer Art sich so vervollkommnet und erweitert hat, daß die Sexualhandlungen der Partner eines verheirateten Paares zunehmend befriedigender werden und sich dementsprechend die Paarbindung immer mehr verstärkt und dauerhafter wird. Appetenzverhalten aber führt über die Reizsituation zur Endhandlung, die ebenfalls vervollkommnet werden mußte. Überlegen wir einen Augenblick, wie die Situation bei den Primaten war. Die ausgewachsenen Männchen sind ständig sexuell aktiv, es sei denn, sie haben gerade ejakuliert. Der Orgasmus als Endhandlung ist für sie von Nutzen insofern, als das Ausruhen nach der sexuellen Hochspannung ihren Geschlechtstrieb so lange dämpft, bis ihr Spermavorrat ergänzt ist. Die Weibchen hingegen sind nur befristet um die Mitte ihrer Ovulationszeit sexuell aktiv, dann aber auch stets bereit, die Männchen zu empfangen. Je mehr Begattungen, desto größer die Sicherheit einer Befruchtung. Für die Weibchen gibt es jedoch keine sexuelle Befriedigung, keinen Höhepunkt bei der Begattung, der sie sättigt und ihren Geschlechtsdrang stillt. Solange sie »heiß« sind, darf keine Zeit verloren werden – sie müssen in Gang bleiben, koste es, was es wolle. Gäbe es bei ihnen einen intensiven Orgasmus, so hieße das nichts anderes als eine Verschwendung kostbarer Zeit, die besser mit Paarungen zugebracht wäre. Nach der Paarung, wenn das Männchen ejakuliert hat und abspringt, zeigt das Affenweibchen kaum Zeichen emotionaler Bewegung; es geht weiter, als sei nichts geschehen.

Bei unserer eigenen Art mit ihrer engen Paarbindung ist das alles ganz anders. Da erstens nur ein einziger Mann die Paarung vollzieht und zudem immer derselbe, bedeutet es für das weibliche Geschlecht keinen besonderen Vorteil, sexuell zu reagieren genau dann, wenn der Mann gerade erschöpft ist. Und so wirkte sich nichts gegen die Entwicklung eines Orgasmus bei der Frau aus. Im Gegenteil: Zwei Faktoren förderten sie sogar sehr stark. Der eine ist die ungeheure Befriedigung, die sie dem Akt der geschlechtlichen Vereinigung mit dem Ehepartner verleiht – und diese wiederum dient, wie alle Vervollkommnungen im Bereich des

71

Sexuellen, dazu, die Paarbindung zu festigen und die Familie als Einheit zu erhalten. Der zweite Faktor wirkte sich dadurch förderlich aus, daß er die Chance der Befruchtung ganz beträchtlich erhöhte. Um das zu verstehen, müssen wir abermals auf unsere Primaten-Verwandtschaft zurückblicken. Wenn ein Affenweibchen vom Männchen besamt worden ist, geht es davon, ohne daß die Gefahr eines Verlustes der Samenflüssigkeit besteht, die sich jetzt im Innersten seines Vaginaltrakts befindet. Denn das Weibchen läuft ja auf allen vieren, die Richtung seines Vaginalschlauchs ist mehr oder weniger horizontal. Wäre bei unserer eigenen Art eine Frau vom Erlebnis der Begattung so unangerührt, daß sie sich ebenfalls unmittelbar danach davonmachen würde, so hätten wir es mit einer ganz anderen Situation zu tun. Sie nämlich geht aufrecht auf zwei Füßen, und die Richtung ihres Vaginalrohres verläuft beim Gehen fast senkrecht: Allein unter dem Einfluß der Schwerkraft müßte die Samenflüssigkeit durch den Vaginaltrakt abwärts rinnen und teilweise verlorengehen. Deshalb bedeutet es einen in jeder Hinsicht großen Vorteil, daß die Frau in horizontaler Lage verbleibt auch nach der Ejakulation und dem Ende der Begattung. Die starke Reaktion des weiblichen Orgasmus, der die Frau sexuell befriedigt und erschöpft, hat just diesen Effekt. Und deshalb ist er in doppelter Hinsicht von Nutzen.

Die Tatsache, daß unsere Art mit dem Orgasmus der Frau unter allen Primaten einzig dasteht, sowie die weitere Tatsache, daß er physiologisch nahezu identisch ist mit dem Orgasmus des Mannes, läßt die Vermutung aufkommen, er könne, entwicklungsgeschichtlich gesehen, eine »pseudomännliche« Reaktion sein. Sowohl im Mann wie in der Frau liegen latente Eigenschaften des entgegengesetzten Geschlechts bereit. Wie wir aus vergleichenden Untersuchungen an anderen Tiergruppen wissen, kann im Ablauf des Entwicklungsgeschehens, wenn nötig, eine dieser latenten Eigenschaften geweckt und manifest werden – beim »falschen« Geschlecht. In unserem besonderen Fall wissen wir, daß sich bei der Frau eine hohe Empfindlichkeit der Klitoris für sexuelle Reize herausgebildet hat. Wenn wir uns erinnern, daß dieses Organ dem Penis des Mannes analog – also sein Gegenstück – ist, so wird doch damit eigentlich nur unterstrichen, daß der Orgasmus der Frau als ein vom Mann »ausgeborgtes« Verhalten angesehen werden kann.

Damit mag auch zusammenhängen, daß der Mann den größten Penis unter allen Primaten hat. Er ist bei voller Erektion nicht nur extrem lang, sondern im Vergleich mit den anderen Arten auch sehr dick. (Beim Schimpansen wirkt er eher wie ein Stift.) Diese Verbreiterung verstärkt während der Begattung die Reibung in den äußeren Genitalien der Frau; bei jedem Stoß des Penis wird die Klitoris-Region nach unten gezogen, mit dem Zurückziehen des Penis bewegt sie sich wieder aufwärts. Dazu kommt der von der Beckengegend des frontal begattenden Mannes ausgeübte rhythmische Druck auf die Zone der Klitoris: Es erfolgt sozusagen eine regelrechte Massage der Klitoris, die – geschähe derlei beim Mann – einer Onanie gleichkäme.

Wir können das Fazit ziehen: Beim Appetenzverhalten ebenso wie bei den Endhandlungen ist alles geschehen, was überhaupt möglich ist, die Sexualität des nackten Affen zu steigern und die erfolgreiche Entwicklung eines Verhaltens zu sichern, das so grundlegend wichtig ist wie die Paarbildung – und das innerhalb einer Säugetiergruppe, bei der so etwas sonst faktisch unbekannt ist. Die Schwierigkeiten, diesen neuen Trend durchzusetzen, sind damit freilich noch immer nicht durchweg behoben. Wenn wir auf unser Paar nackte Affen schauen, die glücklich verheiratet sind und einander beim Aufziehen der Kleinen helfen, so scheint alles in bester Ordnung zu sein. Aber nun wachsen die Kleinen heran; bald werden sie in die Pubertät kommen. Was dann? Wären noch die alten Verhaltensweisen der Primaten unverändert gültig, so würde der Alte das junge Männchen sehr bald verscheuchen und sich mit den jungen Mädchen paaren. Diese würden dann neben ihrer Mutter der Großfamilie als »Nebenfrauen« angehören, die ebenfalls Kinder in die Welt setzen, und wir wären wieder genau da, wo wir angefangen haben. Außerdem würden die jungen Männer durch ihre Vertreibung unweigerlich auf eine niedrigere Rangstufe am Rand der Gesellschaft herabgedrückt, wie es ja bei vielen Primaten-Arten der Fall ist, was aber beim nackten Affen dazu führen müßte, daß die Zusammenarbeit in der aus allen Männern gebildeten Jagdgemeinschaft Schaden nimmt.

So wird klar, daß hinsichtlich des Fortpflanzungsverhaltens eine weitere Veränderung nötig war, und zwar so etwas wie die Exogamie – das Heiraten außerhalb der eigenen Geburtsgruppe. Wenn die enge Paarbindung erhalten bleiben sollte, mußten die Töchter und Söhne selbst ihren Gatten suchen und finden. Für Arten mit Paarbildung ist das ein keineswegs unübliches Verfahren; bei den niederen Säugetieren gibt es dafür zahlreiche Beispiele. Die Sozialstruktur der Primaten allerdings bietet recht wenig günstige Voraussetzungen: Bei den meisten paarbildenden Arten zerfällt die Familie und verläuft sich, wenn die Jungen heranwachsen. Für den nackten Affen war dieser Weg wegen seines auf ein Zusammenwirken angelegten Sozialverhaltens nicht gangbar. Das Problem mußte also gelöst werden, und es wurde gelöst, auf die prinzipiell gleiche Weise. Wie bei allen Arten mit Paarbindung »gehören« die Eltern einander: Die Mutter »besitzt« den Vater wie umgekehrt er sie. Sobald der Nachwuchs mit der Pubertät seine eigenen Sexualsignale zu zeigen beginnt, wird er zur sexuellen Konkurrenz – die Söhne sind nun Rivalen des Vaters, die Töchter Rivalinnen der Mutter. Es wird also die Tendenz bestehen, sie zu vertreiben. Beim Nachwuchs aber wird sich die Neigung einstellen, ein eigenes Revier als Basis der eigenen Familie zu gründen. Dieser Trieb muß ja schon bei den Eltern vorhanden gewesen sein, als sie sich ihre erste Familienheimstatt schufen; dieses Verhalten wird jetzt also lediglich wiederholt. Das elterliche Revier, beherrscht und »besessen« von Vater und Mutter, hat nun für die Kinder nicht mehr die alten, richtigen Eigenschaften: Es ist ebenso wie die dort lebenden Individuen jetzt sozusagen schwer belastet mit den ursprünglichen und mit zusätzlichen Elternsignalen. Der Nachwuchs widersetzt sich ihnen und geht daran, sich eine neue Grundlage für die eigene Fortpflanzung zu schaffen. Typisch ist dies für die Jungen von Raubtieren mit Revierbesitz, nicht aber für junge Primaten; für den nackten Affen war es unerläßlich, und so kam es bei ihm zu diesem weiteren Verhaltenswandel.

Leider hört man oft, die Exogamie bedeute ein »Inzest-Tabu«. Diese Aussage meint aber, es handle sich bei diesem Verbot der Blutschande um eine relativ junge, kulturell bedingte Erscheinung. Die Exogamie muß sich jedoch biologisch und in einem sehr viel früheren Stadium entwickelt haben; andernfalls hätte das typische Fortpflanzungsverhalten unserer Art sich nicht über das Primaten-Niveau erheben können.

Mit alledem hängt offensichtlich eine weitere Eigenheit unserer Art zusammen, das Hymen oder Jungfernhäutchen. Bei den niederen Säugetieren erscheint es als embryonales Stadium im Zuge der Ausbildung des Urogenitalsystems; beim nackten Affen jedoch bleibt es durch Neotenie erhalten. Das bedeutet, daß die erste Begattung im Leben der Frau einige Schwierigkeiten macht. Da die Entwicklung sich des langen und breiten damit abgemüht hat, die Frau so sexuell reaktionsfähig zu machen wie nur möglich, ist man zunächst etwas stutzig: Was soll dann ein Jungfernhäutchen, das doch nur begattungswidrig sein kann? Dennoch ist es nur ein scheinbarer Widerspruch. Indem das Hymen den ersten Begattungsversuch erschwert und schmerzhaft werden läßt, sorgt es dafür, daß er nicht leichtsinnig unternommen wird. Nun gibt es aber selbstverständlich in der Phase der sexuellen Reifung jenes Versuchen und Herumsuchen nach dem rechten Partner. Und die Jungmänner sehen eigentlich nicht ein, weshalb sie sich mit dem Begatten zurückhalten sollten. Bleibt die Paarbindung aus, so haben sie sich zu nichts verpflichtet und können weitersuchen, bis sie die Richtige finden. Anders die Jungfrauen: Wollten sie so weit gehen, ohne daß es zur Paarbindung kommt, könnte es sehr leicht passieren, daß sie schwanger sind und dem Tag entgegensehen müssen, an dem sie Elternpflichten zu übernehmen haben ohne jede Hilfe von männlicher Seite. Hier also soll das Hymen wenigstens etwas bremsen: Die Jungfrau soll erst wirklich starke und tiefe Gefühle entwickelt haben, bevor sie den letzten Schritt tut – so starke Gefühle, daß sie bereit ist, physisches Unbehagen auf sich zu nehmen, wenn sie die Beine spreizt.

An dieser Stelle ist auch ein Wort über die Frage der Monogamie oder Polygamie vonnöten. Die Entwicklung zur Paarbindung, wie sie sich bei unserer Art abgespielt hat, begünstigt begreiflicherweise die Einehe, erfordert sie aber nicht absolut. Es kann durchaus vorkommen, daß als Folge des schweren und gefährlichen Jägerlebens die erwachsenen Männer rar werden und deshalb die überlebenden die Paarbindung mit mehr als nur einer Frau eingehen. So kann auch die Geburtenziffer erhalten bleiben und erhöht werden, ohne daß es zu bedrohlichen Spannungen kommt, wie sie entstehen könnten, wenn man die überschüssigen Frauen »schonen« wollte. Würde nämlich der Paarbildungsprozeß so exklusiv, daß er Polygamie bei Männerknappheit total unterbindet, so käme es zu einer bedrohlichen Entwicklung – man braucht nur daran zu denken, wie besitzgierig die Frauen in dieser Hinsicht sind und was für böse sexuelle Rivalitäten zwischen ihnen dadurch heraufbeschworen werden. Gegen eine Vielehe wiederum wendet sich der durch die vergrößerte Familie erheblich verstärkte Zwang, sie und den ganzen Nachwuchs wirtschaftlich zu unterhalten. So war die Möglichkeit für die Polygamie in einem gewissen Umfang gegeben, wenn auch mit starken Einschränkungen. Und es ist interessant festzustellen, daß die Vielehe zwar noch bei einer Zahl weniger bedeutender Kulturen existiert, daß aber alle

großen Gesellschaftsordnungen (die zudem die weit überwiegende Mehrheit der Weltbevölkerung unserer Art ausmachen) die Einehe haben; auch bei denen, die eine Vielehe zulassen, bleibt diese – wie der Islam zeigt – normalerweise auf eine kleine Minderzahl der betroffenen Männer begrenzt.
Nicht weniger interessant freilich wäre es, darüber nachzudenken, ob das Aufgeben der Polygamie bei nahezu allen großen Kulturen tatsächlich ein wesentlicher Faktor für das Erreichen ihres derzeitigen Hochstandes gewesen ist. Hier sei nur dies festgestellt: Was immer auch dieser oder jener unwichtige und zurückgebliebene Stamm heute in dieser Hinsicht tut – der Hauptstrom der Entwicklung unserer Art hat zur Paarbindung in ihrer extremen Form geführt, nämlich zur dauernden Einehe.
Und so haben wir nun den nackten Affen in all seiner erotischen Vielfalt vor uns, eine Art, höchst sexy, paarbildend und dies mit einigen Sonderheiten ohnegleichen; eine komplizierte Mischung aus uraltem Primaten-Erbe und weitreichenden Raubtier-Neuerwerbungen. Jetzt gilt es, das dritte und letzte Element hinzuzufügen: die moderne Zivilisation. Die Vergrößerung des Hirns, die der Umwandlung vom schlichten Sammler des Urwalds zum gemeinsam handelnden Jäger parallel lief, führt zu immer neuer technologischer und technischer Verbesserung. Aus dem einfachen Stammeslager entstanden die Städte, Großstädte, Weltstädte. Aus der Steinzeit wurde das Weltraumzeitalter. Wie aber wirkte sich der Erwerb von all diesem Glanz und Gloria auf das Sexualverhalten der Art aus? Sehr wenig offenbar. Das ist alles viel zu schnell gegangen, zu plötzlich, als daß es in dieser kurzen Zeit zu irgendwelchen grundlegenden biologischen Fortschritten hätte kommen können. Oberflächlich betrachtet freilich scheinen sie sich tatsächlich eingestellt zu haben. Aber das ist in Wirklichkeit nichts als trügerischer Schein: Hinter den Großstadtfassaden hockt nach wie vor der gleiche alte nackte Affe. Nur die Wörter und Begriffe haben sich gewandelt: Statt »Jagen« heißt es jetzt »Arbeiten«, statt »Jagdgründe« nun »Arbeitsplatz«, »Lager« ist zum »Haus« geworden, die »Paarbindung« zur »Ehe« und so weiter und so weiter. Die amerikanischen Untersuchungen des Sexualverhaltens in unserer Zeit, von denen schon die Rede war, haben gezeigt, daß das physiologische und anatomische Rüstzeug unserer Art immer noch in vollem Gebrauch ist. Das, was an Zeugnissen aus der Ur- und Vorgeschichte auf uns gekommen ist, und dazu das, was wir aus vergleichenden Studien an lebenden Raubtieren und

lebenden Primaten wissen, hat uns zu einem Bild verholfen, das uns zeigt, welchen Gebrauch der nackte Affe in ferner Vergangenheit von seiner sexuellen Mitgift gemacht und wie er sein Sexualleben gestaltet hat. Was uns aus unserer Zeit an Belegen zur Verfügung steht, zeigt uns, wenn erst einmal der deckende Firnis der öffentlichen Sitten- und Moralpredigten abgewaschen ist, im Grunde genau das gleiche Bild. Es ist schon so, wie ich zu Beginn des Kapitels gesagt habe: Eher hat die biologische, animalische Natur die Sozialstruktur der Zivilisation geformt als umgekehrt die Kultur das Tier in uns.

Ist also das altverwurzelte Sexualgefüge beibehalten worden, und das sogar in einer ziemlich altertümlichen Form (denn es ist zu keiner den so vergrößerten Gemeinschaften und Gesellschaftsgruppen entsprechenden Vergemeinschaftung und Vergesellschaftung des Sex gekommen), so haben doch zahlreiche Regelungen und Beschränkungen geringerer Art Eingang gefunden. Notwendig waren sie geworden wegen der hochentwickelten anatomischen und physiologischen Sexualsignale und der hohen sexuellen Reaktionsfähigkeit, zu denen wir im Verlauf unserer Entwicklung gekommen sind. Diese Signale und Reaktionen waren aber abgestellt auf kleine, eng verknüpfte Horden und Stammesgruppen, nicht jedoch auf riesige Groß- und Weltstädte. Hier begegnen wir ständig Hunderten von reizaussendenden (und reizbaren) Fremden. Das ist etwas Neues, und so müssen wir uns damit beschäftigen.

Die Einführung kultureller Beschränkungen und Verbote muß schon sehr früh begonnen haben, noch bevor es überhaupt Fremde gab. Denn schon in der einfachen kleinen Einheit der Horde oder des Stammes war es notwendig, daß die beiden Partner eines Paares sich Zwang auferlegten beim Signalisieren, sobald sie unter die Leute kamen. Wenn nämlich die Sexualität zuerst hatte erhöht werden müssen, um das Paar eng beieinander zu halten, so mußte nun etwas geschehen, was eben diese Sexualität bei Anwesenheit anderer nackter Affen dämpfte, ganz einfach deshalb, damit es nicht zur Überreizung dritter kam. Hier nun konnte unser vergrößertes Gehirn in die Bresche springen: Verständigung mit Hilfe der Sprache spielt in solchen Fällen eine wesentliche Rolle (»Mein Gatte schätzt das nicht«), wie sie es auch in so vielen anderen Fällen sozialer Kontakte tut. Außerdem waren aber noch mehr unmittelbare Maßnahmen notwendig.

Das bekannteste Beispiel ist das vielgepriesene und sprichwörtliche Feigenblatt. Dem nackten Affen ist es wegen seiner aufrechten Haltung einfach nicht möglich, sich einem andern Angehörigen seiner Art zu nähern ohne Herzeigen seiner Genitalien. Die übrigen Primaten, die auf allen vieren laufen, haben dieses Problem nicht; wollen sie ihre Genitalien zur Schau stellen, müssen sie eine bestimmte Haltung einnehmen. Wir hingegen stehen vor diesem Problem Stunde um Stunde und was immer wir tun. Daraus folgt, daß ein Verhüllen der Genitalregion mit etwas Abdeckendem eine schon sehr frühe kulturelle Entwicklung gewesen sein muß. Und aus solchem Zudecken ist dann zweifellos der Gebrauch von wärmender Kleidung gegen die Kälte hervorgegangen, als die Art sich über klimatisch weniger günstige Gebiete verbreitete; dieses Stadium allerdings kam höchstwahrscheinlich erst viel später.

Mit wechselnden kulturellen Bedingungen wechselte dann aber auch die Bedeutung der ursprünglich antisexuell gedachten Bekleidung: Manchmal wurde sie zum sekundären Sexualsignal (Betonung der Brust dadurch, wie man sie verdeckt, oder Halbschleier), manchmal nicht. In extremen Fällen wurden die Genitalien der Frau nicht nur verhüllt, sondern völlig unzugänglich gemacht – berühmtes Beispiel ist der Keuschheitsgürtel, bei dem Geschlechtsorgane und After mit einem (an den entsprechenden Stellen für den Austritt der Körperausscheidungen durchbrochenen) Metallband verschlossen wurden. Ähnliche Praktiken waren das Vernähen der jungfräulichen Genitalien bis zur Hochzeit und das Sichern der Schamlippen durch Metallklammern oder -ringe. Aus wesentlich neuerer Zeit ist der Fall eines Mannes bekannt geworden, der die Labien seiner Frau durchbohrt hatte und sie nach jedem Coitus mit einem Vorhängeschloß sicherte. Derartige reichlich weit getriebene Vorsichtsmaßnahmen sind indessen äußerst selten; die weniger drastische Methode des Verbergens der Genitalien durch eine deckende Hülle ist jedoch allgemein üblich.

Eine weitere wichtige kulturbedingte Entwicklung war es, den Sexualakt in die private »Zweisamkeit« zu verlegen. Nicht nur wurden die Genitalien zur Privatsache und zur Intimsphäre (»intim« bedeutet eigentlich das Innerste [des Hauses] und damit das Geheimste), sondern sie hatten auch nur privat gebraucht zu werden, was dazu geführt hat, daß es zu einem engen gedanklichen und sprachlichen Verknüpfen von Schlafen und Begatten gekommen ist: Mit jemandem schlafen ist ein Synonym für den Coitus mit jemandem, und so wurde schließlich das Begatten,

statt sich über den ganzen Tag zu verteilen, zum weitaus überwiegenden Teil auf eine bestimmte Tageszeit beschränkt – auf den späten Abend.
Berührungen von Körper zu Körper sind, wie wir gesehen haben, ein so wichtiger Teil des Sexualverhaltens geworden, daß auch sie für den normalen Tagesablauf abgeschwächt werden mußten. So kam es zu jenem Bann, der auf der physischen Berührung Fremder selbst in unseren geschäftigen, von Menschen wimmelnden Städten liegt: Auf jedes zufällige Anstoßen eines Unbekannten folgt unmittelbar die Entschuldigung, und diese steht im direkten Verhältnis zum Grad der Sexualbedeutung, die der jeweils berührte Körperteil hat. Ein Zeitrafferfilm der Bewegungen auf einer überfüllten Straße oder vom Gewimmel in einem Gebäude mit viel Publikumsverkehr zeigt, wie unglaublich häufig und vertrackt die kein Ende findenden Bemühungen um das »Nur keinen Körper berühren!« sind.
Diese weitgehende Einschränkung des Berührens von Fremden wird nur aufgehoben bei extremer Überfüllung oder in Sonderfällen, zumal im Zusammenhang mit ganz bestimmten Kategorien von Personen (als Beispiele seien Friseure, Schneider, Ärzte genannt), die, gesellschaftlich gesehen, »zum Berühren« berechtigt sind. Auch bei nahen Verwandten und guten Freunden sind den körperlichen Kontakten weniger Hemmungen auferlegt – ihre soziale Rolle steht eindeutig als nicht sexuell fest, und damit ist die Gefahr geringer. Auch das Berührungszeremoniell ist in hohem Maße stilisiert, das Händeschütteln geradezu starr fixiert worden. Der Begrüßungskuß hat seine eigene ritualisierte Form gefunden, die Accolade (gegenseitige Berührung von Mund zu Wange), die solchermaßen den Begrüßungskuß deutlich abgrenzt gegen den sexuellen Kuß von Mund zu Mund.
Ebenfalls entsexualisiert wurden auch die Körperhaltungen. Die weibliche Geste sexueller Aufforderung – das Spreizen der Schenkel – wird strikt vermieden. Beim Sitzen hält man die Schenkel dicht zusammen oder legt ein Bein über das andere.
Sieht man sich aus irgendeinem Grund zu einer Mundstellung gezwungen, die an eine sexuelle Reaktion erinnert, so hält man die Hand vor. Kichern und manche Arten zu lachen oder Grimassen zu schneiden sind charakteristisch für die Phase der Werbung. Kommt es bei sozialen Kontakten dazu, kann man oft sehen, wie die Hand hochfliegt und die Mundpartie verdeckt.
In zahlreichen Kulturen entfernen die Männer ihre sekundären

Geschlechtsmerkmale durch Rasieren von Kinn-, Backen- und/oder Schnurrbart. Frauen entfernen die Haare aus den Achselhöhlen. Als wichtiger Duftträger muß das Haar dort verschwinden, wenn die Mode diese Region frei läßt. Die Schambehaarung, die stets durch die Kleidung sorgfältig verdeckt ist, bedarf dieser Behandlung nicht; interessant ist in diesem Zusammenhang jedoch, daß sie sehr oft bei Aktmodellen entfernt wird – deren Nacktheit ist eben nicht sexuell.

Überhaupt wird der allgemeine Körpergeruch weitgehend beseitigt. Man wäscht und badet sich oft, weit öfter, als Hygiene und medizinisches Vorbeugen erfordern. Im Sozialkontakt wird der Körpergeruch systematisch unterdrückt – der überaus häufige Gebrauch handelsüblicher Desodorantien ist der beste Beweis dafür.

Die meisten der auf diese Einschränkungen abzielenden Regeln werden befolgt nach dem einfachen und keine Entgegnungen zulassenden Prinzip des »Man tut das nicht«, »Das ist nicht gut« oder »nicht höflich«. Von ihrer in Wirklichkeit antisexuellen Natur ist kaum die Rede, ja sie ist wohl den wenigsten bewußt. Deutlich wird das schon bei jeder Art von Moralkodex und von Gesetzen über sexuelle Dinge. Sie variieren von Kultur zu Kultur beträchtlich, stets aber laufen sie vor allem auf eines hinaus: der sexuellen Erregung Fremder vorzubeugen und die Sexualbeziehung außerhalb der Paarbindung zu verhindern. Dem Erreichen dieses selbst bei extrem puritanischen Gruppen nur mit Schwierigkeiten durchzusetzenden Ziels dienen neben den Ge- und Verboten auch sublimere Methoden: Bei Schulkindern zum Beispiel fördert man Spiel und Sport und alles möglich andere, was anstrengt – in der vagen Hoffnung, so vom sexuellen Drang ablenken zu können. Prüft man diese Vorstellung, ihre Anwendung und deren Erfolg jedoch einmal genauer, so stellt sich heraus, daß da ein schrecklicher Irrtum obwaltet. Sportler sind sexuell nicht weniger und nicht mehr aktiv als andere Menschen. Was sie infolge physischer Erschöpfung verlieren, gewinnen sie an physischer Leistungsfähigkeit. Das einzige, was scheinbar hilft, ist das uralte Prinzip von Strafe und Lohn – Strafe für sexuelle Betätigung und Lohn für sexuelle Enthaltsamkeit. Aber auf solche Weise fördert man Heimlichtuerei und Verdrängung mehr, als daß man den Trieb verringert.

Es liegt auf der Hand, daß unsere völlig unnatürlich vergrößerten Gesellschaftsstrukturen Maßnahmen zur Entschärfung erfordern;

es muß vermieden werden, daß die sexuelle Reizflut zu einem gefährlichen Anwachsen sexueller Aktivität außerhalb der Paarbindung führt. Der nackte Affe jedoch, dessen Entwicklung ihn zu einem in hohem Maß sexualbetonten Primaten hat werden lassen, ist sehr schwer zu fassen. Seine biologische Wesensart muckt da auf. Ebenso schnell, wie auf der einen Seite ausgeklügelte Regeln und Verbote aufgestellt werden, machen sich auf der anderen Seite Erscheinungen bemerkbar, die dem Beabsichtigten entgegenwirken. Das führt oft zu wahrhaft lächerlich widerspruchsvollen Situationen.

Die Frau verhüllt ihre Brust. Dann aber betont sie deren Formen höchst raffiniert mit einem Büstenhalter. Und dieses sexuelle Signalgerät kann dann auch noch ausgepolstert oder aufblasbar sein, so daß nicht nur die verhüllte Form wiederhergestellt wird, sondern auch noch vergrößert erscheint in Imitation des Anschwellens der Brüste bei sexueller Erregung. Und Frauen mit erschlafften Brüsten unterziehen sich kosmetisch-chirurgischen Eingriffen, um einen ähnlichen Effekt für länger anhaltende Zeit zu erreichen.

Auspolstern in sexueller Absicht gibt es auch noch an anderen Körperstellen; man braucht beim Mann nur an die wattierten Schultern von heute und an den Hosenlatz der Renaissance zu denken, bei der Frau an den Cul de Paris, der Hüften und Hinterbacken betonte. Und das Tragen hochhackiger Schuhe führte zu einer Veränderung des normalen Ganges: Die Hüften wippen herausfordernd.

Dieses Wackeln mit den Hüften ist zu den verschiedensten Zeiten beliebt gewesen, und außerdem lassen sich durch den Gebrauch geeigneter Korsagen die Kurven von Hüften und Brüsten enorm übertreiben. In diesem Zusammenhang ist auch bei der Frau auf eine enge Taille Wert gelegt und dieses Signal durch stramme Schnürleiber betont worden, bis zum Extrem der »Wespentaille« vor etwa fünfzig Jahren; damals gingen manche Damen so weit, daß sie sich eigens zu diesem Zweck die unteren Rippen chirurgisch entfernen ließen.

Den Gebrauch von Lippenstift, Rouge und Parfüms zur Verstärkung von Sexualsignalen – der Lippen, der Hautröte und des Körpergeruchs – führt zu weiteren Widersprüchen: Erst waschen sich die Frauen so gründlich, daß ihr eigener biologischer Geruch total verschwindet, und dann ersetzen sie ihn schleunigst mit Parfüm aus dem Kosmetiksalon, das »sexy« sein soll, in Wirklichkeit

aber aus nichts anderem besteht als aus gelösten Ausscheidungsprodukten der Duftdrüsen von Säugetierarten, die mit uns nicht im geringsten verwandt sind.
Wenn man das liest, all diese sexuellen Gebote und Verbote und all das Künstliche, das ihnen entgegenwirkt, dann fragt man sich, ob es nicht vielleicht doch viel leichter wäre, zum Anfang zurückzugehen? Wozu einen Raum erst kühlen und dann darin ein Feuer machen? Wie ich auseinanderzusetzen versucht habe, ist der Grund für die Beschränkungen und Verbote unkompliziert genug: Es soll die ziellose sexuelle Reizung unterbunden werden, weil sie die Paarbindung stört. Warum dann aber kein totales Verbot? Warum nicht das sexuelle Zurschaustellen, das biologische genauso wie das künstliche, absolut begrenzen auf die Privatsphäre des Ehepartners? Teilweise beantwortet wird diese Frage bereits mit dem Hinweis auf den bei uns sehr hohen Grad von Sexualität, die ständig nach Ausdruck und Entladung verlangt. Entwickelt hat sich diese hochgespannte Sexualität, um die Paarbindung dauerhaft werden zu lassen. Jetzt aber, in der Reizflut unserer so vielschichtigen Gesellschaft, fordert sie ununterbrochen Situationen heraus, die auf alles andere denn auf Paarbindung abzielen. Aber das ist, wie gesagt, nur ein Teil der Antwort. Sex dient nämlich auch als Statussymbol – eine auch von anderen Primaten-Arten wohlbekannte Sache. Wenn sich ein Affenweibchen in einer nicht sexuellen Angelegenheit an ein aggressives Affenmännchen wenden möchte, wird es das unter Vorzeigen sexueller Signale tun, und zwar keineswegs deshalb, weil es eine Begattung will; das Weibchen spricht vielmehr auf diese Weise den Sexualtrieb des Männchens so ausreichend an, daß sein Aggressionstrieb unterdrückt wird. Eine solche Verhaltensweise nennt man Umstimmung – sie erreicht, daß die Stimmung des »Angesprochenen« umschlägt; in unserem Fall bedient sich das Weibchen des sexuellen Reizes, um das Männchen umzustimmen und dabei etwas Nichtsexuelles für sich zu erreichen. Viele künstliche Signale werden auf diese Weise benützt: Indem man sich selbst attraktiv für Angehörige des andern Geschlechts macht, kann man eine ablehnende oder feindselige Haltung bei den übrigen Mitgliedern der sozialen Gruppe wirksam abschwächen.
Solches Spiel bedeutet freilich mancherlei Gefahr für eine Art mit Paarbindung. Die Reizung darf nicht zu weit gehen. Indem man sich den prinzipiellen Einschränkungen auf geschlechtlichem Gebiet, wie sie sich kulturell herausgebildet haben, anpaßt und

unterwirft, kann man durchaus mit dem einen Signal sagen: »Ich bin für eine Paarung nicht zu haben.« Und mit dem anderen zur gleichen Zeit: »Dennoch bin ich sehr sexy.« Signale wie das zweite haben die Aufgabe, Ablehnung und Aggression zu verhindern, während Signale der ersten Art dafür sorgen sollen, daß es kein Durcheinander gibt. Und so kann man eben doch das eine tun und das andere lassen.

Und das würde wohl auch ganz hübsch gehen, wäre nicht leider noch anderes im Spiel. Der Mechanismus der Paarbindung ist nicht gänzlich perfekt. Er mußte dem älteren Primaten-Prinzip aufgepfropft werden, und das schlägt immer noch durch. Geht irgend etwas in der Paarbindung schief, dann flackern sogleich die alten Primaten-Triebe wieder auf. Dazu kommt nun noch ein anderer großer entwicklungsgeschichtlich bedingter Zug des nackten Affen: die Ausweitung der kindlichen Neugier bis ins Erwachsenenalter (auch dann noch ist er nach Neuem gierig!). Und damit kann die Situation nun in der Tat gefährlich werden.

Die Entwicklung war doch beim nackten Affen ganz offensichtlich darauf abgestellt, daß die Frau sich um eine große Familie mit Kindern sich überschneidender Altersstufen zu sorgen hat und der Mann mit den anderen Männern draußen auf der Jagd ist. Im Prinzip hat sich das ja auch erhalten. Nur bei zwei Dingen ist es zu einem Wandel gekommen. Da ist einmal die Tendenz, die Zahl der Kinder künstlich zu begrenzen. Das bedeutet aber, daß die Frau nicht ständig unter dem Druck ihrer Mutterpflichten steht und, solchermaßen nicht ausgelastet, während der Abwesenheit des Mannes sexuell stärker verfüg- und ansprechbar wird. Hinzu kommt bei zahlreichen Frauen die Tendenz, sich der Jagdgesellschaft anzuschließen: Aus dem alten »Jagen« ist heute das »Arbeiten« geworden, und die Männer, die sich zu ihrer täglichen Arbeit begeben, sehen sich auf einmal anstatt in der alten nur aus Männern bestehenden Waidgenossenschaft inmitten von heterosexuellen, aus beiden Geschlechtern zusammengesetzten Gruppen. Das aber bedeutet eine Lockerung der Paarbindung gleich auf beiden Seiten dergestalt, daß sie unter dieser Belastung allzu oft auseinanderbricht. (Die amerikanischen Statistiken zeigen, wie man sich erinnern wird, daß 26 Prozent aller verheirateten Frauen im Alter von 40 Jahren und 50 Prozent aller gleichaltrigen verheirateten Männer außerehelichen Beischlaf ausgeübt haben.) Gewiß, oft ist die alte ursprüngliche Paarbindung stark genug, trotz solcher Seitensprünge erhalten zu bleiben oder danach wieder ins

Lot zu kommen. Ein völliges und endgültiges Zerreißen der Bindung findet doch nur zu einem kleinen Prozentsatz statt.
Trotzdem müssen wir uns hüten, die Stärke der Paarbindung allzu sehr zu überschätzen. Sie vermag zwar in den meisten Fällen die sexuelle Neu-gier zu überstehen, ist aber nicht stark genug, sie ganz auszurotten. Und so stark auch die sexuelle Prägung sein mag, die das Gattenpaar beieinander hält – sie wird beider Interesse an sexueller Aktivität draußen nicht ausmerzen können. Gerät solcher Appetit auf außereheliche Betätigung in zu heftigen Konflikt mit der Paarbindung, dann kommt es zu einem Ausweichen in weniger schädliche Ersatzhandlungen. Diese Lösung des Problems ist das Voyeurtum – das Wort hier in denkbar weitem Sinn gemeint –, das nun tatsächlich in geradezu enormem Ausmaß betrieben wird. Genaugenommen bedeutet Voyeurtum ein Verhalten, bei dem der Voyeur durch Beobachten der von anderen Individuen vollzogenen Begattung zu sexueller Erregung gelangt. Ganz folgerichtig läßt sich dieser Begriff aber wesentlich erweitern dahin, daß er auch jegliches Interesse an jeglicher sexuellen Betätigung ohne eigene Teilhabe daran einschließt. So verstanden, ist das Voyeurtum etwas, dem die gesamte Bevölkerung frönt. Alle lauern darauf, alle lesen so etwas, alle hören danach. Und alle sehen es gern. Das in Film, Funk und Fernsehen, im Theater und in der Belletristik Gebotene dient zum weitaus größten Teil der Befriedigung dieser Bedürfnisse. Zeitungen, Illustrierte, Magazine liefern ihren Beitrag, ja nahezu jede Unterhaltung. Eine riesige Industrie ist eigens dafür entstanden. All dies freilich veranlaßt den sexuell Zuschauenden keineswegs dazu, selbst etwas zu tun. Es geschieht alles stellvertretend. Und so dringend ist dieses Bedürfnis, daß eine ganze Berufsgruppe von für uns Zuschauer Handelnden erfunden werden mußte, die Akteure – die Schauspieler und Schauspielerinnen (die ja denn auch im Französischen acteurs und actrices heißen), die uns zusehen lassen, wie sie die Abfolge sexuellen Geschehens durchlaufen – sie verlieben sich für uns und stellvertretend für uns, sie werben umeinander, sie heiraten, und am nächsten Tag, in neuen Rollen, lieben und werben und heiraten sie wieder, für uns. Auf diese Weise wächst das Angebot für das Voyeurtum ins Ungemessene.
Blickt man daraufhin einmal rundum ins Tierreich, wird man sich zu dem Schluß gezwungen sehen, daß dieses unser Voyeurtum etwas biologisch Abnormes ist. Aber es bleibt doch relativ harmlos,

ja es mag sogar tatsächlich nützlich für unsere Art sein dadurch, daß es in großem Maß das so hartnäckige Verlangen unserer sexuellen Neugier einigermaßen befriedigt, ohne daß es die betreffenden Individuen in neue, potentiell auf eine Paarung abzielende Beziehungen verwickelt, die sich für die Paarbindung gefährlich auswirken könnten.

Auf gleiche Weise wirkt die Prostitution. Hier sind freilich die Individuen in die auf eine Paarung abzielende Beziehung verwickelt, doch bleibt diese im typischen Fall streng auf die Phase der Begattung begrenzt. Die davor liegenden Phasen der Werbung und des Vorspiels werden auf ein absolutes Minimum eingeschränkt. Sie sind nämlich die Stadien, in denen die Faktoren der Paarbildung wirksam zu werden beginnen, und so gehört es sich dementsprechend, daß diese Phasen unterdrückt werden. Wenn also ein verheirateter Mann seiner sexuellen Neugier durch den Coitus mit einer Prostituierten nachgibt, muß er damit rechnen, seine Paarbindung zu schädigen – weniger zu schädigen allerdings, als wenn er sich in eine romantisch schwärmerische, aber nicht auf die Begattung abzielende Liebesaffäre verstrickt.

Eine weitere Form sexueller Betätigung, die der Überprüfung bedarf, ist die homosexuelle Bindung. Erste und wichtigste Aufgabe des Sexualverhaltens ist es, den Fortbestand der Art zu sichern, wozu die Bildung homosexueller Paare ganz offensichtlich keineswegs taugt. Doch ist es wichtig, hier auf feine Unterschiede zu achten. Ein homosexueller Akt von Pseudobegattung ist nämlich biologisch durchaus nicht ungewöhnlich. Zahlreiche Arten tun dergleichen, unter einer Vielfalt von Umständen. Eine homosexuelle Paarbindung jedoch ist hinsichtlich der Fortpflanzung verfehlt, da sie ja niemals Nachkommen entstehen lassen kann und potentiell zum Kinderzeugen und -aufziehen bestimmte Erwachsene ungenützt läßt. Wie es zu solcher Bindung kommen kann, wird verständlich, wenn wir uns daraufhin bei anderen Arten umsehen.

Wie bereits dargelegt, kann sich ein Weibchen seiner sexuellen Signale dazu bedienen, ein aggressives Männchen umzustimmen. Indem es ihn sexuell erregt, dämpft es seine Feindseligkeit und vermeidet, daß es angegriffen wird. Ein Männchen niedrigerer Rangstufe könnte es ähnlich machen. Und in der Tat übernehmen junge Affenmännchen häufig sexuelle Einladungsgebärden des weiblichen Geschlechts, woraufhin sie von den ranghöheren Männchen besprungen statt angegriffen werden. Auch ranghöhere

Weibchen können rangniedrigere Weibchen gleichermaßen bespringen. Diese Anwendung sexueller Verhaltensweisen bei nichtsexuellen Situationen ist in der Sozialstruktur von Primaten weithin üblich geworden und hat sich als äußerst nützlich für die Aufrechterhaltung von Ordnung und Eintracht in der Gruppe erwiesen. Da nun diese anderen Primaten-Arten nicht dem Prozeß einer innigen Paarbildung und Paarbindung unterworfen worden sind, hat es bei ihnen auch keine Schwierigkeiten in Form langanhaltender gleichgeschlechtlicher Verpaarungen gegeben. Homosexuelle Handlungen lösen bei Affen auf einfache Weise Probleme der Rangordnung, haben jedoch keinerlei Konsequenzen hinsichtlich von Bindungen auf lange Sicht.

Zu homosexuellem Verhalten kann es auch dann kommen, wenn der ideale Sexualpartner vom entgegengesetzten Geschlecht fehlt. Das gibt es bei zahlreichen Tiergruppen: Ein Angehöriger des gleichen Geschlechts dient als Ersatz – »der nächste beste« wird zum Objekt sexueller Aktivität. In völliger Isolation gehen Tiere oft sogar noch weiter und versuchen in ihren Ersatzhandlungen den Coitus mit unbelebten Dingen, oder sie masturbieren. So »begatten« manche Raubtiere in Gefangenschaft ihre Freßnäpfe. Affen gewöhnen sich häufig das Onanieren an; auch von einem Löwen ist ein solcher Fall bekannt. Und Tiere, die gemeinsam mit einem Tier fremder Art untergebracht sind, versuchen sich mit diesem zu paaren. Alle diese Handlungen finden jedoch im typischen Fall sofort dann ihr Ende, wenn der biologisch richtige Reiz gegeben ist: ein Angehöriger der gleichen Art und des anderen Geschlechts.

Zu ähnlichen Situationen kommt es in unserer eigenen Art sehr häufig, und die Reaktionen sind weithin die gleichen. Haben Männer oder Frauen aus diesem oder jenem Grund keinen Zugang zum jeweils anderen Geschlecht, finden sie Möglichkeiten sexueller Betätigung auf andere Weise. Manche masturbieren, andere halten es mit Angehörigen des eigenen Geschlechts, manche treiben es mit Tieren. Die sehr eingehenden amerikanischen Untersuchungen über das Sexualverhalten zeigen, daß in dieser Kultur 13 Prozent der Frauen von 45 Jahren und 37 Prozent der Männer gleichen Alters homosexuelle Erlebnisse bis zum Orgasmus hinter sich haben. Sexuelle Handlungen mit anderen Tierarten sind viel seltener (weil dabei, wie leicht zu verstehen, die adäquaten sexuellen Reize sehr viel seltener sind); die Statistiken weisen nur 3,6 Prozent Frauen und 8 Prozent Männer aus.

Die Masturbation bietet zwar keinerlei »Partnerreize«, ist aber sehr viel leichter zu vollziehen und kommt dementsprechend sehr viel häufiger vor: Die Schätzungen der Zahl derer, die irgendwann in ihrem Leben einmal onaniert haben, belaufen sich auf 58 Prozent bei den Frauen und auf 92 Prozent bei den Männern.

Wenn all diese für das Weiterbestehen der Art unnützen Handlungen stattfinden, ohne daß sie das Fortpflanzungsvermögen des betreffenden Individuums auf lange Sicht beeinträchtigen, dann sind sie harmlos. Sie können sogar biologisch vorteilhaft werden, dann nämlich, wenn sie daran mitwirken, sexuelle Verklemmung zu verhindern, die oft genug zu sozialen Mißhelligkeiten führt. In dem gleichen Augenblick aber, in dem sie eine sexuelle Fixierung verursachen, werden sie zum Problem. Bei unserer Art gibt es, wie wir gesehen haben, eine sehr starke Tendenz zum Verlieben – will sagen: zu einer sehr starken Bindung an das Objekt unserer sexuellen Anteilnahme. Diese sexuelle Prägung läßt jene außerordentlich wichtige langfristig anhaltende Verpaarung entstehen, die so wesentlich ist für die lange Dauer der Elternpflichten; der Prägungsprozeß beginnt, sobald es zu ernsthaften sexuellen Kontakten kommt, und was sich aus ihnen ergibt, ist klar: Die frühesten Objekte, auf die wir unser sexuelles Augenmerk richten, werden mit hoher Wahrscheinlichkeit *die* Objekte. Prägung ist ein Assoziationsprozeß, ein Prozeß, bei dem Dinge miteinander fest verknüpft werden: Gewisse starke Reize, die im Moment der sexuellen Befriedigung wirksam sind, verknüpfen sich innig mit der Befriedigung – und wir wissen ja, daß ohne solche entscheidend wichtigen Reize ein Sexualverhalten überhaupt nicht möglich ist. Wenn wir unter sozialem Druck dazu getrieben werden, unsere früheste sexuelle Befriedigung in Zusammenhängen homosexueller oder masturbatorischer Art zu erlangen, dann können gewisse Elemente dieser Zusammenhänge sehr hohe sexuelle Bedeutung bleibender Art bekommen. (Der weniger häufige Fetischismus entsteht auf dieselbe Weise.)

Vielleicht erwartet man nun, daß all dies zu sehr viel Ärger und Verdruß führt – erwartet mehr, als dann tatsächlich passiert. Zwei Dinge nämlich wirken dem vorbeugend entgegen. Erstens besitzen wir ein Gefüge instinktiver, auf die typischen Sexualsignale des jeweils anderen Geschlechts ansprechender Reaktionen, und damit wird es sehr unwahrscheinlich, daß wir mit starkem Werbeverhalten auf ein Objekt reagieren, das dieser Signale ermangelt. Zweitens sind unsere ersten sexuellen Erfahrungen doch von recht vorläufiger Art: Wir fangen mit sehr häufigem und sehr leichtem Verlieben und ebenso häufigem und leichtem Entlieben an. Es sieht so aus, als warte der Prozeß der vollen Prägung erst die übrige sexuelle Entwicklung ab. Während dieser »Such-« und »Versuchsphase« entsteht bei uns eine große Zahl leichterer »Eindrücke«, wobei oft jedem schon der nächste entgegengesetzt ist, bis wir schließlich zu dem Punkt gelangen, an dem wir den Haupt-»Ein-druck« – eben die Prägung – bekommen. Um diese Zeit aber sind wir gewöhnlich bereits in genügendem Ausmaß einer Vielfalt sexueller Reize ausgesetzt gewesen, so daß jetzt die biologisch adäquaten Reize einrasten und die Paarung nunmehr als normal heterosexueller Vorgang erfolgt.

Vielleicht wird das leichter verständlich, wenn wir zum Vergleich die Verhältnisse heranziehen, wie sie sich bei anderen Arten entwickelt haben. In Kolonien lebende paarbildende Vögel zum Beispiel ziehen im Frühjahr zu ihren Brutstätten, wo das Nistrevier gegründet wird. Junge vorerst unverheiratete Vögel, die erstmals als Erwachsene kommen, müssen, wie die älteren Vögel, ihre Reviere abstecken und Brutpaare bilden. Das geschieht ohne sonderliche Verzögerung bald nach der Ankunft. Sie suchen sich Partner mit Hilfe der Sexualsignale; die Reaktion auf die Signale ist angeboren. Nach der Werbung ist dann das weitere Sexualverhalten nur noch auf dieses eine Individuum gerichtet. Erreicht wird das durch den Vorgang der sexuellen Prägung: Mit dem Fortschreiten der Werbung werden die instinktiven sexuellen Schlüsselreize (die allen Angehörigen jeden Geschlechts bei jeder Art gemeinsam sind) verschränkt mit gewissen Zeichen, die nur einem einzigen Individuum eignen und es kenntlich machen: Der Vogel kennt nun seinen Partner-Gatten persönlich. Nur so kann der Prägungsvorgang die sexuelle Reaktionsfähigkeit jedes Vogels auf seinen Ehegatten beschränken. Und all das muß schnell vor sich gehen, weil die Brutzeit begrenzt ist. Würde man zu Anfang dieses Stadiums in einem Experiment alle Angehörigen des einen Geschlechts aus der Kolonie entfernen, so müßte es zu einer großen Zahl homosexueller Paarbindungen kommen, weil die Vögel in ihrer verzweifelten Suche nach etwas möglichst Ähnlichem nichts anderes fänden.

Bei unserer eigenen Art geht das langsamer vor sich. Denn wir brauchen uns nicht um den Schlußtermin einer nur kurzen Brutzeit zu kümmern. So haben wir Zeit zum Suchen rundum, haben wir »Spielraum«. Und auch wenn wir für einen beträchtlichen

Abschnitt unserer Adoleszenz in ein sexuell abartiges Milieu geraten sollten, werden wir deshalb noch keineswegs automatisch und für die Dauer eine homosexuelle Paarbindung eingehen. Wären wir wie die Koloniebrüter bei den Vögeln, dann käme kein junger Mann je aus einem Internat (oder aus einer ähnlichen Institution, in der nur das eine Geschlecht vertreten ist) mit auch nur der leisesten Hoffnung auf eine heterosexuelle Paarbindung. Aber nach Lage der Dinge bei unserer Art ist es eben nicht so – der Prägungsprozeß muß nicht schädigend sein, denn in den meisten Fällen ist die Prägung eben doch nur zunächst ein schwacher Eindruck, der durch spätere stärkere Eindrücke mit Leichtigkeit verwischt werden kann.

In einer Minderzahl von Fällen allerdings ist der Schaden dauerhafter. Kräftige, an Assoziationen reiche Züge können sich fest mit sexuellen Erlebnissen verknüpfen und bei späteren Paarbildungs-Situationen zwingend werden. Die Tatsache, daß die Sexualsignale, die von einem Partner des gleichen Geschlechts ausgehen, wesentlich schwächer sind, reicht nicht aus, die festeingefahrenen, prägenden Assoziationen zu löschen. Und so müssen wir uns fragen, warum sich eine Gesellschaftsordnung eigentlich solchen Gefahren aussetzt. Die richtige Antwort ist wohl folgende: Die Ursache dieser Gefahren liegt in der Notwendigkeit, die Erziehungs- und Ausbildungsphase so lange wie nur möglich auszudehnen, um den enorm schwierigen und verwickelten Anforderungen unserer Kultur gerecht werden zu können. Wollten junge Männer und junge Frauen schon Familien gründen, sobald sie dazu biologisch in der Lage wären, so müßte ein erheblicher Teil des Bildungspotentials brachliegen. Und deshalb stehen sie unter dem starken Druck, der dies verhindern soll. Zudem ist leider kein noch so starkes kulturelles Verbot stark genug, sich dem Ablauf des Sexualgeschehens hinderlich entgegenzustellen – kann das Geschehen nicht seinen normalen Lauf nehmen, so findet es einen anderen.

Noch ein ganz anderer, aber nicht minder wichtiger Faktor kann eine Rolle bei der Ausbildung einer Tendenz zur Homosexualität spielen. Falls in einer Familie der Nachwuchs unter den Einfluß einer stark maskulin betonten, dominierenden Mutter gerät oder einen übermäßig weichen, femininen Vater erlebt, kann es zu beträchtlicher Verwirrung kommen: Die Verhaltensweisen zeigen in die eine Richtung, die anatomischen Merkmale in die entgegengesetzte. Wenn jetzt mit Eintreten der sexuellen Reife die

Söhne auf die Suche nach Partnern mit den Verhaltens- (und weniger mit den anatomischen) Eigenschaften der Mutter gehen, werden sie dazu tendieren, sich eher Männern anzuschließen als Frauen. Und das Umgekehrte ist bei den Töchtern zu befürchten. Das Ärgerliche an den sexuellen Problemen ist eben dies: Die stark verlängerte Phase der kindlichen Abhängigkeit bringt so enorme Überlagerungen bei den Generationen mit sich, daß es immer wieder zu Störungen kommen kann – der weibische Vater war vielleicht auch schon beeinflußt von sexuellen Anomalien seiner Eltern und so fort. Derlei Schwierigkeiten können sich für lange Zeit, von Generation zu Generation, fortsetzen, bis sie sich allmählich verlieren oder aber sich so verschärfen, daß sie von selbst ein Ende finden, weil nämlich nun jede Fortpflanzung überhaupt ausgeschaltet ist.

Als Zoologe, der ich nun einmal bin, liegt es mir nicht, sexuelle »Seltsamkeiten« auf die übliche moralisierende Art abzuhandeln. Als Maßstab kann ich nur so etwas wie eine biologische Moral anlegen, die es mit dem Bestand der Art zu tun hat, mit Erfolg oder Mißerfolg hinsichtlich der Fortpflanzung der Art. Wenn gewisse sexuelle Verhaltensweisen sich auf ein erfolgreiches Fortführen des Artbestandes störend auswirken, dann kann ich sie als ehrlicher Zoologe nur für biologisch ungesund erklären. Gruppen wie Mönche, Nonnen, alte Jungfern, Hagestolze und unverbesserliche Homosexuelle sind, vom Standpunkt der Zeugung her gesehen, anomal. Die Gesellschaft hat sie er-zeugt, sie hingegen tun ihrerseits derlei nicht. Und man sollte daran denken, daß ein aktiver Homosexueller hinsichtlich der Erhaltung der Art nicht mehr und nicht weniger anomal als ein Mönch ist. Außerdem sei noch folgendes festgestellt: Jede Form sexueller Betätigung, ganz gleich, wie abstoßend und obszön sie den Angehörigen einer bestimmten Kultur erscheinen mag, kann und darf biologisch nur kritisiert werden, sofern sie die erfolgreiche Fortpflanzung generell behindert. Die Form sexueller Betätigung mag noch so raffiniert, mag denkbar bizarr sein – wenn sie dazu beiträgt, bei einem verheirateten Paar entweder die Befruchtung zu sichern oder die Paarbindung zu verstärken, dann hat sie ihre Aufgabe erfüllt und ist biologisch genauso gerechtfertigt wie der »sauberste«, allgemein »gültige« sexuelle Brauch.

Nach all dem muß nun aber doch noch auf eine wichtige Ausnahme von der Regel hingewiesen werden. Mit der Gültigkeit der eben von mir skizzierten biologischen Moral hat es ein Ende, wenn Übervölkerung eintritt. Dann nämlich gelten genau umgekehrte Regeln. Aus Beobachtungen an anderen Tierarten, bei denen man im Experiment eine Übervölkerung hat entstehen lassen, wissen wir, daß mit zunehmender Bevölkerungsdichte der Moment erreicht wird, bei dem die gesamte Sozialstruktur zusammenbricht. Krankheiten breiten sich aus; die Tiere bringen ihre Jungen um; es kommt zu fürchterlichen Kämpfen und zu Selbstverstümmelungen. Keine Verhaltensweise läuft mehr richtig ab, alles geht in Trümmer. Schließlich wird die Zahl der Toten so groß, daß die Bevölkerungsdichte stark verringert ist und die Fortpflanzung wieder in Gang kommt, jedoch erst nach einem wahrhaft katastrophalen Geschehen. Wäre es in einer solchen Situation möglich, bei der Bevölkerung fortpflanzungshemmende Maßnahmen zu treffen, sobald die ersten Anzeichen einer Übervölkerung sichtbar werden, so könnte sich das Chaos vermeiden lassen. Unter den Bedingungen einer ernstlichen Übervölkerung, die sich offensichtlich in naher Zukunft nicht abschwächen werden, sind also die einer Fortpflanzung entgegenwirkenden sexuellen Verhaltensweisen unter anderem Aspekt zu betrachten.

Unsere eigene Art aber geht mit schnellen Schritten genau solcher Situation entgegen. Schon sind wir an einem Punkt angelangt, an dem wir nicht mehr tatenlos zuschauen dürfen. Wie das Problem zu lösen ist, liegt auf der Hand: Der Geburtenzuwachs muß verlangsamt werden, ohne daß es zu Störungen der bestehenden Sozialstruktur kommt – es gilt, ein Zunehmen der Quantität nach zu verhindern, ohne das Zunehmen der Qualität nach zu verringern. Mittel und Verfahren zur Empfängnisverhütung sind notwendig, ihre Anwendung darf jedoch keinesfalls die Familie als die Grundeinheit der Gesellschaft zerstören. Und es sieht so aus, als ob tatsächlich in dieser Hinsicht nur wenig Gefahr droht. Man hat zwar befürchtet, der Gebrauch perfekter Verhütungsmittel in großem Ausmaß werde zu zügelloser Promiskuität führen. Aber das ist doch sehr unwahrscheinlich – dafür sorgt schon die bei unserer Art ungemein starke Tendenz zur Paarbildung. Schwierigkeiten wird es bei zahlreichen verheirateten Paaren dann geben, wenn sich diese der Verhütungsmittel so intensiv bedienen, daß sich überhaupt kein Nachwuchs mehr einstellt. Solche Paare werden schweren Belastungen ihrer Paarbindung ausgesetzt sein, bis zum völligen Zerreißen der Bindung. Und die dabei frei werdenden Individuen werden eine ernste Gefährdung jener anderen Paare bedeuten, die es auf sich nehmen, eine Familie zu gründen.

Dabei sind extreme Einschränkungen in der Geburtenzahl gar nicht notwendig: Wenn aus jeder Familie zwei Kinder hervorgehen, haben die Eltern damit ihre eigene Zahl wiederhergestellt, ohne daß es zu einer Zunahme kommt. Rechnet man dazu noch die Verluste durch Unfall und Todesfälle vor der Geschlechtsreife, so kann die Rate sogar noch ein wenig höher liegen, ohne daß es zu einem weiteren Ansteigen der Bevölkerungsziffer und damit schließlich zur Katastrophe kommt.
Ärgerlich ist aber zunächst doch, daß die mechanische und chemische Empfängnisverhütung als sexuelles Phänomen etwas fundamental Neues darstellt und es deshalb seine Zeit brauchen wird, bis wir exakt wissen, welche Rückwirkungen die Verhütung auf die Sexualstruktur der Gesellschaft haben wird, wenn sie von einer langen Generationskette praktiziert worden ist und sich allmählich aus den alten Traditionen neue herausgebildet haben. Es ist immerhin denkbar, daß sich dabei indirekte, heute noch gar nicht vorherzusehende Störungen oder Brüche im Sozial- und Sexualgefüge ereignen. Nur die Zeit kann es uns lehren. Aber was immer auch geschehen mag – die Alternative: die Geburtenbeschränkung nicht einzuführen, führt zu weitaus schlimmeren Konsequenzen.
Angesichts dieses Problems der Übervölkerung könnte nun der Einwand erhoben werden, daß die Notwendigkeit einer drastischen Einschränkung der Geburtenrate jegliche biologische Kritik an den nicht ins Fortpflanzungsgeschehen einbezogenen Kategorien wie Mönche und Nonnen, alte Jungfern, Hagestolze und unverbesserliche Homosexuelle hinfällig werden läßt. Wenn ich das Problem nur von der Fortpflanzung her sehe, dann ist dieser Einwand gerechtfertigt. Er berücksichtigt jedoch nicht die sonstigen sozialen Probleme, die in bestimmten Fällen mit diesen Gruppen verbunden sind, etwa ihre Rolle als Minderheit. Dennoch müssen wir die Angehörigen solcher Gruppen, sofern sie sich richtig in die Gesellschaft einfügen und sich in ihr nützlich betätigen (wenn auch nicht innerhalb der Sphäre der Fortpflanzung), schon deshalb wohlwollend beurteilen, weil sie keinerlei Beitrag zur Bevölkerungsexplosion leisten.
Blicken wir jetzt zurück auf das Geschlechtsleben unserer Art insgesamt, so werden wir sagen können, daß sie sehr viel treuer zu ihren fundamentalen biologischen Notwendigkeiten gestanden hat, als wir uns das zunächst vorgestellt haben. Ihr Primaten-Sexualverhalten mit Raubtier-Umformungen hat alle die phanta-

stischen Fortschritte im Technologischen und Technischen bemerkenswert überdauert. Nähme man eine Gruppe von zwanzig Familien aus einem Stadtrandgebiet und versetzte sie in eine primitive subtropische Umwelt, wo die Männer auf die Jagd zu gehen hätten, um Nahrung heranzuschaffen, dann bedürfte die Sexualstruktur dieses neuen Stammes, falls überhaupt, so nur einer geringen Modifikation. Was sich nämlich wirklich in jeder Stadt und Großstadt ereignet hat, ist dies: Die Individuen dort haben sich lediglich in ihren Jagd-(=Arbeits-)Methoden spezialisiert, sind jedoch mehr oder weniger bei ihrem ursprünglichen soziosexuellen Verhalten geblieben. Alle die Science-Fiction-Phantastereien von Babyfarmen, vergesellschafteter Sexualbetätigung, gezielter Sterilisierung und staatlich gesteuerter Arbeitsteilung hinsichtlich der Zeugungspflichten sind keineswegs Wirklichkeit geworden. Der nackte Affe des Weltraumzeitalters hat das Bild von Frau und Kindern in der Brieftasche, wenn er mit der Rakete hinauf zum Mond fährt. Lediglich auf dem Gebiet einer generellen Geburtenbeschränkung erleben wir den ersten großen Angriff der Kräfte moderner Zivilisation auf unser uraltes Sexualgefüge. Als Folge der Fortschritte in Medizin und Hygiene haben wir eine unglaubliche Höhe der Fortpflanzungsrate erreicht. Sie ist so hoch geworden, daß sie die Existenz des nackten Affen auf der Erde, die er sich dank der Leistungen seines Hirns erobert hat, ernstlich bedroht. Wir werden darüber in einem späteren Kapitel noch einmal zu sprechen haben. Das, was heute in Hygiene und Medizin erreicht worden ist, hat dazu geführt, daß Millionen nackte Affen die einst in früher Jugend von Kinderkrankheiten dahingerafft wurden, nun erwachsen und alt werden und daß aber Millionen nackte Affen heute um Jahrzehnte älter werden als vor noch gar nicht langer Zeit: Wir praktizieren heute bereits die Kontrolle des Todes; jetzt gilt es, sie mit der Geburtenkontrolle ins Gleichgewicht zu bringen. Es sieht ganz so aus, als ob wir im Verlauf der nächsten hundert Jahre unsere Sexualgewohnheiten doch ändern werden, und zwar nicht etwa deshalb, weil sie unzureichend wären – im Gegenteil: Sie waren zu wirksam und erfolgreich.

3 Aufzucht

Mit Elternpflichten ist der nackte Affe stärker belastet als jeder Angehörige jeder anderen heute lebenden Art. Die Elternpflichten werden vielleicht anderswo ebenso *in*tensiv erfüllt, nirgendwo aber so *ex*tensiv. Bevor wir untersuchen, was dieser Trend zu bedeuten hat, tragen wir zunächst einmal die Grundtatsachen zusammen.

Nach erfolgter Befruchtung und mit Beginn des embryonalen Wachstums im Uterus gehen bei der Frau einige Veränderungen vor sich. Die monatliche Blutung hört auf. Es kommt zu morgendlichem Erbrechen. Der Blutdruck ist niedriger. Sie kann etwas blutarm werden. Allmählich schwellen die Brüste und werden empfindlicher. Der Appetit nimmt zu. Und im typischen Fall wird die Frau ruhiger.

Die Schwangerschaft dauert im Durchschnitt 266 Tage. Dann beginnt die Gebärmutter sich rhythmisch und sehr kräftig zusammenzuziehen. Die Eihülle um den Fetus reißt, die Flüssigkeit, in der das Kind geborgen war, läuft ab. Weitere starke Kontraktionen – die Wehen – treiben das Kind durch den Vaginaltrakt hinaus aus dem Mutterleib – es kommt zur Welt. Erneute Wehen führen zum Abgang des Mutterkuchens. Die Nabelschnur, die das Kind mit dem Mutterkuchen verbunden hatte, wird entfernt. Bei anderen Primaten erfolgt dieses Abnabeln dadurch, daß die Mutter die Nabelschnur durchbeißt, und genauso haben es zweifellos auch unsere Vorfahren gemacht. Heute wird die Nabelschnur sorgfältig abgebunden und mit der Schere abgeschnitten; der am Bauch des Kindes verbleibende Rest vertrocknet und fällt wenige Tage nach der Geburt ab.

Allgemein üblich ist es, daß der Frau während der Geburt Erwachsene beistehen; wahrscheinlich haben wir es hier mit einem sehr, sehr alten Brauch zu tun. Die Anforderungen des aufrechten Ganges haben sich nämlich nicht eben günstig auf die Frau ausgewirkt; sie muß dafür diesen Fort-schritt mit mehreren Stunden harter Anstrengung büßen. Vielleicht war also dieser Beistand für die Gebärende schon nötig zu jener Zeit, als sich der jagende Raubaffe aus seinen Waldahnen entwickelte. Und glücklicherweise bildete sich ja die auf gemeinsames Handeln und einander Beistehen abgestellte Wesensart gleichzeitig mit dem Übergang zur jägerischen Lebensweise heraus, so daß die Ursache für die

Schwierigkeit der Geburt zugleich auch für die Hilfe dabei gesorgt hat. Die Schimpansenmutter durchbeißt nicht nur die Nabelschnur, sondern sie verzehrt auch den Mutterkuchen ganz oder teilweise, leckt das Fruchtwasser auf, reinigt und wäscht ihr Neugeborenes und hält es schützend an ihren Leib. Bei unserer Art überläßt die erschöpfte Mutter all diese Tätigkeiten (oder das, was ihnen heute entspricht) den ihr beim Gebären Beistand Leistenden.

Nach der Geburt dauert es ein oder zwei Tage, bis die Muttermilch zu fließen beginnt. Von nun an wird das Kind gesäugt, bis zur Dauer von zwei Jahren. Die durchschnittliche Stillzeit ist allerdings kürzer; mit Hilfe moderner Säuglingsernährung wird sie sogar meist auf sechs bis neun Monate beschränkt. Solange die Mutter ihren Säugling stillt, ist ihr Monatszyklus normalerweise unterdrückt; die Menstruation tritt erst wieder ein, wenn das Stillen aufhört und der Säugling entwöhnt ist. Geschieht dies ungewöhnlich früh oder bekommt das Kind die Flasche, dann hat das Ausbleiben der Menses selbstverständlich ein Ende, und der Organismus der Frau ist sehr schnell wieder zu einer neuen Schwangerschaft bereit. Folgt die Frau jedoch der sehr viel älteren Methode und stillt ihr Kind über volle zwei Jahre, dann kann sie nur alle drei Jahre Nachwuchs zur Welt bringen. (Deshalb ist das Stillen gelegentlich bewußt zur Empfängnisverhütung benutzt worden.) Wenn wir die Zeitspanne der Zeugungsfähigkeit mit etwa dreißig Jahren ansetzen, so kommen wir auf eine natürliche Geburtenzahl von rund zehn; schnelles Entwöhnen und Füttern mit der Flasche kann diese Zahl theoretisch auf dreißig kommen lassen.

Der Saugakt bedeutet für die Frau unserer Art ein größeres Problem als für die Weibchen anderer Primaten-Arten. Das Kind ist nämlich so hilflos, daß die Mutter dabei sehr viel aktiver sein, das Kind an die Brust legen und es leiten muß. Manche Mütter haben Schwierigkeiten, ihr Kind zu ausreichendem Saugen zu veranlassen. Meist hat das seinen Grund darin, daß die Warze nicht weit genug in den Mund des Säuglings ragt. Denn es ist noch nicht damit getan, daß sich die Lippen des Kindes um die Warze schließen; diese muß vielmehr so tief in den Mund hineingelangen, daß ihre Spitze den Gaumen und die Oberseite der Zunge berührt. Erst dieser Reiz löst in Kiefer, Zunge und Wangen das intensive Saugen aus. Um diese Stellung der Warze zu erreichen, muß die Brustpartie unmittelbar hinter der Warze dehnbar sein und nachgeben können. Der kritische Wert ist also, wie lang der »Halt« ist, den der Säugling an diesem elastischen Gewebe findet. Wesentlich ist auch, daß das Saugen innerhalb der ersten vier oder fünf Tage nach der Geburt in vollem Umfang stattfindet, wenn das Stillen Erfolg haben soll. Gibt es nämlich während der ersten Wochen mehrfach Fehlschläge, so kann das Kind nie wieder zur vollen Saugreaktion gelangen und wird auf die »lohnendere« (Flaschen-)Alternative geprägt.

Eine weitere Schwierigkeit beim Stillen entsteht dadurch, daß sich manche Kinder scheinbar gegen das Saugen wehren; die Mutter hat den Eindruck, ihr Kind will nicht trinken. In Wirklichkeit aber versucht der Säugling das verzweifelt, kann es aber nicht, weil er fast erstickt. Wenn nämlich der Kopf des Kindes nur ein wenig falsch an der Brust liegt, wird die Nase verschlossen, und mit vollem Mund kann der Säugling nicht atmen. So wehrt er sich, aber nicht, weil er nicht trinken will, sondern weil er um Luft ringt.

Selbstverständlich gibt es noch manch andere Sorgen, mit denen die junge Mutter zu tun bekommt. Aber ich habe diese beiden Beispiele auch nur deshalb ausgesucht, weil ich mit ihnen einen weiteren Beweis für die These erbringen wollte, daß, was unsere Art angeht, bei den weiblichen Brüsten an erster Stelle die Funktion als Sexualsignal steht und dann erst die der Milchlieferung kommt: Die feste, vorgewölbte rundliche Form nämlich ist für die beiden Fälle von Schwierigkeiten verantwortlich. Man braucht sich daraufhin nur den Sauger einer Milchflasche anzuschauen – er zeigt die Form, mit der es am besten geht: Er ist wesentlich länger und geht nach hinten nicht in die große Halbkugel über, die für Mund und Nase des Säuglings so viele Schwierigkeiten mit sich bringt. So ein Sauger ähnelt auch viel mehr der Saugvorrichtung des Schimpansenweibchens. Bei ihm entwickeln sich zwar leicht angeschwollene Brüste, doch bleibt die Schimpansin, wenn sie reichlich Milch gibt, stets im Vergleich zur durchschnittlichen Frau unserer eigenen Art flachbrüstig. Wohl aber sind ihre stärker vorstehenden Warzen sehr viel länger, und ihr Kind hat gar keine oder nur wenige Schwierigkeiten beim Beginn des Saugens. Wegen der schweren Brüste, wegen der Last, die unseren Frauen beim Stillen auferlegt ist, und weil die Brüste so offensichtlich der Ernährung des Säuglings dienen, haben wir gemeint, sie gehörten ganz selbstverständlich als wesentliche Bestandteile zu der Ausstattung der Frau für die Erfüllung ihrer Mutterpflichten. Nun aber sieht es doch ganz so aus, als ob diese Annahme falsch gewesen ist: Bei unserer Art hat die Form der Brust doch mehr die Funktion des Sexualsignals, als daß sie mit der Aufgabe des Stillens zusammenhinge.

Verlassen wir nun die Probleme der Säuglingsernährung und betrachten ein oder zwei Aspekte der sonstigen Beschäftigung der Mutter mit ihrem Säugling. Das übliche Herzen, Hätscheln und Trockenlegen bedarf kaum eines Kommentars. Interessante Aufschlüsse gibt jedoch die Art, wie die Mutter das Kind hält: Sorgfältige amerikanische Studien haben ergeben, daß 80 Prozent der Mütter ihr Kind im linken Arm gegen die eigene linke Körperseite halten. Auf die Frage, was die auffallende Bevorzugung dieser Haltung bedeute, bekommt man zumeist die Antwort, sie hänge mit dem Überwiegen der Rechtshändigkeit zusammen: Indem die Mutter das Kind links hält, bekomme sie die rechte Hand frei. Eine genaue Analyse zeigt nun allerdings, daß diese Erklärung nicht zutrifft. Zwar lassen sich leichte Unterschiede zwischen rechts- und linkshändigen Frauen feststellen, doch reichen diese Unterschiede für eine befriedigende Deutung keineswegs aus. Es stellt sich nämlich heraus, daß 83 Prozent der rechtshändigen Mütter ihr Kind links halten, aber auch 78 Prozent der linkshändigen. Mit anderen Worten: Nur 22 Prozent aller linkshändigen Mütter haben ihre geschickte Hand frei. Es muß also eine andere, weniger »mit Händen zu greifende« Erklärung geben.

Sie läßt sich finden, wenn wir daran denken, daß links das Herz liegt. Könnte es nicht so sein, daß der Herzschlag dabei eine wesentliche Rolle spielt? Aber wie? Man hat gemeint, das im Mutterleib heranwachsende Kind werde auf den Herzschlag fixiert (»geprägt«). Wenn das stimmt, dann kann nach der Geburt das Hören der vertrauten Töne beruhigend auf das Kind wirken, das eben erst in eine fremde, erschreckende Welt hinausgestoßen worden ist. Und wenn es in der Tat so sein sollte, dann hat die Mutter, ob instinktiv oder aber in einer unbewußten Erfahrung aus Versuch und Irrtum, bald entdeckt, daß ihr Säugling, wenn sie ihn links, gegen ihr Herz, hält, friedlicher und ruhiger ist als auf der anderen Seite.

Das mag sich von weither geholt anhören; Versuche aus jüngster Zeit haben jedoch gezeigt, daß es in der Tat die richtige Erklärung ist. Auf der Entbindungsstation einer Frauenklinik bekamen zwei Gruppen von je neun Neugeborenen über eine beträchtliche Zeit das auf Band genommene Herzklopfen mit der Standardfrequenz von 72 Schlägen je Minute zu hören. Dabei stellte sich heraus, daß die Säuglinge 60 Prozent der Zeit, in der das Tonband nicht lief, schrien, daß aber diese Zahl auf nur 38 Prozent fiel, wenn das Herzklopfen ertönte.

Die Gruppe, die den Herzschlag hörte, nahm außerdem stärker an Gewicht zu, obwohl beide Gruppen völlig gleich gefüttert wurden – kein Wunder, denn die Gruppe, die keine Herztöne zu hören bekam, verbrauchte ja durch das heftige Schreien sehr viel mehr Energie.

Eine weitere Versuchsreihe erstreckte sich auf das Einschlafen ein wenig älterer Kleinstkinder. Bei einer Gruppe war es im Zimmer völlig still, bei einer zweiten wurden Wiegenlieder abgespielt, bei einer dritten lief ein Metronom mit der Frequenz von 72 pro Minute, und bei einer vierten lief das Tonband mit dem Herzschlag selbst. Und bei dieser letzten Gruppe brauchten die Kinder nur die halbe Zeit der anderen zum Einschlafen! Dieses Ergebnis bestätigt nicht nur die Annahme, daß der Herzschlag einen stark beruhigenden Reiz darstellt, sondern zeigt außerdem, daß die Reaktion sehr spezifisch ist: Die Nachahmung mit Hilfe des Metronoms nützt nichts – zumindest bei Kleinkindern.

So ist die Erklärung, daß die Mutter ihr Kind des Herzschlags wegen links hält, doch wohl die richtige. In diesem Zusammenhang ist noch eine andere Feststellung interessant: Von 466 Gemälden der Madonna mit dem Kind (aus einem Zeitraum von mehreren Jahrhunderten) zeigen 373 das Kind an der linken Brust. Wieder liegt also der Prozentsatz bei 80. Und weitere Beobachtungen erbringen die Gegenprobe: Frauen, die ein Bündel tragen, tun dies zu 50 Prozent rechts, zu 50 Prozent links.

Bei welchen sonstigen Gelegenheiten könnte sich diese Prägung auf den Herzschlag auswirken? Vielleicht läßt sich mit ihrer Hilfe die Tatsache deuten, daß wir noch immer die Liebe im Herzen wohnen lassen und nicht im Kopf; »Sein Herz wuchs ihm so sehnsuchtsvoll wie bei der Liebsten Gruß« (Goethe) und »Dein ist mein ganzes Herz ...« (Lehárs Operette »Friederike«). Und so mag sich auch erklären, warum die Mütter ihre Kinder in den Schlaf wiegen; diese schaukelnde Bewegung folgt nämlich etwa der Frequenz des Herzschlags – möglicherweise »erinnert« sich das Kind an den Rhythmus, der ihm im Mutterleib so vertraut gewesen ist.

Damit noch nicht genug: Bis in unsere Erwachsenenzeit begleitet uns diese Erscheinung. Wir wiegen uns, wenn wir Schmerzen haben. Wir wiegen uns auf unseren Füßen vor und zurück, wenn uns eine Konfliktsituation bedrängt. Achten Sie einmal darauf bei Leuten, die einen Vortrag halten oder eine Festrede – wie sie sich rhythmisch von einer Seite auf die andere wiegen –, und prüfen Sie die Geschwindigkeit dabei an Hand des Herzschlages! Das Unbehagen, das der Redner beim Blick auf die ihn anstarrenden Gesichter verspürt, veranlaßt ihn zu der behaglichsten Bewegung, die sein Körper unter diesen etwas einengenden Bedingungen überhaupt durchzuführen vermag – er schwingt in dem vom Mutterleib her altvertrauten Rhythmus!

Wo immer sich Unsicherheit einstellt, wird man den beruhigenden Herzrhythmus in dieser oder jener Verkleidung finden. Es ist auch kein Zufall, daß Volksmusik und Volkstänze so ausgeprägten Rhythmus haben: Wieder führen Takt und Bewegungen die Singenden und Tanzenden zurück in die Sicherheit des Mutterleibes. Ebensowenig ist es Zufall, wenn man die Musik der Teenager »Rock-Musik« genannt hat – das englische »to rock« meint dasselbe wie unser »(im Tanze) wiegen«. Und nicht weniger aufschlußreich ist der Name der neuesten Musikmode: Beat-Musik – »the beat« ist das Schlagen, Klopfen, Pochen. Und was wird dabei gesungen? »Mein Herz ist gebrochen ...«; »Du hast dein Herz einem(r) andern geschenkt ...«; »Mein Herz gehört nur dir ...«.

So interessant all das ist – wir dürfen uns damit doch nicht allzuweit von dem entfernen, was wir hier zu behandeln haben: das Elternverhalten. Bisher war die Rede vom Verhalten der Mutter ihrem Kind gegenüber. Wir haben sie erlebt in den dramatischen Stunden der Geburt, beim Stillen, beim Halten, beim Wiegen. Jetzt sei der Säugling und sein Heranwachsen betrachtet.

Das Durchschnittsgewicht eines Neugeborenen liegt bei 3,5 Kilogramm – das ist etwas mehr als ein Zwanzigstel des durchschnittlichen Gewichts eines Erwachsenen. Während der ersten zwei Lebensjahre geht das Wachstum sehr rapide vor sich, und es bleibt auch für die folgenden vier Jahre sehr schnell. Im Alter von sechs Jahren verlangsamt es sich dann beträchtlich; diese Phase dauert bis zum Alter von elf Jahren bei Buben und zehn bei Mädchen. Dann kommt es mit der Pubertät zu erneuter Beschleunigung, zu rapidem Wachstum vom elften bis zum siebzehnten Lebensjahr im männlichen, vom zehnten bis zum fünfzehnten beim weiblichen Geschlecht. Wegen ihrer etwas früher sich einstellenden Pubertät überholen die Mädchen zwischen elf und vierzehn im allgemeinen die Jungen, doch dann kommen diese schneller voran. Das Körperwachstum endet für Mädchen mit etwa neunzehn Jahren, für junge Männer erst sehr viel später, mit etwa fünfundzwanzig. Die ersten Zähne brechen meist im sechsten oder siebenten Monat durch; das Milchgebiß ist gewöhnlich gegen Ende des zweiten oder Mitte des dritten Lebensjahres fertig. Die bleibenden Zähne erscheinen im siebenten Jahr, die letzten Molaren – die Weisheitszähne – fast stets erst mit etwa neunzehn.

Neugeborene verbringen die meiste Zeit schlafend. Oft hört man die Ansicht, sie seien während der ersten Wochen nur zwei Stunden wach; das stimmt aber nicht. Sie sind verschlafen, doch so verschlafen nun auch wieder nicht. Eingehende Beobachtungen haben gezeigt, daß Säuglinge während der ersten drei Tage ihres Lebens 16,6 Stunden von 24 schlafen, wobei die individuellen Unterschiede recht groß sind: Sie liegen zwischen 23 und 10,5 Stunden Schlaf innerhalb von 24 Stunden.

In der Kindheit verschiebt sich das Verhältnis von Schlaf zu Wachsein allmählich zuungunsten des Schlafs, so daß der einstige Sechzehn-Stunden-Durchschnitt nunmehr nur noch die Hälfte beträgt. Aber auch hier haben wir eine erhebliche Variationsbreite. Von hundert Personen brauchen zwei nur fünf Stunden Schlaf, weitere zwei hingegen zehn Stunden. Die erwachsenen Frauen schlafen im Durchschnitt etwas länger als die Männer.

Seine sechzehn Stunden Schlaf bringt das Neugeborene nicht etwa in einer einzigen langen Nachtruhe hinter sich; es wacht vielmehr innerhalb der vierundzwanzig Stunden immer wieder für kürzere Zeit auf. Dennoch stellt man schon von Geburt an eine leichte Tendenz fest, mehr bei Nacht als bei Tag zu schlafen. Im Laufe der Wochen wird allmählich die nächtliche Ruhezeit länger und ausgeprägter: Das Kind macht nun tagsüber eine Reihe kurzer »Nickerchen« und schläft die Nacht durch. Damit erreicht die schlafend verbrachte Zeit beim Alter von sechs Monaten einen Durchschnitt von rund vierzehn Stunden. In den folgenden Monaten verringern sich die Nickerchen tagsüber auf zwei, eines am Vormittag, eines am Nachmittag. Während des zweiten Lebensjahres wird auch das Vormittagsschläfchen aufgegeben; die täglich verschlafene Zeit sinkt damit auf einen Durchschnitt von dreizehn Stunden. Mit dem fünften Lebensjahr verschwindet auch der Nachmittagsschlaf, und die gesamte mit Schlafen verbrachte Zeit liegt jetzt bei etwa zwölf Stunden. Von diesem Alter bis zur

Pubertät verkürzt sich das Schlafbedürfnis um drei Stunden am Tag, so daß mit dreizehn Jahren die Kinder nur noch neun Stunden Nachtschlaf brauchen. Von der Pubertät ab, während der Adoleszenz, gibt es keinen Unterschied mehr gegenüber den Verhältnissen bei den Erwachsenen: Die Heranwachsenden kommen jetzt mit durchschnittlich acht Stunden Schlaf aus. Der endgültige Schlafrhythmus stellt sich also viel mehr mit der sexuellen Reife ein als mit der physischen.

Interessant ist, daß von den noch nicht schulpflichtigen Kindern die intelligenteren im allgemeinen weniger schlafen als die schwerfälligen; dieses Verhältnis wird nach dem siebenten Lebensjahr ins Gegenteil verkehrt – die intelligenteren Schulkinder schlafen mehr. In diesem Stadium lernen also die »Helleren« nicht dadurch mehr, daß sie länger wachen, sondern sie sind dadurch, daß sie mehr lernen, abends müder. Bei den Erwachsenen hingegen besteht offenbar kein Unterschied zwischen Gescheitheit und durchschnittlicher Schlafdauer.

Die Einschlafzeit beträgt bei Gesunden beider Geschlechter und jeden Alters im Durchschnitt etwa zwanzig Minuten. Das Erwachen sollte von allein erfolgen. Ist ein Wecken notwendig, so kann dies als Zeichen dafür gelten, daß der Betreffende nicht genug geschlafen hat; während der auf das Wecken folgenden Zeit des Wachseins wird seine Munterkeit herabgesetzt sein.

Das Neugeborene bewegt sich, wenn es wach ist, relativ wenig. Seine Muskulatur ist, anders als bei den übrigen Primaten-Arten, nur sehr schwach entwickelt: Ein junger Affe kann sich vom Augenblick seiner Geburt an bei seiner Mutter anklammern, ja, seine Händchen packen manchmal schon während der Geburt ins mütterliche Fell. Im Gegensatz dazu ist bei unserer eigenen Art das Neugeborene ganz hilflos und vermag mit Ärmchen und Beinchen nur unerhebliche und ungezielte Bewegungen zu vollführen. Erst im Alter von einem Monat kann der Säugling, auf dem Bauch liegend, ohne Hilfe das Kinn heben, mit zwei Monaten die Brust. Mit drei Monaten streckt er den Arm nach einem vorgehaltenen Gegenstand aus, mit vier Monaten kann er mit Unterstützung der Mutter sitzen, mit fünf Monaten sitzt er bei der Mutter auf dem Schoß und ergreift Dinge mit der Hand. Mit sechs Monaten kann das Kind im Stühlchen sitzen und mit Sicherheit etwas vor ihm Baumelndes fassen, mit sieben Monaten sitzt es ohne jede Hilfe. Im Alter von acht Monaten steht es mit Hilfe der Mutter, mit neun Monaten steht es selbst, indem es sich an

Möbeln und dergleichen festhält, mit zehn Monaten krabbelt es auf Händen und Knien umher. An der Hand von Vater oder Mutter kann es mit elf Monaten laufen; mit zwölf richtet es sich mit Hilfe fester Gegenstände auf, mit dreizehn Monaten klettert es ein paar Stufen empor, mit vierzehn Monaten steht es von allein auf. Und mit fünfzehn Monaten kommt der große Augenblick: Es läuft ohne fremde Hilfe. (Selbstverständlich sind das alles Durchschnittsangaben, die jedoch recht gute Anhaltspunkte für die Entwicklung der Körperhaltungen und der Fortbewegung unserer Art geben.)

Etwa dann, wenn das Kind selbständig seine ersten Schritte macht, beginnt es auch die ersten Wörter zu plappern – ein paar einfache zuerst nur, aber bald vergrößert sich sein Sprachschatz auf verblüffende Weise. Mit zwei Jahren spricht es im Durchschnitt 300 Wörter, mit drei Jahren hat sich diese Zahl bereits verdreifacht, mit vier verfügt es über nahezu 1600 Wörter. Mit diesem wahrhaft staunenswerten Lernen auf dem Gebiet akustisch-stimmlichen Nachahmens steht unsere Art einzig da; es wird mit Recht als eine unserer größten Leistungen angesehen. Entstanden ist dieses vokale Lernvermögen, wie wir in Kapitel 1 gesehen haben, unter der zwingenden Notwendigkeit besserer und genauerer Verständigung im Zusammenhang mit dem Hand-in-Hand-Arbeiten bei der Jagd. Bei unseren nächsten lebenden Verwandten aus der Primaten-Sippe gibt es auch nichts annähernd Vergleichbares. Die Schimpansen sind, wie wir, höchst geschickt und schnell im manuellen Nachahmen, nicht jedoch im Imitieren von Lauten und Wörtern. Der sehr ernsthafte, ebenso wohldurchdachte wie mühselige Versuch, einem jungen Schimpansen das Sprechen beizubringen, hatte bemerkenswert geringen Erfolg. Das Tier wurde im Haushalt aufgezogen unter genau den gleichen Bedingungen wie ein Kind unserer Art. Indem man seine Lippen in die richtige Stellung brachte und unter ständigen Belohnungen mit Leckerbissen versuchte man, den Schimpansen zum Sprechen einfacher Worte zu veranlassen. Mit zweieinhalb Jahren konnte er »Mama«, »Papa« und »cup« (Becher) sagen. Er schaffte es schließlich auch, die Wörter im richtigen Zusammenhang zu gebrauchen, indem er z.B. »cup« flüsterte, wenn er etwas Wasser wollte. Mit aller Liebe und Ausdauer wurde der Schimpanse weiter unterrichtet; mit sechs Jahren (wenn Kinder unserer eigenen Art die 2000-Wörter-Grenze bereits längst überschritten haben) bestand sein Sprachschatz aus ganzen sieben Wörtern.

Der Unterschied ist ein solcher des Gehirns, nicht der Sprachwerkzeuge. Der Schimpanse hat nämlich einen Stimmapparat, der ihn seiner Struktur nach befähigt, eine große Vielzahl von Lauten zu bilden. Dort also ist der Grund für sein mangelndes Sprachvermögen nicht zu suchen; er liegt in seinem Schädel!
Im Gegensatz zum Schimpansen sind manche Vögel großartige Stimmenimitatoren. Papageien, vor allem Graupapagei, Amazonen und Wellensittich, Maina-Stare, Krähen und verschiedene andere Arten können ganze Sätze fehlerlos und wie am Schnürchen hersagen; leider aber reicht das Vogelhirn nicht aus, von dieser Fähigkeit den rechten Gebrauch zu machen. Sie kopieren gleichsam die ganze Lautfolge, die ihnen beigebracht wird (oder die sie sich selber beibringen) und wiederholen sie automatisch in genau der gleichen Reihenfolge und ohne jede Beziehung zu dem, was gerade geschieht. Trotzdem bleibt es angesichts dessen, was manche Vögel leisten, verwunderlich, daß die Schimpansen wie die anderen Affen auf diesem Gebiet nicht mehr aufzuweisen haben. Nur ein paar einfache durch Lernen weitergegebene – kulturell bedingte – Wörter wären in ihrer natürlichen Umwelt für sie so nützlich, daß es eigentlich kaum zu verstehen ist, warum sich bei ihnen derlei nicht entwickelt hat.
Zurück zu unserer eigenen Art! Das uralte instinktive Knurren, Stöhnen, Kreischen und Schreien, das wir mit anderen Primaten gemeinsam haben, ist nicht etwa durch den Neuerwerb unserer so hell strahlenden Sprachgewalt zum Verschwinden gebracht worden. Unsere angeborenen Lautsignale sind uns geblieben, und noch immer spielen sie eine wichtige Rolle. Sie bilden nicht nur das stimmliche Fundament, über dem wir unsere Sprachwolkenkratzer aufgeführt haben, sondern sie existieren nach wie vor als durchaus selbständige artspezifische Verständigungsmittel. Sie brauchen auch nicht wie die Wortsignale erlernt zu werden, sie kommen »von selbst« und bedeuten in allen Kulturen dasselbe. Kreischen, Wimmern, Lachen, Brüllen, Stöhnen und rhythmisches Schreien übermitteln jedermann und überall die gleichen Nachrichten. Wie die Rufe anderer Tiere stehen sie im Zusammenhang mit elementaren Gemütsbewegungen und geben uns sofort und eindeutig Aufschluß über die Stimmung dessen, der solche Laute hören läßt. Genauso haben wir auch den instinktiven Ausdruck von Gemütsbewegungen im Gesicht behalten: das Lächeln, das Grinsen, das Stirnrunzeln, den starren Blick, den Ausdruck der Panik und den der Wut. Auch sie sind allen Gesellschaftsordnun-

gen gemeinsam und haben hartnäckig überdauert trotz des Erwerbs vieler kulturell bedingter Mienen und Gebärden.
Wann diese tief verwurzelten arteigenen Stimmäußerungen und allgemeinen Ausdrucksbewegungen des Gesichts in unserer frühen Entwicklung auftreten, ist recht interessant. Die Reaktion des rhythmischen Schreiens ist (wie wir alle nur zu gut wissen) vom Augenblick unserer Geburt an da. Das Lächeln erscheint später, im Alter von etwa fünf Wochen. Nicht vor dem dritten oder vierten Monat kommt es zum Lachen und zu Wutausbrüchen. Diese Verhaltensweisen gilt es etwas näher zu untersuchen.
Schreien ist nicht nur das früheste Stimmungssignal, es ist auch das ursprünglichste. Lächeln und Lachen sind einzigartige und recht spezialisierte Signale. Das Schreien haben wir mit Tausenden anderer Arten gemeinsam. Alle Säugetiere (ganz zu schweigen von den Vögeln) lassen kreischende, gellende, quiekende oder winselnde Laute hören, wenn sie Angst oder Schmerzen haben. Bei den höheren Säugetieren, bei denen der wechselnde Gesichtsausdruck als optisches Signal hinzugekommen ist, werden diese Alarmsignale begleitet von einem charakteristischen »ängstlichen Gesicht«. Ob diese Reaktionen von einem jungen oder von einem erwachsenen Tier kommen – stets zeigen sie an, daß etwas ernstlich schlimm ist. Das Jungtier warnt seine Eltern, das erwachsene Tier die übrigen Angehörigen seiner sozialen Gruppe.
Solange wir Kinder sind, bringt uns eine ganze Reihe von Anlässen zum Schreien. Wir schreien bei Schmerz und bei Hunger, wir schreien, wenn man uns allein gelassen hat, wenn uns ein fremder, unvertrauter Reiz trifft, wir schreien, wenn uns des Leibes Notdurft und Nahrung entzogen wird oder wenn uns etwas beim Verfolgen eines wichtigen Zieles in die Quere kommt. Faßt man all das zu zwei wesentlichen Faktoren zusammen, dann erhält man als Ursache des Schreiens körperliche Beschwerden und das Gefühl der Unsicherheit. Jedesmal, wenn das Signal gegeben wird, löst es bei Mutter und Vater eine auf Schutz abzielende Reaktion aus (oder sollte sie auslösen). Ist das Kind zur Zeit des Signals von den Eltern getrennt, so eilen als unmittelbare Folge des Signals Mutter, Vater oder beide zum Kind, nehmen es auf und wiegen, tätscheln oder streicheln es. Hält das Schreien an, wird das Kind auf die mögliche Ursache des Schreiens untersucht. Diese elterliche Reaktion wird fortgesetzt, bis das Signal erlischt (und in dieser Hinsicht unterscheidet sich das Schreien grundsätzlich vom Lächeln und Lachen).

Der Schreivorgang setzt sich zusammen aus Muskelspannungen mit Rötung des Kopfes, Wasseraustritt aus den Augen, Öffnen des Mundes, Zurückziehen der Lippen, heftigem Atmen (vor allem tiefes Ausatmen), und selbstverständlich gehören dazu die Lautäußerungen hoher Tonlage: gellend und »auf die Nerven gehend«. Ältere Kinder laufen außerdem zu Vater und Mutter und klammern sich bei ihnen an.

Ich habe diese Verhaltensweise, obwohl sie uns so vertraut ist, im Detail beschrieben, weil sich aus ihr unsere spezialisierten Signale des Lachens und Lächelns entwickelt haben. Wenn jemand sagt, er habe »geschrien vor Lachen«, dann zeigt er damit die Verwandtschaft zwischen Schreien und Lachen auf – stammesgeschichtlich gesehen müßte es allerdings heißen: geschrien bis zum Lachen. Wie aber ist es dazu gekommen? Machen wir uns als erstes klar, wie ähnlich Schreien und Lachen als Reaktionen sind; das ist notwendig, denn wir neigen dazu, die Ähnlichkeit zu übersehen, weil die jeweilige Stimmung so ganz anders ist. Wie das Schreien besteht auch das Lachen aus Muskelspannung, Öffnen des Mundes, Zurückziehen der Lippen und heftigem Atmen mit tiefem Ausatmen. Bei hoher Intensität tritt auch die Rötung des Kopfes auf, und wir lachen Tränen. Nur die Lautäußerungen sind anders, die Tonlage ist tiefer, und sie sind nicht so auf die Nerven gehend schrill. Auch halten sie nicht so lange an, sondern folgen einander in schnellen kurzen Stößen – es ist, als sei das lange Wehgeschrei des Kindes in kurze Abschnitte zerhackt worden, wobei es zugleich ruhiger und tiefer wurde.

Offenbar hat sich die Lachreaktion als Signal sekundär aus dem Schreien wie folgt entwickelt: Das Schreien ist, wie bereits erwähnt, im Moment der Geburt da, das Lachen jedoch erscheint nicht vor dem dritten oder vierten Lebensmonat, und sein Auftreten fällt mit dem ersten Erkennen der Eltern zusammen. Ein Kind, das den eigenen Vater erkennt, mag ein kluges Kind sein. Aber ein lachendes Kind erkennt seine Mutter. Bevor es gelernt hat, das Gesicht seiner Mutter von denen anderer zu unterscheiden, wird es glucksende und babbelnde Laute hören lassen, aber es wird nicht lachen. Wenn es die Mutter zu erkennen beginnt, wird es anfangen, vor anderen, fremden Erwachsenen Angst zu haben. Im Alter von zwei Monaten ist noch jedes freundliche Erwachsenengesicht willkommen. Jetzt aber beginnt die Angst vor der Welt rundum zu reifen – alles Ungewohnte führt zu Aufregung und

Geschrei. (Später wird das Kind lernen, daß auch manche anderen Erwachsenen ihm nichts anhaben wollen, und so seine Furcht vor ihnen verlieren; doch das geschieht dann auf der Basis des persönlichen Kennenlernens und Erkennens.) Als Ergebnis dieses Vorgangs der Prägung auf die Mutter gerät das Kind in einen ernsthaften Konflikt. Wenn die Mutter nämlich etwas tut, was dem Kind fremd ist, oder es erschreckt, gibt sie ihm zwei einander widersprechende Signale. Das eine besagt: »Ich bin deine Mutter, deine Beschützerin; du brauchst keine Angst zu haben«; das andere meldet: »Paß auf, jetzt kommt etwas, worüber du erschrickst.« Dieser Konflikt kann sich erst dann einstellen, wenn die Mutter persönlich erkannt wird und bekannt ist – hat sie nämlich vorher etwas Beunruhigendes getan, war sie damit einfach nur die Quelle eines angstauslösenden Reizes und sonst nichts. Jetzt aber kann sie das doppelte Signal geben: »Es ist zwar eine Gefahr, aber doch keine Gefahr.« Oder anders ausgedrückt: »Es mag wie eine Gefahr aussehen, weil es aber von mir kommt, brauchst du es nicht ernst zu nehmen.« Und der Erfolg ist, daß das Kind eine Antwort gibt, die halb eine Schreireaktion ist und halb ein glucksendes Eltern-Erkennen. Diese magische Kombination läßt das Lachen entstehen. (Oder, besser gesagt, ließ es einst im Verlauf der Stammesgeschichte entstehen. Seit damals nämlich ist das Lachen erblich fixiert und hat sich zu einer selbständigen Reaktion entwickelt.)

So besagt das Lachen: »Ich erkenne, daß eine wirkliche Gefahr nicht besteht« und übermittelt diese Nachricht an die Mutter. Und diese kann jetzt lebhaft mit dem Kind spielen, ohne daß sie es dadurch zum Schreien bringt. Die frühesten Anlässe zum Lachen des Kleinkindes sind elterliche Spiele wie »Guck-Guck«, in die Hände klatschen, rhythmisches Auf und Ab vor dem Kind oder Hochheben des Kindes. Später, aber nicht vor dem sechsten Lebensmonat, spielt Kitzeln und Kraulen eine große Rolle. All das sind Reize, die eigentlich erschrecken, aber da sie von der beschützenden und deshalb als »sicher« erkannten Person kommen, tun sie es nicht. Bald lernen die Kinder es auch, derlei Reize zu provozieren, beispielsweise dadurch, daß nun sie sich beim Guck-Guck verstecken und dann den »Schreck« des Entdecktwerdens erleben oder, beim Fangespiel, den des Gefaßtwerdens.

Das Lachen wird also ein Spielsignal, ein Zeichen, daß die zunehmend lebhafter werdenden Wechselwirkungen zwischen Kind und Eltern anhalten und sich weiter ausbilden können. Geschieht dabei einmal etwas zu Erschreckendes oder zu Schmerzhaftes, so kippt die Lachreaktion in das Schreien um, und dies löst sofort die Schutzreaktion aus. Mit Hilfe dieser beiden Signale und der auf sie antwortenden Reaktionen wird also das Kind in die Lage versetzt, seine eigenen körperlichen Fähigkeiten ebenso wie die physischen Eigenschaften der Umwelt immer wieder zu erproben und immer besser kennenzulernen.

Auch andere Tiere haben ihre besonderen Spielsignale, doch sind diese im Vergleich mit den unsrigen nicht sonderlich eindrucksvoll. Der Schimpanse beispielsweise hat ein charakteristisches »Spielgesicht« sowie ein leises Spielgrunzen, das unserem Lachen entspricht. Ihrer Herkunft nach haben diese Signale die gleiche Art von Ambivalenz: Beim Begrüßen streckt ein junger Schimpanse die Lippen so weit wie nur möglich vor; hat er jedoch Angst, zieht er sie zurück, öffnet den Mund und zeigt die Zähne. Der Ausdruck des Spielgesichts, der motiviert ist durch zwei Stimmungen – freundliches Begrüßen und Angst –, ist eine Mischung aus beiden: Der Mund wird weit geöffnet, wie bei der Angst, aber die Lippen sind nach vorn gezogen und verdecken die Zähne. Und das sanfte Grunzen liegt halbwegs zwischen den u-u-u-Lauten der Begrüßung und dem Schreien aus Angst. Geht es beim Spielen einmal allzu grob zu, werden die Lippen zurückgezogen, und das Grunzen wird zum kurzen, scharfen Schreien. Wenn aber das Spiel zu zahm wird, schließen sich die Kiefer, und die Lippen schieben sich zum freundlichen Schimpansen-Schmollmund. Im Grunde ist also die Situation dieselbe wie bei uns; das sanfte Spielgrunzen bleibt jedoch im Vergleich mit unserem kräftigen herzhaften Lachen ein recht schwächliches Signal. Mit weiterem Wachstum schwindet außerdem beim Schimpansen die Bedeutung des Spielsignals, während es bei uns an Bedeutung gewinnt und von immer größerer Wichtigkeit für unser alltägliches Leben wird. Der nackte Affe ist eben auch im erwachsenen Zustand noch ein verspielter Affe – dieses Verspieltsein ist ein sehr wesentlicher Bestandteil seiner explorativ-neugierigen Natur. Ständig legt er es darauf an, die Dinge bis zum Äußersten zu treiben, immer versucht er, sich selbst aufzuscheuchen, sich selbst einen Schreck einzujagen, ohne doch damit Schaden anzurichten – und seine Erleichterung signalisiert er mit Salven ansteckenden Gelächters.

Jemanden *aus*lachen kann aber selbstverständlich bei älteren Kindern und bei Erwachsenen auch zu einer wirksamen sozialen Waffe werden: Es ist doppelt kränkend, weil es anzeigt, daß der

Ausgelachte »furcht«-bar fremdartig ist (oder befremdend, absonderlich, seltsam – was alles dasselbe bedeutet), daß er aber gleichzeitig nicht ernstgenommen wird. Der Schauspieler übernimmt bewußt seine Rolle innerhalb der Gesellschaft, die ihn hoch bezahlt dafür, daß er sein Publikum lachen macht und ihm so die Freude der beruhigenden Sicherheit vermittelt, die eigene Gruppennormalität an seinem vermeintlichen Abweichen von den Normen bestätigen zu können.

Die Reaktion von Teenagern auf ihre Idole gehört ebenfalls hierher. Auch sie sind Publikum, auch ihnen vermittelt ihr Idol Freude, die sich aber nicht in Schreien vor Lachen äußert, sondern in Schreien vor Schreien. Und sie schreien nicht nur, sie fassen sich auch an den eigenen Körper und packen den von andern, sie krümmen und winden sich, sie stöhnen und ächzen, sie schlagen die Hände vors Gesicht und reißen sich an den Haaren – alles klassische Zeichen intensiven Schmerzes oder heftiger Angst, die hier jedoch bewußt stilisiert sind. Ihr Schwellenwert ist künstlich herabgesetzt: Was hier sich an Schreien äußert, das ist kein Schreien um Hilfe; diese Schreie sind vielmehr Signale von einem zum andern in der schreienden Masse, und sie besagen, daß man eine emotionale Reaktion auf das sexuelle Idol verspürt – eine Reaktion von solcher Stärke, daß sie, wie alle Reize von unerträglicher Intensität, in den Bereich des Schmerzes überleitet. Sähe sich ein weiblicher Teenager plötzlich einem seiner Idole allein gegenüber, dächte das Mädchen gar nicht daran zu schreien. Seine Schreie waren ja auch nicht an »ihn« gerichtet, sondern an die anderen Mädchen im Saal. Auf diese Weise also vermögen Mädchen einander ihrer sich entwickelnden emotionalen Reaktionsfähigkeit zu versichern.

Bevor wir das Gebiet der Tränen und des Lachens verlassen, sei noch ein weiteres Geheimnis aufgeklärt. Manche Mütter stehen Seelenqualen aus, weil ihr Säugling während der ersten drei Monate nach der Geburt ununterbrochen schreit. Die Eltern können tun, was sie wollen – nichts hilft. Kein Wunder, wenn sie befürchten, daß hier etwas mit dem Kind physisch nicht in Ordnung ist, und versuchen, es dementsprechend zu behandeln. Die Eltern haben schon recht, es ist physisch etwas nicht in Ordnung – aber nicht in Ordnung ist eher die Wirkung als die Ursache. Die Lösung des Rätsels ergibt sich aus der Tatsache, daß diese sogenannten Schreikrämpfe wie von Zauberhand etwa im dritten oder vierten Monat verschwinden – just dann, wenn das Kind fähig wird, die Mutter persönlich zu erkennen. Vergleicht man nun einmal das Verhalten von Müttern mit ständig schreienden Säuglingen mit dem von Müttern mit ruhigeren, so findet man die Lösung: Die erste Kategorie von Müttern ist im Umgang mit ihren Kindern zaghaft, nervös, ängstlich, die zweite bedächtig, ruhig, gelassen. Schon in diesem zarten Alter nämlich ist der Säugling durchaus in der Lage, aus Unterschieden in den Beruhigungsreizen einmal »Sicherheit« und »Schutz«, das andere Mal »Unsicherheit« und »Alarm« zu verspüren. Eine aufgeregte Mutter mag machen, was sie will – sie signalisiert dem Kind immer nur ihr Aufgeregtsein. Und dieses signalisiert in der angemessenen Weise zurück, schreiend nämlich, womit es Schutz vor der Ursache der Erregung fordert. Dies jedoch erhöht lediglich die Qual der Mutter, die damit wiederum das Schreien des Säuglings steigert. Schließlich schreit sich das unglückliche kleine Wesen krank, und seine physischen Schmerzen vermehren nur noch sein ohnehin beträchtliches Elend. Um diesen Circulus vitiosus zu durchbrechen, gibt es nur ein Mittel: Die Mutter muß die Situation erkennen und muß sie meistern dadurch, daß sie selbst ruhiger wird. Aber selbst wenn sie dazu nicht in der Lage ist (und es ist nahezu unmöglich, einen Säugling in dieser Hinsicht zu täuschen), erledigt sich das Problem, wie gesagt, im dritten oder vierten Monat von selbst, weil dann der Säugling geprägt wird und instinktiv auf sie als »Beschützerin« zu reagieren beginnt. Sie ist nun nicht mehr eine körperlose Reihe störender und erregender Reize, sondern ein vertrautes Gesicht. Und selbst wenn sie immer noch eine Quelle störender und aufregender Reize bleibt, so ist das doch bei weitem nicht mehr so alarmierend, denn die Reize kommen ja aus einer Quelle, die bekannt und zudem als freundlich erkannt ist. Die zunehmende Bindung des Säuglings an die Mutter wirkt außerdem beruhigend auf die Mutter und setzt ihre Ängstlichkeit herab. Das wiederum wirkt auf das Kind zurück: Die Schreikrämpfe verschwinden.

Der naheliegenden Frage nach dem Lächeln bin ich bisher mit Absicht aus dem Weg gegangen, und zwar deshalb, weil es als Reaktion noch mehr spezialisiert ist als das Lachen. Wie das Lachen aus dem Schreien abgeleitet werden kann, so das Lächeln aus dem Lachen. Auf den ersten Blick scheint es ja wirklich nicht mehr zu sein als eine schwache Art des Lachens. Aber so einfach liegen die Dinge nicht. Gewiß ist das Lachen in seiner schwächsten Form nicht zu unterscheiden vom Lächeln, und zweifellos ist das

Lächeln aus dem Lachen entstanden. Aber ebenso zweifellos hat es sich im Zuge der stammesgeschichtlichen Entwicklung selbständig gemacht und muß deshalb auch als etwas Eigenes betrachtet werden. Das Lächeln hoher Intensität – das breite »Grienen« und das »strahlende« Lächeln – hat eine ganz andere Funktion als das Lachen hoher Intensität: Es ist spezialisiert als innerhalb der Art gültiges Begrüßungssignal. Wenn ich jemanden lächelnd grüße, weiß er, daß ich ihm freundlich gesinnt bin; grüße ich ihn lachend, kann er Grund haben, in meine Gesinnung Zweifel zu setzen.

Jede soziale Begegnung ist bestenfalls milde furchterregend. Denn das Verhalten des anderen Individuums ist im Augenblick der Begegnung eine völlig unbekannte Größe. Lächeln ebenso wie Lachen zeigen das Vorhandensein dieser Furcht an sowie ihre Verbindung mit Gefühlsregungen des durch den anderen Angezogenseins und der Bereitschaft, ihn zu akzeptieren. Wenn sich das Lachen jedoch zu hoher Intensität steigert, signalisiert es die Bereitschaft zu weiterer »Aufregung«, zu weiterer Erprobung der »Gefahr mit Sicherheit«-Situation. Wenn sich andererseits der Ausdruck des Lächelns, das vorerst nur ein sehr schwaches Lachen andeutet, nun in ein breites Grinsen verstärkt, so besagt dieses Signal, daß die Situation nicht solchermaßen hochgespielt werden soll – es zeigt einfach an, daß die anfängliche Gefühlsregung endgültig ist und keiner Steigerung bedarf. Gegenseitiges Lächeln versichert die Lächelnden, daß sie sich beide in einer Gemütsverfassung befinden, in der sie leicht besorgt sind, aber einander ganz anziehend finden. Leicht besorgt heißt leicht ängstlich, und das wieder heißt, daß man nicht aggressiv gestimmt ist; nicht aggressiv gestimmt aber bedeutet freundlich gesinnt – und auf diese Weise wird das Lächeln zum Zeichen freundlichen Entgegenkommens.

Warum aber sind, wenn wir schon das Lächeln nötig hatten, die anderen Primaten ohne dieses Signal ausgekommen? Sie kommen ohne es aus, das ist richtig; sie haben Gebärden verschiedener Art, mit denen sie ausdrücken, daß sie freundlich gestimmt sind. Das Lächeln aber ist eine uns eigene zusätzliche Ausdrucksbewegung, die für unser tägliches Leben, ob als Kind, ob als Erwachsener, enorme Wichtigkeit hat. Was aber in unserer Lebensweise hat denn das Lächeln so wichtig werden lassen? Die Antwort auf diese Frage hängt, so will mir scheinen, mit unserer berühmten nackten Haut zusammen. Ein neugeborenes Affenjunges klammert sich an das Fell seiner Mutter. Dort bleibt es, Stunde um Stunde und Tag um Tag; für Wochen, ja für Monate verläßt es nicht den behaglichen Schutz des mütterlichen Körpers. Und wenn es sich dann später zum erstenmal aus diesem Schutz herauswagt, kann es blitzschnell zur Mutter zurück und sich im Nu wieder an sie klammern. Es hat damit seine eigene und absolut sichere Methode, engen körperlichen Kontakt zu halten. Auch wenn die Mutter dies nicht mehr recht mag (dann nämlich, wenn das Kind älter und schwerer geworden ist), wird sie es dem Kind kaum verweigern. Jeder, der einmal bei einem jungen Schimpansen Pflegemutter gespielt hat, wird dies bezeugen können.

Wir hingegen befinden uns als Neugeborene und Säuglinge in einer sehr viel riskanteren Situation. Nicht nur, daß wir zu schwach sind, als daß wir uns anklammern könnten – wir haben erst gar nichts zum Festhalten. Die Haut ist ja nackt! Bar jeden mechanischen Mittels, das einen engen Kontakt mit der Mutter ermöglicht, müssen wir uns ganz auf die Signale verlassen, die bei der Mutter Reaktionen auslösen. Wir können schreien, um die mütterliche Aufmerksamkeit auf uns zu ziehen. Aber wir müssen noch mehr: Wir müssen diese Aufmerksamkeit auch erhalten. Ein junger Schimpanse schreit genau wie wir, um die Mutter aufmerken zu lassen; sie kommt unverzüglich und nimmt ihr Kind auf, das sich sofort anklammern kann, das wiederum den Muttertrieb befriedigt. An dieser Stelle brauchen *wir* einen Anklammer-Ersatz, ein Signal, das die Mutter zufriedenstellt, sie für ihr schnelles Kommen belohnt und sie bei uns bleiben läßt. Das Signal, das wir dafür benutzen, ist das Lächeln.

Zu lächeln beginnt das Kind schon während der ersten Wochen seines Lebens; vorerst allerdings ist das Lächeln noch nicht besonders auf irgend jemand oder irgend etwas gerichtet. Etwa mit der fünften Woche erfolgt es als bestimmte Reaktion auf gewisse Reize. Jetzt nämlich können die Augen des Säuglings Dinge fixieren. Zuerst wird mit Lächeln am stärksten auf ein Augenpaar reagiert, das auf den Säugling blickt; auch zwei schwarze Flecke auf einem Stück Karton lösen die Reaktion des Lächelns aus. Nach ein paar Wochen wird auch ein Mund nötig: Zwei schwarze Kreise und darunter ein mundähnlicher Umriß erweisen sich jetzt als wirksamer, wenn man dem Säugling ein Lächeln ablocken will. Bald wird eine Verbreiterung des Mundes wichtig, und dann beginnen die Augen ihre Bedeutung als Schlüsselreize zu verlieren. In diesem Stadium, bei einem Alter von drei bis vier Monaten, wird auch die Reaktion spezifisch. Sie verengt sich – erfolgte sie anfangs auf jedes Erwachsenengesicht, so erscheint sie jetzt vor allem, wenn sich das Gesicht der Mutter zeigt. Die Elternprägung findet statt.

Das Erstaunliche bei der Reifung dieser Reaktion ist aber, daß der Säugling zu der Zeit, in der sie sich bei ihm entwickelt, nicht im geringsten imstande ist, Zeichen wie Quadrate, Dreiecke oder andere geometrische Figuren zu unterscheiden. Es sieht vielmehr ganz so aus, als ob der Reifungsprozeß auf die besondere Fähigkeit abzielt, gewisse Gestaltmerkmale zu erkennen, die mit den menschlichen Gesichtszügen zusammenhängen, während andere visuelle Fähigkeiten hinterherhinken. Das hat seinen Sinn: So nämlich wird das Sehen auf das richtige Objekt gelenkt – der Säugling kann nicht auf irgendeine unbelebte Gestalt in seiner Umwelt geprägt werden.

Im Alter von sieben Monaten ist das Kind völlig auf seine Mutter geprägt. Was immer sie jetzt tut, sie bleibt für ihr Kind sein Mutterbild auf Lebenszeit. Junge Gänse erhalten es, indem sie der Mutter folgen, junge Affen, indem sie sich an ihre Mutter klammern. Bei uns wird diese lebenswichtige Bindung auf dem Weg über das Lächeln erreicht.

Als visueller Reiz kommt das Lächeln zu seinem einzigartigen Ausdruck hauptsächlich durch das einfache Hochziehen der Mundwinkel. Der Mund wird beim Lächeln etwas geöffnet, die Lippen sind zurückgezogen, genau wie beim ängstlichen Gesichtsausdruck – aber dadurch, daß dazu die Mundwinkel angehoben werden, kommt es zu einem radikalen Wechsel im Charakter des Ausdrucks. Diese Entwicklung hat umgekehrt zu einem weiteren, dem Lächeln entgegengesetzten Gesichtsausdruck geführt – zu dem der heruntergezogenen Mundwinkel. Durch Annehmen einer Mundlinie, die der vollständige Gegensatz des lächelnden Mundes ist, wird ein Anti-Lächeln möglich: Wie das Lachen sich aus dem Schreien, das Lächeln sich aus dem Lachen entwickelt hat, so das unfreundliche Gesicht durch Rückschlagen des Pendels aus dem freundlichen.

Aber beim Lächeln kann noch mehr mitspielen als nur die Mundlinie. Als Erwachsene mögen wir mit einem bloßen Verziehen der Lippen unsere Stimmung mitteilen können; das Kind jedoch führt da mehr ins Gefecht. Wenn es mit voller Intensität lächelt, wirft es die Arme hoch, winkt, streckt die Hände zum Reiz hin, bewegt sich auf ihn zu, läßt plappernde Laute hören, wirft den Kopf

zurück und schiebt das Kinn vor, beugt den Körper nach vorn oder läßt ihn von einer Seite zur andern pendeln; dabei wird sein Atmen lebhafter, die Augen glänzen mehr, gleichzeitig können aber die Lider ein wenig verengt werden; unter oder neben den Augen, manchmal auch am Nasenrücken erscheinen Fältchen; auch die Falten von der Nase zu den Mundwinkeln prägen sich stärker aus, und manchmal wird die Zungenspitze etwas vorgestreckt. In diesen Elementen des Lächelns beim Kleinkind und in seinen zappelnden Körperbewegungen läßt sich offensichtlich ein heftiges Bemühen erkennen, Kontakt mit der Mutter zu bekommen – sie zeigen uns vielleicht all das, was sich noch von der Anklammer-Reaktion unserer Primaten-Ahnen erhalten hat.
Wir haben bisher fast nur vom Lächeln des Kleinkindes gesprochen. Das Lächeln ist aber selbstverständlich ein Zweiwegsignal: Wenn das Kind die Mutter anlächelt, antwortet sie mit einem ganz ähnlichen Signal. Und so »belohnen« sie einander – das Band zwischen ihnen wird in beiden Richtungen fester. Man mag meinen, das sei doch wohl klar. Aber so einfach liegen die Dinge eben nicht. Manche Mütter versuchen, wenn sie selbst aufgeregt, ängstlich oder ärgerlich über das Kind sind, ihre Stimmung durch ein erzwungenes Lächeln zu verdecken in der Hoffnung, gleichsam mit falscher Münze zu verhindern, daß auch das Kind aufgeregt wird. Die Hoffnung trügt, und so etwas kann mehr Kummer machen als Ruhe stiften. Wie schon erwähnt, ist es nahezu unmöglich, einen Säugling hinsichtlich der Gemütsverfassung seiner Mutter zu täuschen. In den ersten Lebensjahren sind wir anscheinend in der Lage, sehr präzis auf selbst flüchtige Zeichen von Erregung oder Ruhe bei den Eltern zu reagieren. Bevor wir ins Sprechalter kommen, bevor der mächtige Apparat der mit Symbolen arbeitenden kulturbedingten Verständigung uns überwältigt, verlassen wir uns viel mehr auf winzige Bewegungen, auf kleinste Änderungen in Körperhaltung, Gesichtsausdruck und Tonfall, als wir es später nötig haben. Auch andere Tierarten leisten in dieser Hinsicht Beachtliches. Die schier unglaublichen Fähigkeiten des »Klugen Hans«, jenes berühmten rechnenden, buchstabierenden und »denkenden« Pferdes, beruhten in Wirklichkeit darauf, daß Hans schärfstens auf kaum merkliche Ausdrucksbewegungen seines Herrn achtete. Bekam er den Befehl, aus Zahlen eine Summe zu bilden, klopfte Hans genauso lange mit dem Huf, bis die richtige Zahl erreicht war, und nicht einen Schlag mehr. Selbst wenn sein Herr den Raum verließ und jemand

anders das Pferd überwachte, funktionierte das – und zwar deshalb, weil auch der Fremde in dem Augenblick, in dem die richtige Zahl geklopft war, ganz unwillkürlich seinen Körper ein ganz klein wenig anspannte. Wir alle verfügen über diese Fähigkeit schärfster Beobachtung selbst als Erwachsene noch (sie spielt eine große Rolle bei den Wahrsagern, die aus winzigsten Reaktionen merken, ob sie sich auf dem richtigen Weg vorantasten); beim Kleinkind in der Phase vor dem Sprechalter aber ist sie anscheinend besonders stark ausgeprägt. Vollführt die Mutter verkrampfte, aufgeregte Bewegungen, so wird sie dies, ob sie will oder nicht und ganz gleich, ob und wie sie es zu vertuschen sucht, dem Kind signalisieren: Wenn sie gleichzeitig noch so sehr lächelt, kann sie das Kind nicht täuschen, sondern wird es verwirren. Denn es bekommt zwei gegensätzliche Meldungen. Geschieht das in großem Ausmaß, kann es zu dauernder Schädigung führen; das Kind wird später ernste Schwierigkeiten beim Herstellen sozialer Kontakte und bei seiner Anpassung an die gesellschaftlichen Gegebenheiten haben.

Nach dem Lächeln nun etwas ganz anderes. Mit dem Ablauf der Monate stellt sich eine neue Verhaltensweise ein: die Aggression. Zornesausbrüche und Wutschreie lassen sich jetzt deutlich von der früheren Reaktion des Allzweckschreiens unterscheiden. Der Säugling signalisiert seine Aggression durch ein öfter unterbrochenes, unregelmäßiges Schreien bei gleichzeitigen heftig schlagenden Bewegungen von Armen und Beinen. Kleine Objekte werden wütend angegriffen, größere werden geschüttelt; das Kind spuckt und speit; alles, was in seiner Reichweite ist, versucht es zu beißen, zu kratzen oder zu schlagen. Anfangs sind diese Handlungen noch ziellos und unkoordiniert. Das Schreien zeigt an, daß das Kind nach wie vor Angst hat. Das Aggressionsverhalten ist noch nicht so weit gereift, daß es zum reinen Angriff kommt; dies geschieht erst viel später, dann nämlich, wenn das Kind seiner selbst sicher und sich seiner körperlichen Fähigkeiten bewußt geworden ist. Mit der Ausbildung des Aggressionsverhaltens kommt es auch zu einem besonderen Gesichtsausdruck als Signal der Aggression: zu einem »verbissenen« Starren. Die Lippen bilden einen scharfen Strich, wobei die Mundwinkel eher nach vorn gerichtet sind als zurückgezogen werden; die Augen sind fest auf den Gegner gerichtet und starren ihn an; die Augenbrauen sind in einem finsteren Stirnrunzeln herabgezogen; die Fäuste werden geballt. Das Kind beginnt sich zu behaupten.

Wie sich herausgestellt hat, kann sich dieses Aggressionsverhalten verstärken dadurch, daß man die Zahl der zu einer Gruppe Kinder Gehörenden vergrößert: Im Gewimmel der Menge werden die freundlich gestimmten sozialen Wechselbeziehungen zwischen Angehörigen einer Gruppe geringer, während die destruktiven und aggressiven Verhaltensweisen ein deutliches Ansteigen zeigen, und zwar in der Häufigkeit ebenso wie in der Intensität. Das ist sehr kennzeichnend, wenn wir uns daran erinnern, daß bei anderen Tieren die kämpferische Auseinandersetzung nicht nur dazu dient, Rangordnungsstreitigkeiten auszufechten, sondern auch dazu, Angehörige der Art zum Abwandern zu veranlassen. Wir kommen darauf noch in Kapitel 5 zu sprechen.

Neben dem Beschützen, Füttern, Säubern der Sprößlinge und dem Spielen mit den Kindern gehört zu den Elternpflichten auch das überaus wichtige Anlernen des Nachwuchses. Wie bei anderen Arten geschieht es nach dem Prinzip von Lohn und Strafe, das sich allmählich zum Lernen an Versuch und Irrtum wandelt. Außerdem aber lernen die Kinder sehr schnell und sehr viel durch Nachmachen – ein Vorgang, der bei den meisten anderen Säugetieren nur relativ schwach ausgebildet ist, sich bei uns jedoch großartig verstärkt und höchst vervollkommnet hat. Wie vieles von dem, was andere Tiere so mühsam selbst lernen müssen, fällt uns mühelos in den Schoß ganz einfach dadurch, daß wir dem Beispiel der Eltern folgen! Der nackte Affe ist auch ein lernender Affe. (Die Methode des Lernens ist uns so selbstverständlich, daß wir allzu gern meinen, bei anderen Arten gehe das ebensogut – mit dem Erfolg, daß wir die Rolle, die das Lernen in ihrem Leben spielt, weit überschätzt haben.)

Vieles, was wir als Erwachsene tun, beruht auf dem, was wir in unserer Kindheit nachahmend aufgenommen haben. Häufig bilden wir uns ein, daß wir uns in diesem oder jenem Fall so oder so verhalten, weil wir dabei die Vorschriften irgendeines abstrakten, hochgeistigen Kodexes moralischer Prinzipien befolgen, während wir in Wirklichkeit nichts anderes tun, als uns nach einer Reihe tief in uns verwurzelter, lange »vergessener«, rein durch Nachahmen erworbener Eindrücke richten. Der unwandelbare Gehorsam diesen Eindrücken gegenüber ist (neben unseren sorgfältig geheimgehaltenen instinktiven Triebzwängen) die Ursache dafür, daß innerhalb der Gesellschaftsordnungen die Bräuche, Sitten und Meinungen sich so schwer ändern lassen. Selbst wenn eine Gemeinschaft mit erregend neuen Ideen konfrontiert wird, die

überzeugend vernünftig begründet sind auf reinem, objektivem Denken, wird sie festhalten an ihren alten hausbackenen Gewohnheiten und Vorurteilen. Dieses Kreuz haben wir zu tragen als das Ergebnis der so lebenswichtigen Jugendphase, in der wir wie Löschpapier schnell und gründlich alles in uns aufsaugen, was sich an Erfahrungen der Generationen vor uns angehäuft hat – wir sind gezwungen, die vorgefaßten Meinungen ebenso in uns aufzunehmen wie die nützlichen Tatsachen.
Erfreulicherweise haben wir jedoch ein sehr kräftiges Gegenmittel gegen die schwachen Seiten entwickelt, die mit dem Lernvorgang durch Nachahmen zusammenhängen. Wir sind nämlich äußerst neugierig – Neugier hier wieder verstanden als die Gier nach Neuem, als ein heftiger Drang zum Erkunden und Erforschen, Entdecken und Erfinden. Und diese Neu-gier wirkt der Tendenz zum Festhalten am Alten entgegen dergestalt, daß sich ein Gleichgewicht einstellt, in dem alle Möglichkeiten zu Erfolgen ohnegleichen beschlossen sind. Eine Kultur, die starr und sklavisch nur das Alte nachahmt, wird ebenso ins Wanken geraten wie die, in der man allzu kühn und überhastet nur nach Neuem giert. Blühen hingegen werden die Kulturen mit wohlausgewogenem Ausgleich zwischen beiden Antrieben. Beispiele für allzu starre und für allzu stürmische Kulturen bietet uns ein Blick in unsere Welt von heute genug. Die kleinen, zurückgebliebenen Kulturen, die völlig im Bann ihrer schweren Belastung mit Tabus und uralten Bräuchen stehen, liefern Beispiele für den ersten Fall. Und gleiche Kulturen werden von dem Augenblick an, in dem sie, von fortgeschrittenen Kulturen bekehrt, »Unterstützung« durch Entwicklungshilfe erhalten, geradezu rapide zu Beispielen für den zweiten Fall. Die plötzliche Überdosis an gesellschaftlich Allerneuestem und an Gier nach dem Erproben des Allerletzten schwemmt die stabilisierenden Kräfte des Nachahmens altbewährter Überlieferungen beiseite und läßt die Waage viel zu weit ausschlagen. Das Ergebnis heißt soziale Unruhe und kultureller Verfall. Glücklich die Gesellschaft, die sich des fortschreitend gewonnenen und erhaltenen Gleichgewichts zwischen Nachahmung und Neugier, zwischen sklavisch gedankenlosem Kopieren und progressiv vernünftigen Experimentieren erfreuen kann.

4 Neugier

Bei allen Säugetieren findet sich ein starker explorativer Drang – doch ist dieser Erkundungs-Trieb bei manchen wichtiger als bei anderen. Das hängt weitgehend davon ab, welchen mehr oder weniger hohen Grad von Spezialisierung die Art im Zuge ihrer stammesgeschichtlichen Entwicklung erreicht hat. Ist dabei alle Mühe auf die Ausbildung eines ganz besonderen Tricks, zu überleben und die Art zu erhalten, verwendet worden, dann braucht ein solches Tier sich nicht sonderlich um all die Vielfältigkeit seiner Umwelt zu bekümmern. Solange ein Ameisenbär seine Ameisen, der Koala seine Eukalyptusblätter hat, sind beide zufrieden ihres bequemen Lebens. Die Nichtspezialisierten hingegen – die Opportunisten der Tierwelt – können sich solche Gemütlichkeit nicht leisten. Nie sicher, wo und wie sie zu ihrer nächsten Mahlzeit kommen, müssen sie jeden Schlupfwinkel kennen, jede Möglichkeit durchprobieren und jederzeit scharf nach einer günstigen Gelegenheit Ausschau halten. Sie müssen ihre Umwelt erkunden und ständig auf Neues aus sein, müssen suchen und versuchen, müssen neu-gierig sein und bleiben. Eine konstant große Neugier ist für sie lebensnotwendig.

Das gilt nicht nur für den Nahrungserwerb: Die Selbstverteidigung stellt die gleichen hohen Anforderungen. Igel, Stachelschweine und Skunks können getrost mit voller Lautstärke herumraschen und herumschnüffeln, ohne groß von Feinden Kenntnis nehmen zu müssen. Ein Säugetier ohne Stachelwehr und Stinkdrüsen aber muß immer auf dem Sprung sein, muß jedes Anzeichen von Gefahr und jeden Fluchtweg wissen. Will es überleben, muß es sein Revier bis in die kleinste Kleinigkeit kennen.

So betrachtet, scheint recht wenig Hoffnung auf Erfolg zu bestehen, wenn man sich nicht spezialisiert. Warum also gibt es überhaupt opportunistische Nichtspezialisten unter den Säugetieren? Die Antwort: Weil auch die Lebensweise des Spezialisten ihre Tücken hat. Alles geht so lange gut, als der spezielle Kniff, das Leben zu meistern, funktioniert. Kommt es aber in der Umwelt zu größeren Veränderungen, kann der Spezialist sehr leicht Schiffbruch erleiden. Falls das Tier sich so weit ins Extrem entwickelt hat, daß es alle Konkurrenten überholen konnte, müßten nun in seinem Erbgefüge wesentliche Änderungen vor sich gehen; doch gelingt das nicht schnell genug, wenn die Katastrophe einmal da ist: Würden heute die Eukalyptuswälder verschwinden, wäre auch für den Koala das Ende gekommen. Und wenn sich ein Raubtier entwickeln würde mit einem Gebiß so stahlhart, daß es die Stacheln des Stachelschweins kauen könnte, müßte der bisher so gut geschützte Nager zu leichter Beute werden, und seine Tage wären gezählt. Anders der Opportunist: Sein Leben mag schwer genug sein – schnellen Veränderungen in seiner Umwelt wird er sich schnell anpassen. Nimmt man einer Schleichkatze die Ratten und Mäuse, wird sie auf Eier und Schnecken umschalten. Nimmt man einem Affen seine Früchte und Nüsse, stellt er sich auf Wurzeln und Schößlinge ein.

Von allen Nichtspezialisten sind vielleicht die Tieraffen und Menschenaffen die größten Opportunisten: Die ganze Gruppe hat sich spezialisiert auf das Nichtspezialisiertsein. Und von allen Tier- und Menschenaffen ist wiederum der nackte Affe der allergrößte Opportunist. Genau das ist nämlich ein weiterer Aspekt seiner Entwicklung durch Neotenie. Alle jungen Affen sind neugierig, aber die Stärke ihrer Neugier schwindet, je älter sie werden. Bei uns jedoch ist diese kindliche Neugier nicht nur verstärkt, sondern bleibt auch bis in die Jahre der Reife sehr stark erhalten. Wir hören nie mit Suchen, Versuchen, Untersuchen, Forschen, Erforschen, Durchforschen, Entdecken und Erfinden, Prüfen und Überprüfen auf. Unsere Neugier ist unersättlich. Jede Antwort, die wir auf eine Frage gefunden haben, läßt sofort eine neue Frage entstehen. Und das ist der beste Trick, den unsere Art gefunden hat, um zu bestehen.

Die Tendenz, sich zu allem Neuen hingezogen zu fühlen, nennt man Neophilie (Liebe zum Neuen – und das ist dasselbe wie Neu-gier!) im Gegensatz zu Neophobie (Furcht vor Neuem). Nun birgt alles Unbekannte möglicherweise eine Gefahr. Man muß sich ihm mit Vorsicht nähern. Vielleicht sollte man ihm aus dem Wege gehen? Gehen wir ihm aber aus dem Wege – wie können wir etwas von ihm wissen? Diese Neophilie treibt uns, sie hält uns interessiert so lange, bis das Unbekannte bekannt geworden ist, bis aus Vertrautsein Nichtbeachtung und Geringschätzung wird und bis wir im Zuge dieses Vorgangs genug nützliche Erfahrung gesammelt haben, die abgerufen werden kann, wenn es später einmal notwendig wird. Das Kind tut so etwas ständig; sein Drang dazu ist sogar derart stark, daß die Eltern ihn einschränken müssen. Und die Eltern mögen zwar die kindliche Neophilie mit Erfolg leiten und lenken können – zu unterdrücken vermögen sie

diese Neugier nie. Werden die Kinder größer, dann erreicht ihr Forscherdrang manchmal alarmierende Ausmaße; entsetzte Erwachsene schimpfen dann: »Eine Horde Lümmels hat sich aufgeführt wie wilde Tiere.« Doch ist genau das Umgekehrte der Fall. Wenn sich nämlich die Erwachsenen einmal die Mühe machen und sich darüber unterrichten wollten, wie sich wilde Tiere wirklich aufführen, würden sie feststellen, daß sie selbst die wilden Tiere sind – solche nämlich, die versuchen, dem Entdeckerdrang Grenzen zu setzen und die Neophilie zugunsten der dumpfen Gemütlichkeit eines menschenunwürdigen Festhaltens am Althergebrachten verraten und verkaufen. Zum Glück für unsere Art gibt es stets genug Erwachsene, die sich ihre kindliche Neugier und ihren jugendlichen Forscherdrang erhalten – sie sind es, die den Völkern zu Fortschritt und Wohlstand verhelfen.
Sieht man jungen Schimpansen beim Spiel zu, staunt man immer wieder darüber, wie sehr ihr Verhalten dem unserer eigenen Kinder ähnelt. Schimpansenkinder und unsere Kinder sind gleichermaßen begeistert von neuem Spielzeug. Sie fallen begierig darüber her, heben es hoch, lassen es fallen, schlagen darauf und nehmen es auseinander. Schimpansenkinder und unsere Kinder erfinden einfache Spiele. Das Interesse eines Schimpansenkindes ist ebenso groß wie unser eigenes, und während seiner ersten Lebensjahre kann es vieles genausogut wie wir, eher sogar besser, weil seine Muskulatur sich schneller entwickelt. Nach einer Weile jedoch hört das auf. Das Schimpansengehirn ist nicht fein genug gebaut, es reicht nicht dazu, das so gut Begonnene weiter auszubauen. Das Konzentrationsvermögen ist zu schwach und nimmt nicht mit dem Körperwachstum zu. Vor allem fehlt dem Schimpansenkind die Fähigkeit, sich mit seinen Eltern im Detail über das zu verständigen, was diesen an Neuem einfällt.
Um den Unterschied ganz klarzustellen, sollten wir ein überzeugendes Beispiel nehmen. Das Bildermalen, das graphische Entdecken und Erfinden, bietet sich dafür an. Denn als Verhaltensweise ist es seit Jahrtausenden für unsere Art entscheidend wichtig, wie die Höhlenkunst von Altamira und Lascaux beweist.
Gibt man jungen Schimpansen die Gelegenheit und das geeignete Material, machen sie sich genau wie wir voller Eifer daran, die Möglichkeiten des Anbringens visueller Zeichen auf einem leeren Blatt Papier zu erproben. Das Erwachen des Interesses hängt etwas zusammen mit dem Prinzip des Suchens und Findens oder besser von Suchen und Finderlohn: Der Lohn des Untersuchens

ist um so größer, je mehr man mit möglichst wenig Energie erreicht. Das Wirken dieses Prinzips läßt sich übrigens bei allen Arten von Spielen immer wieder feststellen: Ein erheblicher Aufwand an übertriebenem Eifer wird in die Handlungen investiert, aber gerade dies bringt dann ja auch eine ganz unerwartet hohe Rückwirkung, und sie ist es, die am meisten befriedigt. Man könnte dieses beim Spielen waltende Prinzip das der »vergrößerten Belohnung« nennen: Schimpansenkinder und unsere Kinder lieben alles, was Krach macht – und sie lieben am meisten das, womit sich der größte Effekt bei geringstem Aufwand erreichen läßt. Bälle, die sehr hoch springen, wenn man sie nur einfach fallen läßt; Ballons, die durch den Raum davonschießen, wenn man sie bloß antippt; feuchter Sand, der sich mit dem leisesten Druck formen läßt; Spielzeug mit Rädern, das beim schwächsten Anstoßen weit dahinrollt – all das sind Dinge mit maximalem Anreiz zum Spielen.

Bekommt ein Kind zum erstenmal Bleistift und Papier, so ist die Situation für das Kind nicht eben vielversprechend. Das beste, was es tun kann, ist, mit dem Bleistift auf dem Blatt herumzuklopfen. Das aber beschert ihm eine überraschende und zudem höchst vergnügliche Entdeckung: Beim Klopfen entsteht nicht nur ein Geräusch, sondern auch etwas Sichtbares! Irgend etwas am Ende des Bleistiftes hinterläßt ein Zeichen auf dem Papier. Und schon wird ein Strich gezogen.

Es ist faszinierend, diesen ersten Moment graphischen Entdeckens bei einem Schimpansenkind oder einem Kind unserer Art miterleben. Es starrt auf den Strich, höchst beeindruckt von der unerwarteten visuellen Belohnung, die ihm sein Handeln da eingebracht hat. Nachdem es das Ergebnis einen Augenblick lang betrachtet hat, wird der Versuch wiederholt. Und schon folgt ein weiterer, und noch einer, immer wieder. Bald ist das Blatt mit Gekritzel bedeckt. Mit der Zeit wird das Malen energischer und läßt zugleich Fortschritte erkennen. Auf einzelne Striche, noch zaghaft einer nach dem andern aufs Papier gebracht, folgt ein vielfaches Kritzeln hin und her. Wenn das Kind die Wahl hat, nimmt es lieber Buntstifte, Kreide und Pastellstifte als Bleistifte, denn sie geben eine kräftigere Wirkung und lassen einen noch größeren visuellen Effekt entstehen, wenn sie über das Papier gleiten.

Das erste Interesse an dieser Beschäftigung stellt sich im Alter von etwa anderthalb Jahren ein, und zwar gleichermaßen beim

Schimpansenkind wie bei dem unserer Art. Aber erst nach dem zweiten Geburtstag bekommt das herzhaft kecke, vielgestaltige Kritzeln wirklich Schwung. Im Alter von durchschnittlich drei Jahren geht das Kind zu einer neuen Phase über: Es beginnt sein konfuses Gekritzel zu vereinfachen, versucht es mit Kreuzen, dann mit Kreisen, Rechtecken, Quadraten, Dreiecken; Schlängellinien werden gezogen, bis sie sich treffen und so einen Raum einschließen: Ein Strich wird zum Umriß.

Während der folgenden Monate werden diese einfachen Gestalten miteinander kombiniert, so daß erste abstrakte Muster entstehen: Ein Kreis wird durch ein Kreuz aufgeteilt, die Ecken eines Rechteckes werden mit diagonalen Linien verbunden. Damit ist jene wichtige Phase erreicht, die den allerersten bildlichen Darstellungen vorangeht. Beim Kind unserer Art erfolgt dieser große Durchbruch in der zweiten Hälfte des dritten Lebensjahres oder zu Beginn des vierten; das Schimpansenkind jedoch gelangt nie an diesen Punkt. Es schafft Formen, die an Fächer erinnern, Kreuze und kreisähnlich gekrümmte Linien, vielleicht auch einen Kreis mit einem Zeichen darin, und damit ist es aus. Was dabei besonders bedrückend ist: Das Motiv des »betonten« Kreises geht der vom Kind unserer Art gezeichneten frühesten bildlichen Darstellung unmittelbar voraus. Das Kind setzt ein paar Striche und Punkte in den Kreis, und schon blickt, wie durch Zauberei, ein Gesicht das malende Kind an. Ein Blitz des Erkennens zuckt auf. Die Phase des abstrakten Experimentierens, des Erfindens von Mustern, ist vorüber. Jetzt gilt es, ein neues Ziel zu erreichen: das Ziel der perfekten Ab-bildung. Weitere Gesichter werden gezeichnet, bessere Gesichter, bei denen Augen und Mund an der richtigen Stelle sitzen. Weiteres kommt hinzu: Haar, Ohren, eine Nase, Arme und Beine. Neue Bilder entstehen, von Blumen, Häusern, Tieren, Schiffen, Autos. All das vermag das Schimpansenkind anscheinend nie und nimmer. Hat es seinen Höhepunkt erreicht – den Kreis mit der markierten Kreisfläche –, so wächst es zwar körperlich weiter, aber sein Können wächst nicht mit. Vielleicht findet man eines Tages doch noch ein Schimpansengenie, das es weiter bringt als seine Artgenossen. Aber das ist höchst unwahrscheinlich.

Vor dem Kind unserer Art liegt nun die darstellerische Phase der graphischen Erkundung seiner Welt; sie ist zwar das große Feld der Entdeckungen, doch machen sich auch die älteren Einflüsse aus der Zeit der abstrakten Muster bemerkbar, besonders im Alter

zwischen fünf und acht. In dieser Zeit entstehen Bilder, die besonders anziehend sind, denn sie beruhen auf der soliden Grundlage der abstrakten Phase: Die darstellenden Bilder sind immer noch sehr einfach und wenig differenziert, verbinden sich aber recht reizvoll mit den wohlvertrauten und sicher hingesetzten Anordnungen von abstrakten Formen und Mustern.
Zu beobachten, wie aus dem Punkt-Punkt-Strich-Gesicht das sorgfältig gezeichnete, vollständige Porträt wird, ist hochinteressant. Der Entdeckung, daß ein Kreis, zwei Punkte und ein oder zwei Striche ein Gesicht darstellen, folgt nicht etwa sozusagen über Nacht die Vervollkommnung. Sie wird zwar deutlich zum begehrten Ziel, doch braucht es seine Zeit, das Ziel zu erreichen – mehr als ein Jahrzehnt. Es fängt damit an, daß die Hauptzüge »ordentlicher« gezeichnet werden – die Augen nicht mehr als Punkte, sondern als Kreise, eine kräftige horizontale Linie für den Mund, zwei Punkte oder ein kleiner Kreis inmitten des großen für die Nase. Haare erscheinen am Außenrand des Kreises. Und dann kann es für eine Weile eine Pause geben. Das Gesicht ist nun einmal der wichtigste, eindrucksvollste Teil der Mutter, zumindest vom Visuellen her. Nach einer Weile aber geht es weiter voran: Indem einfach ein paar Haare länger gezeichnet werden als die anderen, strecken sich nun vom Gesicht Arme und Beine aus, und an ihnen können Finger und Zehen wachsen. Aber auch jetzt beruht dieses Bild noch immer auf dem Kreis aus der Zeit vor der darstellenden Phase. Er ist eben altvertraut und hält sich lange – erst war er zum Gesicht geworden, nun ist er Gesicht und Körper zugleich. In dieser Phase ist das Kind anscheinend nicht im geringsten bekümmert, wenn auf seiner Zeichnung die Arme am Kopf wachsen. Für immer allerdings kann der Kreis seine beherrschende Stellung nicht behalten. Er muß sich teilen wie eine Zelle, wird nach unten eine zweite knospen lassen. Irgendwo an diesen Doppelkreis müssen die beiden Striche für die Arme ansetzen, und zwar höher als die für die Beine. So oder so entsteht jedenfalls ein Körper; noch freilich recken sich die Arme, lang und dünn, an den Seiten des Kopfes. Und so bleibt es auch für einige Zeit, bis sie schließlich in eine richtigere Lage gebracht werden und nun oben am Körper sitzen.
Langsam, einen Schritt um den andern, geht es in diesem faszinierenden Geschehen voran, genauso unermüdlich, wie das Kind seine große Entdeckungsreise immer weiter ausdehnt. Allmählich werden mehr und mehr Formen und Kombinationen ausprobiert,

mannigfaltigere Bilder, mehr Farben und Farbzusammenstellungen, wechselnder Aufbau. Und schließlich ist das Ziel der genauen Darstellung erreicht: Getreue Abbilder der Außenwelt werden eingefangen und auf dem Papier festgehalten. In diesem Stadium aber gelangt die ursprüngliche explorative Wesensart des Handelns unter den Einfluß der dringlichen Anforderungen bildlicher Verständigung. Das frühe Malen des Schimpansenkindes und des Kindes unserer Art hatte nichts zu tun gehabt mit Kommunikation gleich welcher Art – es war ein Akt des Entdeckens, des Erfindens, des Prüfens der Möglichkeiten graphischer Ausdrucksvielfalt. Es war das, was man in der modernen Kunst »action-painting« nennt, handelndes Malen, und kein Signalisieren. Es bedurfte keiner Antwort, keiner Reaktion, keiner Belohnung – es trug den Lohn in sich selbst, war Spiel um des Spiels willen. Dann aber mußte es, wie so vieles am kindlichen Spiel, einmünden und aufgehen in ganz anders geartete Vorhaben der Großen. Denn nun meldet sich die soziale Kommunikation mit dem Angebot, das Malen und Zeichnen für ihre Zwecke zu übernehmen, und damit geht die ursprüngliche Erfindungsgabe, die Phantasie, verloren – mit dem begeisternden Malen aus Vergnügen und zum reinen Vergnügen ist es vorbei. Lediglich in Kritzeleien lassen die meisten Erwachsenen es dann und wann noch einmal auftauchen (was nicht heißen soll, daß sie überhaupt phantasievoll geworden seien; ihre Erfindungsgabe hat sich vielmehr auf komplexe Gebiete verlagert, auf die der Technologie und Technik).

Zum Glück für die explorative Kunst des Malens und Zeichnens sind sehr viel leistungsfähigere technische Methoden des Herstellens von Bildern der Umwelt entstanden: Die Fotografie und ihre Abkömmlinge haben das gegenständliche, der Information dienende gemalte und gezeichnete Bild überflüssig werden lassen. Die Kunst der Erwachsenen braucht nun nicht mehr getreue, »zuverlässige« Bilder zu liefern – und damit sind die schweren Ketten zerbrochen, die sie so lange und so schwer belastet hatten. Malend kann man nun wieder auf Entdeckungen ausgehen, und zwar in der ausgereiften Form, wie die Erwachsenen sie üben. Dies aber ist – es braucht kaum darauf hingewiesen zu werden – genau das, was heute geschieht.

Dieses Sonderbeispiel explorativen Verhaltens habe ich deshalb gewählt, weil es sehr deutlich die Unterschiede zwischen uns und unseren nächsten heute noch lebenden Verwandten, den Schimpansen, aufzeigt. Ähnliche Vergleiche könnte man auf anderen

Gebieten anstellen. Ein oder zwei bedürfen kurzer Behandlung. Die Erkundung der Welt des Schalls ist bei beiden Arten festzustellen: Erfindungen auf dem Gebiet der Lautäußerungen fehlen, wie bereits erwähnt, dem Schimpansen aus irgendeinem Grunde; wohl aber spielt in seinem Leben das »Trommelschlagen« eine wichtige Rolle. Junge Schimpansen erproben immer wieder die Geräuscheffekte des Schlagens, des Stampfens mit den Füßen und des Klatschens mit den Händen. Beim erwachsenen Schimpansen entwickelt sich dieser Hang zu ausgedehnten sozialen Trommelveranstaltungen. Ein Tier nach dem andern reißt stampfend und schreiend einen Ast ab und schlägt damit auf Baumstümpfe oder hohle Stämme. Solche gemeinsamen Trommeleien können eine halbe Stunde und länger dauern. Was sie wirklich bedeuten, wissen wir nicht; auf jeden Fall aber bewirken sie bei den Angehörigen der Gruppe eine wechselseitige Erregung. Auch bei unserer Art ist das Trommeln die am weitesten verbreitete Form musikalischen Ausdrucks. Wie beim Schimpansenkind beginnt es früh: Auch unsere Kinder erproben schlagend und klopfend die »Trommelwerte« der Dinge in ihrer Umwelt in nahezu gleicher Weise. Während aber die alten Schimpansen nicht mehr zu leisten vermögen als ein simples rhythmisches Getrommel, vervollkommnen wir das Trommeln zu vielfachen Rhythmen in wechselndem Takt und mit wirbelndem Rasseln. Und dazu kommen noch all die Geräusche und Töne, die wir durch Blasen in hohle Gegenstände und durch Zupfen oder Kratzen an metallischen Gebilden erzeugen. Die Schreie und u-u-u-Laute des Schimpansen sind bei uns zum kunstvollen Gesang geworden. Die so unendlich viel reichere Musik, wie sie sich bei uns herausgebildet hat, scheint allerdings bei einfacheren sozialen Gruppen noch weithin die gleiche Rolle zu spielen wie die Trommeleien der Schimpansen, nämlich die, innerhalb der Gruppe wechselseitige Erregung zu wecken und zu steigern. Im Gegensatz zum Malen wurde das Musizieren jedoch nicht in größerem Umfang dazu bestimmt, mehr oder weniger genaue und ins einzelne gehende Informationen zu übermitteln. Das in manchen Kulturen übliche Senden von Nachrichten durch Folgen von Trommelschlägen ist eine Ausnahme von dieser Regel; im großen und ganzen dient die Musik dazu, Stimmungen zu wecken und – man verzeihe das Wort, aber in diesem Zusammenhang stimmt es – gleichzuschalten. Dennoch bekam ihr explorativer, schöpferischer Gehalt mehr und mehr Gewicht, und frei von jeder Verpflichtung, »gegenständlich« zu sein, wurde sie ein weites Feld abstrakten ästhetischen Experimentierens. (Die Malerei hat sich, infolge ihrer früheren Aufgaben bei der Übermittlung von Informationen, erst in jüngster Zeit auf diesem Feld betätigen können.)

Das Tanzen hat weithin den gleichen Weg eingeschlagen wie Musik und Gesang: Zu den Trommelritualen der Schimpansen gehören auch schwingende und hüpfende Bewegungen, und nicht anders ist es bei den musikalischen Darbietungen unserer eigenen Art, die dem Wecken von Stimmungen dienen. Von dort aus hat sich der Tanz dann, wie die Musik, zu ästhetisch hoher Vollkommenheit entwickelt.

Von der Wurzel her nahe dem Tanz verwandt ist die Gymnastik. Rhythmische körperliche Betätigungen sind beim Spiel von Schimpansenkindern und solchen unserer Art allgemein üblich. Sie werden schnell stilisiert, behalten jedoch innerhalb der Ordnungen, zu denen sie sich fügen, als wesentliches Element das der Variabilität. Während aber die körperlichen Betätigungsspiele der Schimpansen nicht wachsen und reifen, sondern schwächer und schwächer werden, erkunden und erproben wir, neu-gierig wie wir sind, sie bis ins Erwachsenenalter und bis zur letzten Vollendung in vielerlei Leibesübungen und Sportarten. Auch sie sind wichtig als Mittel zum Erreichen von Überein-stimmung in kleineren und größeren Gemeinschaften, wichtiger aber noch dazu, uns das Erproben unserer körperlichen Fähigkeiten zu erhalten und zu erweitern.

Das Schreiben, ein formalisiertes Nebenprodukt des Bildermachens, und die in Wörter gefaßte Verständigung mit Hilfe der Stimme sind die hauptsächlichen, eminent wichtigen Mittel zur Weitergabe und zum Festhalten von Information geworden, dienen aber auch in größtem Umfang als Werkzeuge ästhetischen Erkundens und Entdeckens. Die unglaubliche Verfeinerung des Grunzens und Quiekens unserer Ahnen zur hochvollkommenen Symbolsprache versetzt uns in die Lage, nicht nur Schwierigstes in Worten auszudrücken, sondern auch im Kopf mit unseren Gedanken zu »spielen« und unsere (zunächst nur der Information dienenden) Wortfolgen umzuformen zu ganz neuen Spielzeugen für ganz neue ästhetische Experimente.

So können wir auf all diesen Gebieten – in Malerei, Graphik und Bildhauerei, in Musik, Gesang und Tanz, in Leibesübungen, Sport und Spiel, in Schreiben und Sprechen – nach Herzenslust und das ganze Leben lang unserer Neu-gier frönen, können uns in den

verschiedensten und spezialisiertesten Formen des Erkundens, Erprobens, Versuchens, Entdeckens betätigen. Und durch sorgfältiges Üben können wir, ob als selbst Handelnde, ob als Zuschauer, unsere Empfänglichkeit für die unendlich großen Möglichkeiten steigern, die all dieses Tun und Treiben zu bieten hat. Lassen wir einmal die sekundären Funktionen dieser Betätigungen (Geld verdienen, Sozialstatus erringen und so weiter) beiseite, so erkennen wir, daß sie sich, biologisch gesehen, alle erweisen entweder als Ausdehnung kindlichen Spielverhaltens ins Erwachsenenalter oder als Überlagerung von Informations- und Kommunikations-Systemen Erwachsener in Form von »Spielregeln«.
Diese Regeln können wie folgt formuliert werden:
1) Du sollst das Unbekannte so lange untersuchen, bis es bekannt geworden ist; 2) Du sollst das Bekannte rhythmisch wiederholen; 3) Du sollst diese Wiederholung soviel wie möglich variieren; 4) Du sollst das, was dir von diesen Wiederholungen am meisten Befriedigung verschafft, auswählen und es auf Kosten der anderen fortentwickeln; 5) Du sollst diese Variationen immer und immer wieder miteinander kombinieren; 6) Du sollst all das um seiner selbst willen tun.
Diese Prinzipien gelten gleichermaßen vom einen Ende der Skala bis zum anderen, vom kindlichen Spiel im Sand bis zum Komponieren einer Symphonie.
Die letzte Regel, die sechste, ist besonders wichtig. Das explorative Verhalten spielt nämlich eine Rolle auch in allen für das Überleben elementar wichtigen Verhaltensweisen des Nahrungserwerbs, des Kämpfens, der Paarbildung und des Ausruhens. Dort aber ist es eingeengt durch die frühen Appetenzphasen der entsprechenden Handlungsfolgen und verschränkt mit deren speziellen Anforderungen. Bei vielen Tierarten gibt es überhaupt nichts anderes; Erkunden um des Erkundens willen kennen sie nicht. Bei den höheren Säugetieren jedoch und in höchstem Maße bei uns hat sich das explorative Verhalten emanzipiert, ist zu einem gesonderten, eigenständigen Antrieb geworden – mit der Funktion, uns eine so genaue und so vielseitige Kenntnis unserer Umwelt und unserer eigenen Fähigkeiten und Möglichkeiten in ihr zu verschaffen wie nur möglich. Und diese Kenntnis ist vergrößert nicht hinsichtlich der speziellen für das Überleben wesentlichen Anforderungen, sondern ganz generell: Was immer wir so uns angeeignet haben, können wir überall anwenden, in jedem Zusammenhang und bei jeder an uns gestellten Anforderung.

Die Herkunft und die Entwicklung von Wissenschaft und Technik habe ich hier deshalb nicht erörtert, weil beides bei beiden eng zusammenhängt mit spezifischen Verbesserungen der Methoden beim Erfüllen von elementaren, die Erhaltung der Art sichernden Anforderungen wie Kämpfen (Erfinden von Waffen), Nahrungsaufnahme (Ackerbau und Viehzucht), Nestbau (Architektur) und Erhaltung der Gesundheit (Medizin). Sehr interessant ist jedoch, daß im Laufe der Zeit und mit zunehmender Verzahnung der technischen Verfahren ineinander der reine Erkundungsdrang des explorativen Verhaltens auch in das Gebiet der Wissenschaft eingedrungen ist: Beim wissenschaftlichen Forschen – da haben wir wieder das Wort Forschen für Suchen, Untersuchen, Versuchen, und das englische Wort research ist genauso aufschlußreich, denn es bedeutet eigentlich die Nachsuche, das Aufspüren des Wildes bei der Jagd (und für Jagdwild und Spiel hat zu alledem das Englische das gleiche Wort game)! – beim Forschen also gelten weithin die gleichen Spielregeln, von denen die Rede war. In der »reinen« Wissenschaft bedient sich der Forscher seiner Phantasie in genau der gleichen Weise wie der Künstler: Er sagt lieber, ein Experiment sei »schön« gewesen, als daß er von einem »nutzbringenden« Experiment spricht. Und wie dem Künstler geht es auch ihm um das Erforschen um des Erforschens willen. Sind die Ergebnisse seiner Arbeit hinsichtlich dieser oder jener für das Überleben wesentlichen Aufgaben von Nutzen – um so besser. Aber dieser Nutzen steht erst an zweiter Stelle.

Bei allem explorativem Verhalten, ob auf künstlerischem oder auf wissenschaftlichem Gebiet, besteht ein ewiger Kampf zwischen den Triebzwängen von Neophilie und Neophobie. Die Neophilie treibt uns zu immer neuen Versuchen, sie macht uns neu-gierig. Die Neophobie hält uns zurück, veranlaßt uns zum Bleiben beim Altvertrauten. Und so verschiebt sich bei uns ständig das Gleichgewicht zwischen der Anziehungskraft des erregend neuen Reizes dort und der des guten alten hier. Verlieren wir unsere Neophilie, so verfallen wir in Stagnation. Gehen wir unserer Neophobie verlustig, so stürzen wir kopfüber in die Katastrophe. Diese Konfliktsituation ist nicht nur verantwortlich für die ins Auge fallenden Schwankungen in der Mode, bei Haartracht und Kleidung, Möbeln und Autos; sie bildet tatsächlich auch die Grundlage für unseren gesamten kulturellen Fortschritt. Wir erkunden und probieren, und wir ziehen uns zurück und schränken uns ein, wir untersuchen, und wir versuchen ins Gleichgewicht zu kommen.

Schritt für Schritt erweitern wir solchermaßen unsere Kenntnis, unser Verständnis unser selbst und der so vielgestaltigen Welt, in der wir leben.

Bevor wir dieses Thema verlassen, ist noch ein letzter, besonderer Aspekt des explorativen Verhaltens zu erörtern. Und zwar handelt es sich um eine kritische Phase während der Kindheit. Solange das Kind noch sehr klein ist, bleibt sein soziales Spielen in erster Linie auf die Eltern gerichtet. Mit dem Älterwerden ändert sich das: Jetzt verschiebt sich der Akzent auf das Spiel mit anderen Kindern gleichen Alters; das Kind gehört nun zu einer »Spielgruppe«. Und damit ist ein kritischer Punkt in seiner Entwicklung erreicht. Denn dadurch, daß bei dieser Begegnung mit Gleichaltrigen das Explorative ganz wesentlich beteiligt ist, hat sie weit in das spätere Leben reichende Auswirkungen. Das gilt selbstverständlich für alle Formen des Erkundens und Entdeckens in diesem zarten Alter: Wer als Kind die Musik oder das Malen nicht für sich entdeckt hat, wird als Erwachsener den Zugang zu diesen Künsten nur schwer finden. Die Begegnung von Person zu Person im Spiel jedoch birgt sehr viel mehr Schwierigkeiten in sich. Die erste Begegnung etwa mit der Musik hat für einen Erwachsenen, der in seiner Kindheit auf diesem Gebiet nichts kennengelernt hat, zwar ihre Schwierigkeiten, doch ist es ihm nicht unmöglich, erst jetzt die Musik zu entdecken. Ein Mensch aber, der als Kind sorgsam gegen alle sozialen Kontakte innerhalb einer Spielgruppe abgeschirmt gewesen ist, wird als Erwachsener erleben müssen, wie schwer gehemmt er in den sozialen Wechselbeziehungen zu seinen Mitmenschen ist. Experimente mit jungen Affen, die von anderen Jungtieren getrennt aufgezogen wurden, haben sehr deutlich gezeigt, daß die Isolierung während der Kindheit nicht nur introvertierte, auf sich selbst zurückgezogene Erwachsene entstehen läßt, sondern daß solche Individuen auch jede Sexualität ablehnen und kein Elternverhalten zeigen. Wurden einzeln gehaltene Jungaffen, wenn sie etwas älter geworden waren, in Spielgruppen von normal aufgewachsenen Affen gebracht, so versagten sie völlig. Obwohl körperlich gesund und in der Einzelhaltung auch gut herangewachsen, konnten sie sich in das Getümmel und Getobe ihrer rüpelhaften Art- und Altersgenossen überhaupt nicht hineinfinden, sondern hockten still und stumm in einer Ecke des Spielgeheges, den Körper meist fest von den Armen umschlungen oder mit verdecktem Gesicht. In der Reife zeigten sie, trotz ihres körperlich noch immer guten Zustandes, keinerlei

Interesse für das andere Geschlecht. Zwang man sie zur Paarung, so brachten die Weibchen zwar ihren Nachwuchs normal zur Welt, behandelten dann aber ihre Kinder so, als seien sie lästiges Ungeziefer, das sich an ihren Körper klammert: Sie griffen sie an, rissen sie weg, trieben sie fort, nahmen von ihnen keinerlei Notiz oder brachten sie gar um.

Ähnliche Versuche mit jungen Schimpansen führten zu dem Ergebnis, daß sich bei dieser Art bei besonderer Betreuung und durch sorgsame, geduldige Eingliederung in die Gruppe die Schäden im Verhalten bis zu einem gewissen Umfang ausgleichen ließen; dennoch können die Gefahren der Isolierung gar nicht hoch genug eingeschätzt werden. Bei unserer Art werden Kinder, die von ängstlichen Eltern allzu behütet werden, dafür stets in ihren sozialen Kontakten als Erwachsene büßen müssen. Das gilt ganz besonders für Einzelkinder, bei denen das Fehlen von Geschwistern schon von Anfang an einen schweren Nachteil bedeutet. Falls sie den Prozeß der Sozialisation, ihrer Einfügung in die Gruppe und die Gesellschaft, nicht in den Keilereien jugendlicher Spielgruppen erleben, werden sie für den Rest ihres Lebens scheu und introvertiert bleiben, die sexuelle Paarbindung wird für sie schwierig, wenn nicht unmöglich sein, und falls sie doch noch Eltern werden sollten, sind sie sicherlich schlechte Eltern.

Aus alledem geht hervor, daß beim Aufziehen des Nachwuchses zwei Phasen zu unterscheiden sind, eine frühe, nach innen gerichtete, und eine spätere, die nach außen gewendet ist. Beide sind sie gleich lebenswichtig – wie wichtig, läßt sich zu einem guten Teil aus dem Verhalten der Affen lernen. In der ersten Phase erlebt das Kind Liebe, Belohnung und Schutz. So erfährt es Sicherheit. In der zweiten wird es aufgemuntert, mehr und mehr seine eigenen Wege zu gehen und soziale Kontakte mit anderen Kindern aufzunehmen. Die Mutter gibt sich deshalb nun weniger liebevoll und beschränkt ihren Schutz auf Fälle ernster Gefährdung und bei Alarm wegen Bedrohung der Affenkolonie durch Feinde von außen. Klammert sich aber der heranwachsende Sprößling an Mutters Schürzenzipfel auch dann, wenn rundum nichts Bedrohliches sich zeigt, dann kann es vorkommen, daß sie ihn straft. So lernt das Kind seine zunehmende Selbständigkeit erfahren und wird sich in zunehmendem Maße mit ihr und in ihr zurechtfinden.

Grundsätzlich sollte die Situation beim Nachwuchs unserer Art nicht anders sein. Verhalten sich die Eltern bei einer dieser beiden so wichtigen Phasen falsch, dann wird das Kind in seinem späteren

Leben erhebliche Unannehmlichkeiten haben: Wenn das Kind die erste Phase mit ihrer Sicherheit nicht erlebt, in der zweiten Phase des Unabhängigwerdens jedoch sich durchzusetzen versteht, wird es mit Leichtigkeit in der Lage sein, neue soziale Kontakte zu finden, wird sich aber als unfähig erweisen, sie über längere Zeit und wirklich eng einzugehen. Hat sich hingegen das Kind in der ersten Phase großer Sicherheit erfreuen können, ist es dann später aber allzusehr behütet worden, so kann auch das nicht gutgehen; dem Erwachsenen, der eine solche Jugend hinter sich hat, wird es unendlich schwerfallen, Kontakt zu finden, und so sucht er verzweifelt Halt bei Älteren.

Wenn wir uns Fälle äußerster sozialer Abgeschlossenheit anschauen, so werden wir bei ihnen Anzeichen für ein antiexploratives Verhalten in denkbar extremer und charakteristischer Form finden. Völlig auf sich zurückgezogene Individuen mögen sich sozial noch so abkapseln und untätig sein – von einer physischen Inaktivität kann deshalb bei ihnen noch lange nicht die Rede sein. Im Gegenteil: Sie werden von zwanghaften Handlungen beherrscht, die ständig wiederholt werden – von stereotypen Zwangshandlungen. Stunde um Stunde bewegen sie den Körper wiegend oder schaukelnd, nicken sie mit dem Kopf oder schütteln ihn, ziehen und zupfen an sich herum, fassen sich an und lassen sich los. Sie können am Daumen oder sonstwo saugen, sich zwicken und drücken, immer wieder absonderliche Gesichter schneiden oder kleinere Gegenstände rhythmisch rollen oder mit ihnen unentwegt klopfen. Gewiß – wir alle haben gelegentlich den einen oder anderen »Tick« solcher Art; bei den Abgekapselten, Introvertierten aber wird so etwas zur Hauptbeschäftigung. Was dem zugrunde liegt? Diesen Individuen ist die Umwelt so bedrohlich, für sie sind die sozialen Kontakte so bis zur Unmöglichkeit furchterregend, daß sie Erleichterung, Wohlbefinden und das Gefühl der Sicherheit nur finden, indem sie ihr Verhalten sozusagen übervertraut werden lassen: Durch rhythmisches Wiederholen einer Handlung wird diese zunehmend vertrauter, zunehmend sicherer (und gibt damit zunehmend das Gefühl der Sicherheit). Anstatt sich mit einer Vielzahl unterschiedlicher Handlungen zu beschäftigen, engt sich das introvertierte Individuum selbst auf die wenigen ein, die es am besten kennt – aus »Nichts gewagt, heißt nichts gewonnen« wird »Nichts gewagt, heißt nichts verloren«.

Wir sprachen bereits von dem beruhigenden, tröstenden Effekt des Herzschlags. Das trifft auch hier zu: Viele derartige stereotype Handlungen laufen nämlich anscheinend im Rhythmus des Herzschlags ab. Aber auch solche, für die das nicht gilt, wirken als »Tröster« deshalb, weil sie durch ständiges Wiederholen übervertraut geworden sind. Betätigt wird dies durch die Tatsache, daß sozial Gehemmte ihre Stereotypien verstärken, sobald sie sich in einem ihnen fremden Raum befinden. Das ungewohnte Neue, das Unvertraute, verstärkt die Neophobie und damit das Bedürfnis nach dem vertrauten »Beruhigungsmittel«, das der Angst entgegenwirkt.

Je öfter eine Stereotypie wiederholt wird, desto mehr wird sie zum künstlichen mütterlichen Herzschlag. Ihr »Wohlgesinntsein« nimmt zu, so lange, bis sie de facto irreversibel wird – und damit irreparabel: Selbst wenn es gelingt, die Ursache für eine extreme Neophobie zu beseitigen (was schon schwierig genug ist), wird die Stereotypie unentwegt weiterklopfen.

Auch bei Individuen, die sozial durchaus eingepaßt und angepaßt sind, lassen sich, wie erwähnt, von Zeit zu Zeit solche »Ticks« feststellen. Meist treten sie in Streß-Situationen auf, bei starker Belastung also; auch hier wirken sie beruhigend und entspannend. Wir alle kennen das: Der leitende Angestellte, der dringend auf einen wichtigen Anruf wartet, trommelt oder klopft mit dem Bleistift auf dem Schreibtisch; die Frau im Wartezimmer des Arztes krampft rhythmisch ihre Hände um die Handtasche; das aus der Fassung oder in Verlegenheit gebrachte Kind läßt seinen Körper nach links und rechts, links und rechts pendeln; der »werdende Vater« marschiert ruhelos auf und ab; der Student im Examen kaut unablässig am Bleistift; der ängstliche Beamte streicht sich ständig den Bart. In mäßigem Umfang betrieben, sind all diese kleinen antiexplorativen Handlungen recht nützlich, denn sie helfen uns die wirkliche oder vermeintliche »Überdosis an Neuem« ertragen. Gibt man sich ihnen aber im Übermaß hin, besteht immer Gefahr, daß sie zum irreversiblen Zwang werden und sich auch ungerufen einstellen.

Zu Stereotypien kommt es auch bei extremer Langeweile. Sehr deutlich kann man das an Zootieren sehen, genauso aber auch bei Angehörigen unserer eigenen Art. Manchmal wird dabei ein erschreckendes Ausmaß erreicht. Das in Gefangenschaft gehaltene Tier würde sicherlich gern soziale Kontakte herstellen, wenn es nur könnte; aber daran ist es eben durch Zäune oder Gitter gehindert. Und so ist die Situation im Grunde die gleiche wie in den Fällen sozialer Introvertiertheit. Die eingeengte Umwelt des Zookäfigs blockiert jede Verbindung mit Artgenossen und schafft so ein soziales Abgekapseltsein – das Gitter ist das physische Gegenstück der psychischen Sperre, hinter dem der sozial Introvertierte sitzt. Die Folge ist eine stark antiexplorative Situation: Da dem Zootier nichts zum Erkunden und Entdecken geblieben ist, drückt es sich auf die einzige noch mögliche Art aus, indem es Bewegungs-Stereotypien vollführt. Wir alle kennen aus dem Zoo dieses pendelnde und »webende« Hin und Her der Tiere hinter dem Gitter. Doch das ist nur eine von vielen sonderbaren Verhaltensweisen, die sich in der Langeweile der Gefangenschaft ausbilden können, beispielsweise ein stilisiertes Masturbieren. Manchmal spielt dabei der Penis gar kein Rolle mehr – das Tier (meist ist es ein Affe) macht nur noch die Onaniebewegungen mit Arm und Hand, ohne den Penis je zu berühren. Manche Affenweibchen saugen immer wieder an den eigenen Brustwarzen, junge Tiere an ihren Pfoten. Schimpansen stechen sich mit Strohhalmen ins (vorher ganz gesunde) Ohr. Elefanten wiegen stundenlang die Köpfe oder treten von einem Fuß auf den anderen. Andere Tiere beißen sich selbst, so daß es zu bedenklicher Selbstverstümmelung kommen kann, oder reißen sich die Haare aus. Manche dieser Reaktionen erfolgen in Streß-Situationen, viele jedoch sind einfach die Folge der Langeweile: Wenn es in der Umwelt keinerlei Abwechslung gibt, stagniert der explorative Drang.

Das Beobachten eines allein gehaltenen Tieres bei einer seiner Bewegungs-Stereotypien läßt noch keinen Schluß auf die Ursache des Verhaltens zu. Es kann Langeweile sein, es kann auch ein Streß sein. Handelt es sich um einen Streß, so ist er vielleicht die unmittelbare Folge der Umwelt, unter Umständen aber auch ein langanhaltendes Phänomen, das aus einer anomal verbrachten Kindheit resultiert. Einige wenige, ganz einfache Versuche können uns auf die richtige Antwort bringen. Wird irgend etwas dem Tier Fremdes in den Käfig gebracht, und es verschwinden dann die Stereotypien und das explorative Verhalten setzt ein, dann war offensichtlich Langeweile die Ursache. Halten die Stereotypien jedoch an, dann ist ein Streß für sie verantwortlich. Und sollte es dabei bleiben, auch wenn man andere Tiere der gleichen Art in den Käfig gibt und so ein normales soziales Milieu schafft, dann kann man mit Sicherheit sagen, daß das »Tier mit dem Tick« eine in abnormer Isolation verbrachte Kindheit hinter sich hat.

Allen diesen Zoo-Spezialitäten begegnet man auch bei Angehörigen unserer eigenen Art (vielleicht deshalb, weil wir die Zoos ganz ähnlich unseren Städten angelegt haben). Sie sollten uns eine Lehre sein, indem sie uns mahnen, wie außerordentlich wichtig das rechte Gleichgewicht zwischen Neophobie und Neophilie ist. Haben wir es nicht, so funktionieren wir nicht richtig: Unser Nervensystem wird zwar versuchen zu tun, was es nur kann. Was aber dabei herauskommt, wird immer nur eine Karikatur dessen sein, was in unserem Verhalten an Möglichkeiten steckt.

5 Kämpfen

Den Aggressionstrieb, der in uns steckt, können wir seinem Wesen nach nur verstehen, wenn wir seine Wurzeln dort suchen, wo er herstammt – dort nämlich, woher wir selbst kommen: bei unserer tierischen Herkunft. Als biologische Art sind wir heutzutage so befangen durch die von uns geschaffenen Möglichkeiten der Massenproduktion von Gewalt und ihrer Anwendung zur Massenvernichtung, daß wir nur allzu leicht die Objektivität außer acht lassen, wenn dieses Thema zur Diskussion steht – wie schon die Tatsache zeigt, daß die intellektuellsten Intellektuellen nicht selten höchst aggressiv werden, wenn sie darlegen, wie dringend notwendig es ist, die Aggression zu unterdrücken. Nun – das ist keineswegs überraschend. Denn wir sitzen, um es milde auszudrücken, ganz hübsch im Schlamassel: Wir haben die besten Aussichten, uns selbst bis zum Ende unseres Jahrhunderts mit Stumpf und Stiel auszurotten. Der einzige Trost, der uns bleibt, ist, daß wir, als Art, es erstaunlich weit gebracht haben, und das nicht etwa in langer Zeit, wie das bei Arten sonst so ist, wohl aber mit einer erstaunlichen Fülle von Ereignissen. Doch bevor wir nun darangehen wollen, das zu untersuchen, was wir in Angriff und Verteidigung an Perfektion – an wahrhaft exzentrischer Perfektion – geleistet haben, müssen wir zuvor das Wesen der Gewalt in der Welt der Tiere untersuchen, in der es keinen Faustkeil und keinen Speer, keine Kanone und keine H-Bombe gibt.

Tiere kämpfen miteinander aus ein oder zwei guten Gründen: Entweder wollen sie sich einen Rang in einer hierarchisch geschichteten Gesellschaftsordnung erkämpfen (womöglich den höchsten), oder sie wollen sich einen territorialen Anspruch auf ein Stück Land – ein Revier – erobern (beziehungsweise das Recht darauf verteidigen). Manche Arten haben eine strenge soziale Rangordnung, jedoch keine festen Reviere. Andere besitzen feste Reviere, kennen aber keine Hierarchie. Und es gibt schließlich auch Arten mit Rangordnung und Revierbesitz – sie haben es also mit beiden Gründen der Aggression zu tun. Zu dieser Gruppe gehören wir, und dementsprechend gibt es bei uns Aggression auf beiderlei Art.

Als Primaten waren wir bereits belastet mit der hierarchischen Ordnung – sie ist ein wesentliches Element des Primatenlebens. Die Horde zieht umher, und nur selten hält sie sich irgendwo so lange auf, daß es zur Gründung eines abgegrenzten Reviers kommt. Gelegentlich kann ein Konflikt zwischen einer Horde und einer andern ausbrechen, doch gehen solche Auseinandersetzungen nur wenig geordnet und ohne rechten Zusammenhang vor sich; für das Leben des Durchschnittsaffen bedeuten sie relativ wenig. Hingegen ist innerhalb der Horde die »Hackordnung« (so genannt, weil die Rangstreitigkeiten erstmals bei Hühnern eingehend erforscht worden sind) von höchster Bedeutung für den Alltag des Affen, ja für sein Dasein von Minute zu Minute. Bei den meisten Arten von Tier- und Menschenaffen nämlich gibt es eine strikt geltende soziale Hierarchie; ihre Spitze wird von einem die Horde beherrschenden Männchen eingenommen, nach dem alle anderen in verschiedenen Graden der Unterordnung rangieren. Wird der Herrscher zu alt oder zu schwach, seine Autorität aufrechtzuerhalten, so stürzt ihn ein jüngeres, stärkeres Männchen und reißt ihm den Mantel von den Schultern. (In manchen Fällen eignet sich der Usurpator buchstäblich den Mantel an, der ihm in Form einer mächtigen Mähne wächst – man sehe sich daraufhin einmal im Zoo den »Pascha« einer Rotte von Mantelpavianen an!) Um seine Horde die ganze Zeit zusammen- und unter seiner Herrschaft zu halten, muß er in seiner Rolle als Tyrann ständig auf dem Posten sein. Er muß immer wieder unerbittlich zufassen. Dennoch ist er der am besten genährte, der am besten gepflegte und der sexyste Affe der Gemeinschaft.

Nicht alle Primaten-Arten haben eine so gewalttätig diktatorische Sozialverfassung. Nahezu immer freilich gibt es einen Tyrannen, doch ist er manchmal ein wohlwollender, recht toleranter Herr, so zum Beispiel im Fall des mächtigen Gorilla. Er teilt sich die Weiber mit den schwächeren Männern und ist, wenn es ums Fressen geht, großzügig; auftrumpfen wird er nur, wenn es etwas gibt, was nicht geteilt werden kann, auch wenn er Anzeichen von Auflehnung verspürt oder wenn es zu regelwidrigen Auseinandersetzungen zwischen den schwächeren Angehörigen der Gruppe kommt.

Dieses alte hierarchische System mußte begreiflicherweise geändert werden, als der nackte Affe zu einem auf Zusammenwirken angewiesenen Jäger mit festem Heim wurde. Genau wie beim Sexualverhalten war eine Abwandlung notwendig, um die Rolle des Raubtiers, die der nackte Affe übernommen hatte, auch richtig spielen zu können. Die Horde wurde revierbesitzend, und damit hatte sie Heim und Lager zu verteidigen. Da die Jagd nur erfolgreich sein konnte, wenn nicht der einzelne sie betrieb, sondern das Rudel in enger Zusammenarbeit, mußte innerhalb der Gruppe die Hierarchie mit dem Tyrannen an der Spitze gemildert werden; nur so hatte man Gewähr für das Mitwirken auch der schwächeren Männer bei der Jagd. Es war also eine gemäßigte Hierarchie nötig, in der die Mitglieder der Horde größere Rechte hatten; nach wie vor mußte zwar als Erster an der Spitze ein »Führer« stehen, für den Fall nämlich, daß feste Entschlüsse zu fassen waren, doch mußte er – um des Zusammenwirkens willen – mehr Rücksicht nehmen auf die Gefühle und Stimmungen seiner Untergebenen als sein behaarter Kollege im Urwald.

Neben der Verteidigung des Reviers und der inneren Gliederung der Gruppe beim gemeinsamen Jagen erforderten die verlängerte Abhängigkeit der Jungen und die dadurch notwendig gewordene enge Paarbindung in Gestalt der Familie eine weitere Form der Selbstbehauptung. Jeder Mann hatte nun, als Haupt seiner Familie, die Verteidigung seiner eigenen Familienheimstatt innerhalb des Lagers zu übernehmen. So gibt es bei uns drei Grundtypen der Aggression anstelle der sonst üblichen einen oder zwei – und sie sind uns, wie wir oft genug am eigenen Leib erfahren, bis auf den heutigen Tag erhalten geblieben, aller Vervollkommnung und Kompliziertheit unserer Gesellschaftsordnungen zum Trotz.

Wie aber funktioniert die Aggression? Welche Verhaltensweisen sind dabei beteiligt? Wie bedrohen wir einander, wie schüchtern wir uns gegenseitig ein, wie schrecken wir einander ab? Wieder heißt es, zunächst einmal die Verhältnisse bei anderen Tieren kennenzulernen. Wenn ein Säugetier in Angriffsstimmung gerät, dann geht eine ganze Reihe elementarer physiologischer Veränderungen in seinem Organismus vor sich; der dabei wirksame Mechanismus steuert sich selbst, und zwar mit Hilfe des Vegetativen Nervensystems. Dieses Vegetative Nervensystem, wegen seiner weitgehenden Unabhängigkeit von willkürlicher Beeinflussung auch Autonomes Nervensystem genannt, besteht aus zwei einander entgegengesetzten und sich gegenseitig im Gleichgewicht haltenden Untersystemen, dem Sympathischen und dem Parasympathischen System. Das erste hat die Aufgabe, den Körper bei lebhafter Aktivität zu unterstützen, während das Parasympathische (nach seinem Hauptnervenstrang auch das System des Vagus genannt) dafür sorgt, daß körperliche Reserven gesammelt und bereitgehalten werden. Das erste sagt: »Du mußt handeln – also los!«, das zweite hingegen: »Nimm's nicht so ernst; beruhige dich und spare deine Kräfte!« Unter normalen Umständen hört der Körper auf beide Stimmen zugleich und hält so wohlausgewogen die goldene Mitte zwischen Sympathicus und Vagus. Regt sich aber ein starker Aggressionsdrang, so horcht er nur auf den Sympathicus. Sobald der erregt wird, schüttet die Nebenniere das Hormon Adrenalin ins Blut aus mit dem Erfolg, daß das gesamte Kreislaufsystem in den Zustand erhöhter Aktivität gerät: Das Herz schlägt schneller; Blut wird in verstärkter Menge aus der Haut und aus den Eingeweiden in die Muskeln und ins Gehirn gepumpt; der Blutdruck steigt; die Produktion von roten Blutkörperchen wird rapide vermehrt; die Zeit, die das Blut zum Gerinnen braucht, verringert sich. Auch bei den Verdauungsvorgängen und in der Vorratshaltung des Körpers an Nährstoffen gehen tiefgreifende Änderungen vor sich: Die Speichelabsonderung wird eingeschränkt; die Eigenbewegungen des Magens, die Abscheidung von Magensaft und die peristaltischen Bewegungen des Darms sind gehemmt; Enddarm und Harnblase entleeren sich nicht so leicht wie sonst; die in der Leber gespeicherten Kohlenhydrate werden abgerufen und überschwemmen das Blut mit Zucker. Die Atemtätigkeit ist auffallend lebhafter, das Luftholen schneller und tiefer. Die Mechanismen zur Regelung der Körpertemperatur werden aktiviert. Die Haare sträuben sich. Der Körper schwitzt.

All das wirkt daran mit, den Organismus für eine kämpferische Auseinandersetzung parat zu machen. Mit einem Zauberschlag ist jede Müdigkeit verschwunden; große Mengen an Energie sind für den bevorstehenden Kampf ums Überleben bereitgestellt. Das Blut wird mit kräftigem Herzschlag dorthin gebracht, wo es jetzt am dringendsten nötig ist, im Gehirn – für schnelles Reagieren – und in den Muskeln – für harte Arbeit. Zugleich erhöht das Steigen des Blutzuckerspiegels die Leistungsfähigkeit der Muskulatur. Die verringerte Blutgerinnungszeit soll dafür sorgen, daß der Blutverlust möglichst niedrig bleibt. Durch die von der Milz in vermehrter Menge gelieferten roten Blutkörperchen wird, in Zusammenwirken mit der gesteigerten Umlaufgeschwindigkeit des Blutes, das Atmungssystem in die Lage versetzt, die Aufnahme von Sauerstoff und die Abgabe von Kohlensäure beträchtlich zu steigern. Das Sträuben der Haare erfolgt, damit die Haut besser der Luft ausgesetzt ist und so der Körper sich stärker abkühlen kann. Dem gleichen Zweck dient die vermehrte Absonderung von Schweiß; so werden die Gefahren einer Überhitzung bei bis zum äußersten gesteigerter Aktivität gemindert.

Alle lebenswichtigen Organe und Organsysteme laufen auf vollen Touren. Das Tier ist bereit, sich in den Kampf zu stürzen. Da aber macht sich ein Hemmnis bemerkbar. Kampf auf Leben und Tod kann den Sieg bedeuten, aber der muß eventuell mit schweren Schäden bezahlt werden. Und so weckt der Anblick des Feindes nicht nur den Aggressionstrieb – er läßt auch Angst entstehen. Die Aggression treibt das Tier voran, die Furcht hält es zurück: Es gerät in einen schweren inneren Konflikt. Die Folge ist, daß im typischen Fall ein Tier, dessen Aggressionsverhalten angelaufen ist, nicht sofort zu voller Attacke übergeht. Es beginnt vielmehr zunächst einmal mit dem Angriff nur zu drohen. Zwar ist es zum Kampf bereit – es steht buchstäblich auf dem Sprung. Aber sein innerer Konflikt wirkt hemmend. Wenn es in diesem Zustand dem Feind ein gehöriges Theater an Drohungen vormacht und ihn dadurch verängstigt, dann kann das ohne Zweifel nur von Vorteil sein: Vielleicht läßt sich der Sieg auch ohne Blutvergießen erringen. Und wenn solchermaßen Streitigkeiten unter den Angehörigen einer Art ohne ernsthafte Schädigungen beigelegt werden können, so wird sich das ganz offensichtlich auch für die Art und deren Bestand höchst nützlich auswirken.

Dementsprechend ist bei den höheren Formen tierischen Lebens eine kräftige in dieser Richtung wirkende Tendenz festzustellen – in Richtung auf ein ritualisiertes Kämpfen. Drohen und Zurückdrohen ist weitgehend an die Stelle des tatsächlichen Kampfes getreten. Natürlich kommt es von Zeit zu Zeit auch zu blutigen Auseinandersetzungen, doch nur als letzter Ausweg, wenn das Zeigen der Angriffssignale und ihre Beantwortung mit ebensolchen Signalen den Streit nicht hat beilegen können. Je stärker sich übrigens die geschilderten physiologischen Umwandlungen bei der Vorbereitung zum Angriff äußerlich bemerkbar machen, desto deutlicher zeigen sie dem Feind, wie »aufgeladen« das aggressiv gestimmte Tier ist.

Als Verhaltensweise wirkt so etwas vorzüglich, physiologisch jedoch entsteht dadurch ein Problem. Die Mechanismen des Körpers sind für eine Höchstleistung auf volle Touren gebracht. Aber all die aufgewendete Mühe wird nun gar nicht in die Tat umgesetzt. Wie verhält sich das Vegetative Nervensystem in dieser Situation? Es hat alle seine Truppen an die Front geworfen, aber schon ihr Aufmarsch hat für den Sieg genügt. Was nun?

Folgt auf die massive Aktivierung des Sympathicus der Kampf, so wird all das, was im Organismus bereitgestellt ist, auch voll genützt. Die Energievorräte werden verbrannt, bis sich schließlich das Parasympathische System geltend macht und allmählich einen Zustand physiologischer Ruhe eintreten läßt. Unter der Hochspannung des Konflikts jedoch zwischen Aggression und Angst ist alles gehemmt, mit dem Erfolg, daß sich der Parasympathicus wild zu wehren beginnt und das Pendel des Vegetativen Systems wie verrückt hin und her schwingt: In den Augenblicken von Drohen und Zurückdrohen sehen wir zwischen den Anzeichen der Auswirkungen des Sympathicus Symptome des Parasympathicus aufblitzen – eben ist der Mund noch ganz trocken, im nächsten Moment folgt reichlicher Speichelfluß. Der Darm, in Vorbereitung für den Kampf fest verschlossen, wird plötzlich entleert. Nicht anders ist es mit dem Harn. Die Haut, die durch das Abfließen des Blutes zum Gehirn und zu den Muskeln hin ganz blaß geworden war, füllt sich jäh wieder und ist nun stark gerötet. Das schnelle, tiefe Atmen wird schlagartig unterbrochen – es kommt zu Keuchen und Stöhnen. In all dem äußern sich verzweifelte Versuche des Parasympathicus, der aufs höchste gesteigerten Aktivität des Sympathicus entgegenzuwirken. Unter normalen Umständen würde selbstverständlich auf jede der heftigen Reaktionen nach der einen Richtung hin im gleichen Augenblick eine ebenso heftige in entgegengesetzter Richtung antworten; unter den extremen Bedingungen des Angriffsdrohens jedoch gerät alles durcheinander. (Ebenso erklärt sich auch, warum es beim Schock zu Ohnmachten kommt: Das zuvor ins Gehirn geschossene Blut wird von dort mit solcher Gewalt abgezogen, daß tiefe Bewußtlosigkeit eintritt.)

Was nun die Drohsignale anlangt, so kommt ihnen der wilde physiologische Aufruhr nur zugute. Denn er liefert weitere Signale. Im Zuge der stammesgeschichtlichen Entwicklung sind nämlich diese Stimmungs-Anzeiger auf mancherlei Art in die Verhaltensweisen, die der Aggression sowie der Revierbehauptung und -verteidigung dienen, eingebaut worden und haben dabei ganz neue Bedeutungen gewonnen. So sind Kotabsetzen und Harnlassen bei vielen Säugetierarten zu wichtigen Methoden für das Kennzeichen des Reviers durch Duftmarken geworden. Das bekannteste Beispiel liefern unsere Hunde, wenn sie die »Grenzpfähle« ihres Reviers durch Beinheben markieren – was sie um so öfter tun, je mehr sie Begegnungen mit Rivalen befürchten müssen. (Die Straßen und Plätze unserer Städte liefern ihnen in dieser Hinsicht begreiflicherweise eine wahre Flut von Reizen, da sich ja hier die Reviere so vieler Konkurrenten überschneiden; jeder Hund ist also ständig gezwungen, fremde Duftmarken mit dem Geruch seines Harns zu überdecken – zu »überduften« sozusagen.) Manche Arten haben ähnliche Techniken beim Kotabsetzen entwickelt und sind dabei auf ebenso raffinierte wie höchst originelle Methoden der Duftmarkierung gekommen. Das Nilpferd zum Beispiel läßt, wenn es sich entleert, seinen abgeflachten Schwanz wie einen Propeller wirbeln und versprüht solchermaßen seinen Kot weithin; bei anderen Arten sorgen besondere Afterdrüsen dafür, daß dem Kot ein starker persönlicher Duft als »Visitenkarte« beigegeben wird.

Die Störungen im Kreislaufsystem, die teils fahle Blässe, teils heftige Rötung entstehen lassen, werden dadurch zum Signalgeben genutzt, daß sich bei manchen Tieren im Gesicht, bei anderen am Körper nackte Hautstellen entwickelt haben. Das Keuchen und zischende Stöhnen, ursprünglich eine Folge des aus dem Takt geratenen Atmens, ist zum Brummen, Röhren und zu anderen die Aggression ankündigenden Lautäußerungen geworden. Man hat sogar gemeint, derlei vegetative Atmungsstörungen seien der Ursprung der gesamten Verständigung durch Signale mit Hilfe der Stimme gewesen. Aus ihnen ist aber auf jeden Fall noch eine weitere Art von Schaustellung entstanden – dadurch zu drohen und zu imponieren, daß man sich aufbläst: Nicht wenige Arten pumpen eigens dafür entwickelte Luftsäcke und -taschen auf. (Besonders häufig tun das die Vögel, die bereits über eine Anzahl von Luftsäcken als normalen Teil ihres Atmungsapparates verfügen.)

Das Haaresträuben als äußeres Zeichen des Aggressionstriebes hat zur Ausbildung von Mähnen, Bärten, Mänteln, Schöpfen, Bürsten geführt, in denen das Haar besonders auffallend dadurch wird, daß es verlängert und versteift ist, oft auch in der Farbe gegen das angrenzende Fell absticht: Richtet es sich bei Aggressionsstimmung auf, so wirkt das Tier größer und flößt dem Gegner entsprechend mehr Furcht ein – wir kennen das von der »Bürste«, die unser Dackel macht, wenn ihm ein anderer Hund nicht paßt.

Das vegetativ bedingte Schwitzen des aggressiv gestimmten Tieres hat eine ganze Reihe weiterer Duftsignale entstehen lassen, indem manche Schweißdrüsen sich zu enorm vergrößerten, komplizierten Duftdrüsen entwickelt haben. Man findet sie bei vielen

Arten im Gesicht, an den Füßen, am Schwanz und an weiteren Körperstellen.
Durch all diese Ausgestaltungen ist die Verständigung zwischen den Tieren wesentlich bereichert, ihre »Stimmungssprache« deutlicher, informativer geworden: Die Drohgebärden des erregten Tieres lassen sich besser »lesen«.
Doch das ist erst die Hälfte der ganzen Geschichte. Denn bisher haben wir nur die Signale kennengelernt, die auf Wirkungen des Vegetativen Nervensystems beruhen. Zu ihnen kommt noch eine ganze Reihe weiterer Signale, die sich aus Muskelbewegungen und den durch sie bedingten Körperhaltungen des drohenden Tieres herleiten. Das Vegetative System hat ja den Körper lediglich in die Lage versetzt, von seinen Muskeln kräftigen Gebrauch zu machen. Aber was geschieht nun mit ihnen? Sie sind gespannt, bereit zum Angriff. Aber der erfolgt nicht. Aus dieser Situation ergibt sich mancherlei sehr Merkwürdiges: Intentionsbewegungen der Aggression (eine Intentionsbewegung ist eine Anfangsbewegung, die, den Beginn einer Handlung andeutend, zur Ausdrucksbewegung geworden ist), ambivalente Handlungen, Körperhaltungen und -stellungen sowie Handlungen, in denen sich der Konflikt ausdrückt. Sie alle entstehen dadurch, daß der Trieb zum Angriff das Tier vorandrängt, der zur Flucht es zurückhält – es ist buchstäblich zwischen Aggression und Angst hin und her gerissen. So macht es einen Ausfall und zuckt im nächsten Augenblick zurück, springt zur Seite, duckt sich, schnellt sich hoch, krümmt und windet sich: Kaum hat der Aggressionstrieb den Befehl zum Angriff gegeben, schon pfeift ihn der Fluchttrieb wieder zurück. Und jede Rückzugsbewegung wird auf der Stelle gehemmt durch einen Befehl zur Attacke. Im Verlauf der stammesgeschichtlichen Entwicklung hat sich dieses Hin und Her gewandelt zu sehr spezialisierten Droh- und Imponierhaltungen und -gebärden: Die Intentionsbewegungen wurden stilisiert, das ambivalente Vor, Zurück und Beiseite wurde formalisiert zu rhythmischen Sprüngen, Drehungen und Wendungen. Und damit war ein ganzes neues Repertoire an perfekten Aggressionssignalen entstanden.
Das Ergebnis können wir bei zahlreichen Tierarten als ein hochentwickeltes Ritual von Drohbewegungen und Kampf»tänzen« beobachten. Die Gegner umkreisen einander in charakteristisch gespreizter Manier, die Körper zum äußersten gespannt. Sie verbeugen sich, nicken mit dem Kopf, schütteln sich, zittern und beben, pendeln rhythmisch von links nach rechts, von rechts nach

links, machen wiederholt kurze Ausfälle. Sie stampfen den Boden, machen einen Buckel, senken den Kopf. Alle diese Intentionsbewegungen dienen als außerordentlich wichtige Verständigungsmittel; wirkungsvoll verbunden mit den vom Vegetativum kommenden Signalen, liefern sie ein sehr genaues Bild von der Intensität des Aggressionstriebes und zeigen zugleich exakt das Gleichgewicht zwischen Angriffstrieb und Fluchttrieb an.

Doch damit nicht genug. Es gibt nämlich noch weitere, ganz besondere Signale, die ihren Ursprung in einer als »Übersprunghandlung« bezeichneten Verhaltensweise haben. Es geht dabei um folgendes: Bei einem Tier, das von einem heftigen inneren Konflikt heimgesucht wird – soll es diesem Trieb folgen oder lieber dem genau entgegengesetzten? –, zeigen sich manchmal als Begleiterscheinung solchen Konflikts sehr sonderbare, offenbar gar nicht in den Zusammenhang gehörende Teilhandlungen ganz anderer Verhaltensweisen – man hat den Eindruck, als ob das Tier in seiner Hochspannung weder in der Lage ist, das eine zu tun, das es so verzweifelt möchte, noch das andere, zu dem es sich ebenso verzweifelt getrieben fühlt, und nun die hoch aufgestaute Erregung in einer völlig verschiedenen, zur Situation überhaupt nicht passenden Handlung ablaufen läßt: Sein Fluchttrieb blockiert seinen Angriffstrieb und umgekehrt, so daß es seinen Gefühlen auf andere Weise Luft verschaffen muß. So kann man beispielsweise sehen, daß zwei Gegner, die einander bedrohen, plötzlich wunderlich affektiert wirkende und zudem unvollständige Bewegungen machen, die eigentlich zu Handlungsweisen der Nahrungsaufnahme gehören, worauf die beiden Kampfhähne dann ebenso unverzüglich zum vollen Drohverhalten zurückkehren. Es gibt auch ein Überspringen in Handlungen der Körperpflege: Die Tiere kratzen oder putzen sich auf einmal, doch erscheint dazwischen immer wieder das Drohgehabe. Bei manchen Arten kommt es in der Konfliktsituation zu Übersprunghandlungen aus dem Nestbauverhalten, indem sie zufällig herumliegende Stücke von Nistmaterial aufheben und sie auf ein Nest fallen lassen, das gar nicht da ist. Andere tun so, als ob sie ausgerechnet jetzt ein Nickerchen machen wollen – sie bringen plötzlich den Kopf in Schlafhaltung, strecken sich und gähnen.

Diese Übersprunghandlungen sind zum Gegenstand heftiger Auseinandersetzungen innerhalb der Wissenschaft geworden. Man hat den Einwand vorgebracht, es sei objektiv keineswegs gerechtfertigt, sie als irrelevant bezeichnen zu wollen. Wenn ein

Tier Bewegungen der Nahrungsaufnahme mache, dann sei es hungrig, und wenn es sich kratze, dann verspüre es eben ein Jucken. Und im übrigen, so hat man gemeint, sei es doch völlig unmöglich, den Beweis dafür zu erbringen, daß ein drohendes Tier nicht hungrig sei, wenn es ein sogenanntes Übersprung-Fressen vollführt, und daß es keinen Juckreiz verspüre, wenn es das Übersprung-Kratzen zeigt. Aber solche Kritik kommt vom grünen Tisch. Wer das Aggressionsverhalten bei einer Vielzahl unterschiedlichster Tierarten wirklich genau beobachtet und eingehend studiert hat, der weiß, daß solche Argumente nicht stichhaltig sein können, weil sie ganz offenkundig absurd sind. Die Spannung in solchen Momenten ist so dramatisch gesteigert, daß es geradezu lächerlich anmutet, wenn man behaupten will, die beiden Kontrahenten unterbrechen – noch dazu ganz plötzlich – ihr wütendes Drohen, um zu fressen allein des Fressens wegen, um sich zu kratzen, weil es sie juckt, oder um zu schlafen um des Schlafens willen.

Lassen wir deshalb auch alles beiseite, was an professoralen Erörterungen über die Faktoren vorgebracht worden ist, die an der Entstehung der Übersprunghandlungen beteiligt sind, und halten wir fest, daß, vom Funktionellen her gesehen, die Übersprunghandlungen das Entstehen weiterer nützlicher Drohsignale ermöglicht haben; bei vielen Tieren werden sie derart übertrieben zur Schau gestellt, daß sie zunehmend auffälliger geworden sind und ihr »Schauwert« dementsprechend gestiegen ist.

Alle diese Handlungen – die Signale vom Vegetativen Nervensystem her, die Intentionsbewegungen, die ambivalenten Haltungen, die Übersprunghandlungen – sind ritualisiert worden und liefern in ihrer Gesamtheit den Tieren ein umfassendes Repertoire an sehr deutlichen Drohsignalen. Bei den meisten Begegnungen genügen sie durchaus, die Auseinandersetzung beizulegen, ehe die Gegner richtig aneinandergeraten. Bleiben die Signale wirkungslos, wie es zum Beispiel bei hoher Bevölkerungsdichte oft geschieht, dann kommt es zu offenem Kampf – jetzt geben die Signale den Weg frei für die massiven Mittel des Angriffs: Die Zähne werden zum Beißen und Reißen benutzt, der Kopf mit Gehörn oder Geweih zum Stoßen und Stechen, der Körper zum Rempeln, Rammen, Schieben, die Füße zum Packen, Treten und Schlagen, die Vorderfüße zum Fassen, Drücken und Würgen, manchmal auch der Schwanz zum Prügeln und Peitschen. Aber selbst bei Einsatz all dieser Waffen wird es äußerst selten vorkommen, daß einer der Kämpfenden den anderen umbringt. Die Arten, bei denen sich besondere Methoden zum Töten ihrer Beute entwickelt haben, machen von diesen im Kampf mit Artgenossen nur selten Gebrauch. (Aus irrigen Vermutungen über eine angebliche Verwandtschaft zwischen dem Beutefangverhalten und dem Angriffsverhalten gegenüber Angehörigen der gleichen Art hat man früher völlig falsche Schlüsse gezogen. Beide sind sowohl hinsichtlich der Antriebe und der inneren Bereitschaft zum Handeln als auch in der Art der Ausführung völlig verschieden.) Sobald jedenfalls der Feind hinreichend bezwungen ist, bedeutet er keine Bedrohung mehr und wird nicht mehr zur Kenntnis genommen. Davon, daß nun noch weitere Energie auf ihn vergeudet wird, kann gar keine Rede sein – er darf sich davonmachen, ohne weiteren Schaden zu nehmen oder verfolgt zu werden.

Bevor wir alle diese Formen kämpferischer Auseinandersetzung bei den Tieren nun betrachten im Hinblick auf unsere eigene Art, müssen wir noch einen weiteren Aspekt des Aggressionsverhaltens kennenlernen. Er betrifft das Verhalten des Verlierers. Wenn er seine Stellung nicht mehr halten kann, wird es das beste für ihn sein, den Kampfplatz so schnell wie möglich zu räumen. Nicht immer freilich ist das möglich. Vielleicht ist ihm der Fluchtweg verlegt; es kann aber auch sein, daß er als Angehöriger einer fest zusammenhaltenden sozialen Gruppe im Machtbereich des Siegers zu bleiben gezwungen ist. In beiden Fällen muß er dem Überlegenen signalisieren können, daß von ihm keine Bedrohung mehr ausgeht und daß er den Kampf nicht fortzusetzen gedenkt. Läßt er es, bis er schwer zu Schaden gekommen oder physisch völlig erschöpft ist, so wird sich das bereits deutlich genug zeigen – der Sieger wendet sich vom Besiegten ab und läßt ihn in Frieden. Falls der Verlierer jedoch das Signal, das seine Unterwerfung ankündigt, schon gibt, bevor seine Lage hoffnungslos geworden ist, wird er weitere ernsthafte Züchtigung vermeiden können. Erreicht wird das durch gewisse charakteristische Zeichen, die bedeuten: »Ich strecke die Waffen.« Solche Demutgesten beruhigen den Angreifer, hemmen auf der Stelle seine Aggression und beenden so sehr schnell die Auseinandersetzung.

Demutgesten wirken auf verschiedene Weise. Und zwar werden prinzipiell entweder solche Signale abgeschaltet, die beim Gegner die Aggression ausgelöst haben, oder andere, eindeutig nichtaggressives Verhalten bedeutende Signale eingeschaltet. Die erste Gruppe von Signalen soll passiv bewirken, daß der überlegene

Gegner sich beruhigt; die zweite soll aktiv dazu beitragen, daß seine aggressive Stimmung umschlägt. Die primitivste Form der Unterwerfung ist die, überhaupt nichts zu tun: Da ja zu jeder Aggression ein Riesenaufgebot von Handeln gehört, signalisiert Nicht-Handeln zugleich Nicht-Aggression. Häufig wird dieses Stillehalten kombiniert mit Duck- oder Kauerstellungen. Auch dies ist begreiflich: Denn zur Aggression gehört es, mit einem Maximum von Körpergröße zu imponieren. Indem man sich duckt, macht man sich kleiner – und so wirkt auch dies beruhigend. Wegblicken hilft ebenfalls: Der Gegner wird nicht mehr zum frontalen Angriff »ins Auge gefaßt«. Daneben gibt es noch zahlreiche andere Beschwichtigungssignale. Bei einer Tierart, bei der mit Senken des Kopfes gedroht wird, kann Heben des Kopfes eine nützliche Demutstellung sein. Werden beim Angriff die Haare gesträubt, so kann das Anlegen der Haare als Zeichen der Unterwürfigkeit dienen. Manchmal bietet der Verlierer dem Sieger eine besonders verwundbare Stelle völlig ungeschützt dar. So macht es der Schimpanse, der als Gebärde der Unterlegenheit seine Hand ausstreckt und damit dieses extrem verletzliche Organ dem gefährlichen Biß des Feindes aussetzt. Da ein aggressiver Schimpanse so etwas niemals tut, dient diese bittende Geste dazu, den Überlegenen zu beruhigen.

Die zweite Gruppe von Beschwichtigungssignalen arbeitet auf eine Umstimmung des Gegners hin. Das unterlegene Tier gibt Signale, die Reize für eine nichtaggressive Reaktion sind; sobald eine solche im Angreifer anläuft, wird sein Kampftrieb abgeschwächt und unterdrückt. Auf dreierlei Weise kann dies geschehen. Eine besonders weit verbreitete Umstimmung ist das Übernehmen kindlichen Bettelns um Futter: Das schwächere Individuum duckt sich und bettelt das stärkere in der für die jeweilige Art charakteristischen Weise an – eine besonders bei Weibchen, die von Männchen attackiert werden, beliebte Methode. Oft wirkt sie so prompt, daß das Männchen dem Weibchen Futter vorwürgt, worauf dieses das Futterbettel-Ritual damit beendet, daß es das Ausgewürgte frißt: Das Männchen ist umgestimmt – umgeschaltet von Angriffsverhalten auf elterliches Beschützerverhalten, sein Aggressionstrieb schwindet, das Pärchen beruhigt sich. Bei vielen Tieren gehört dieses Futterbetteln zum Werbungs- und Balzverhalten, ganz besonders bei Vögeln, bei denen die frühen Stadien der Paarbildung ein Gutteil männlichen Aggressionsverhaltens einbeschließen. Bei einer weiteren Umstimmungshandlung nimmt das schwächere Tier die Körperhaltung ein, mit der sich das Weibchen sexuell präsentiert: Auf diese Weise wird ein Reiz gezeigt, der eine sexuelle Reaktion auslöst, die ihrerseits die Angriffsstimmung dämpft. In derlei Situationen bespringt das stärkere Männchen *oder* Weibchen das schwächere, unterwürfige Männchen oder Weibchen und vollzieht an ihm eine Pseudobegattung.

Eine dritte Form von Umstimmung zielt darauf, im Überlegenen die Bereitschaft zu aktiver oder passiver Körperpflege zu wecken. Dazu muß man wissen, daß das gegenseitige oder im Sozialverband betriebene Putzen und Säubern im Tierreich eine große Rolle spielt, vor allem natürlich dann, wenn es innerhalb der Gemeinschaft friedlicher und ruhiger zugeht. Und so kommt es, daß ein schwächeres Tier entweder das überlegene zum Putzen einlädt oder ihm Signale gibt, mit denen es um die Erlaubnis bittet, ihm das Fell säubern zu dürfen. Von dieser Demutgebärde machen die Tieraffen sehr häufig Gebrauch; sie ist mit einer speziellen Ausdrucksbewegung verknüpft, nämlich einem sehr schnellen Schmatzen – der abgewandelten, ritualisierten Form eines Teils der normalen Körperpflege-Zeremonie. Wenn nämlich ein Affe den anderen »laust« (das Wort steht mit voller Absicht in Anführungszeichen, denn es geht bei diesem ebenso flinken wie aufmerksamen und sorgfältigen Durchsuchen des Fells am wenigsten um Läuse oder anderes Ungeziefer, das es bei Zoo-Affen ohnehin nicht gibt), dann steckt der Putzende ständig abgelesene Hautschuppen und andere feine Teilchen in den Mund und schmatzt dabei. Diese Schmatzbewegungen, übertrieben und stark beschleunigt, dienen als Signal, daß der Affe gern bereit ist, seine »Pflicht« zu tun, und häufig gelingt es ihm auch, auf diese Weise die Aggression des Überlegenen zum Schwinden zu bringen, so daß er wieder friedlich wird und sich dazu herabläßt, sein Fell durchsuchen zu lassen. Und nach einer Weile ist er durch diese Prozedur bereits derart eingelullt, daß der Schwächere sich unbehelligt davonmachen kann.

Dies also sind die Zeremonien, Rituale und Verhaltensweisen, mit denen die Tiere gegenseitig ihre Aggression zum Abklingen bringen. Wir sehen: Der Ausdruck »mit Klauen und mit Zähnen«, der sich ursprünglich einmal auf das uns brutal anmutende Beuteschlagen des Raubtiers bezogen hat, ist ebenso unglücklich wie irreführend ganz allgemein auf das Kämpfen der Tiere ausgeweitet worden. Denn nichts ist falscher als dies. Wenn eine Art am Leben bleiben will, dann kann sie sich Metzeleien innerhalb der eigenen Art einfach nicht leisten. Und so sind jene Zeremonien und Rituale entstanden, die man sehr treffend mit einem Ausdruck der alten Studentensprache als »Komment« bezeichnet: Der »Burschenkomment« schrieb vor, wie sich jeder honorige Bruder Studio zu verhalten habe, und besonders der »Paukkomment« hatte den Sinn, durch strikt einzuhaltende Regeln eines solchermaßen ritualisierten Fechtens die Zahl der schweren Verwundungen und Todesfälle beim Zweikampf mit der blanken Waffe auf ein Minimum zu reduzieren. Genauso sorgt der »Komment« der Tiere dafür, daß die Aggression innerhalb der Art gehemmt wird und geregelt abläuft; je gefährlicher die Waffen sind, desto stärker müssen auch die Riegel sein, die dem Gebrauch der Mordwerkzeuge bei Streitigkeiten zwischen Angehörigen der eigenen Art vorgeschoben werden. Das ist das wahre »Gesetz des Dschungels« über die Regelung von Revier- und Rangstreitigkeiten. Arten, die sich nicht an dieses Gesetz gehalten haben, sind seit langem schon und für immer vom Erdboden verschwunden.

Wie nun messen wir, als zoologische Art gesehen, unsere Kräfte? Was ist unser Repertoire an Droh- und Beschwichtigungssignalen? Wie ist es mit unseren Kampfmethoden, und wie lauten unsere Regeln dafür?

Mit dem Wecken der Aggression kommt es bei uns zu der gleichen physiologischen Unruhe, zu den Muskelspannungen und Erregungen, die wir bei den Tieren kennengelernt haben. Und wie bei den anderen Arten gibt es auch bei uns eine Reihe von Übersprunghandlungen. In mancher Beziehung allerdings sind wir nicht so gut daran wie andere Arten: Aus den fundamentalen Reaktionen haben sich nicht immer deutliche Signale entwickelt. So können wir zum Beispiel dem Gegner nicht durch Aufrichten der Körperbehaarung imponieren und ihn damit einschüchtern. In Augenblicken großen Schrecks steht uns zwar das Haar noch »zu Berge«, als Signal jedoch ist das Haaresträuben wohl kaum noch von Nutzen. In anderer Hinsicht jedoch ist es schon besser: Unsere nahezu totale Nacktheit, die es uns unmöglich macht, das Körperhaar zur Bürste aufzustellen, gibt uns dafür die Möglichkeit, durch Erröten und Erbleichen kräftige Signale aufleuchten zu lassen. Wir können »kreideweiß vor Wut« sein, »rot vor Zorn« oder »blaß vor Angst«. Auf das Weiß muß besonders geachtet werden: Es zeigt Aktivität an. Erscheint es gemeinsam mit anderen Ausdrucksbewegungen, die einen Angriff ankündigen, dann bedeutet es höchste Gefahr. Zusammen mit Ausdrucksbewegungen der Angst ist es jedoch ein Signal der Panik. Die Blässe entsteht, wie man sich erinnern wird, durch Aktivierung des Sympathicus, des »Los!«-Systems, und mit dem ist nicht leicht umgehen. Die Rötung hingegen ist weniger beängstigend. Denn sie wird verursacht vom Parasympathicus, der heftig versucht, das verlorengegangene Gleichgewicht wieder zum Einpendeln zu bringen – sie zeigt also an, daß es mit dem »Los!« eben doch nicht losgehen wird: Der Gegner, der einen wütend mit rotem Kopf anstarrt, ist weit weniger zum Angriff bereit als der Bleiche mit den zusammengekniffenen Lippen. Bei dem Zornroten ist die Konfliktsituation bereits so weit gediehen, daß er sich zurückhält, gehemmt ist – der Blasse jedoch liegt nach wie vor auf der Lauer. Mit beiden ist nicht zu spaßen. Aber der mit dem zornesbleichen Gesicht ist viel eher bereit, zum Angriff überzugehen, es sei denn, er wird schnellstens beschwichtigt, oder es wird ihm mit einer noch massiveren Gegendrohung geantwortet.

In ähnlicher Stimmung bedeutet schnelles, tiefes Atmen Gefahr; geht es jedoch in ein unregelmäßiges Schnaufen und Keuchen über, so ist die Bedrohung schon weniger stark. Die gleiche Beziehung besteht zwischen dem trockenen Mund der unmittelbar bevorstehenden Attacke und dem Geifern des schon recht kräftig gehemmten Angriffs. Harn- und Kotlassen, Schwächegefühl, Ohnmacht stellen sich meist ein wenig später ein, im Sog der mächtigen Schockwelle, die mit Momenten äußerster Spannung einhergeht.

Sind Angriffstrieb und Fluchttrieb gleichermaßen stark aktiviert, so kommt es bei uns zu einer Reihe charakteristischer Intentionsbewegungen und ambivalenter Haltungen. Die bekannteste ist das Heben der geballten Faust – ein Gebaren, das auf zweierlei Weise ritualisiert worden ist. Es wird in einiger Entfernung vom Gegner gezeigt – zu weit von ihm entfernt, als daß der Schlag mit der Faust sofort folgen könnte. So ist die Funktion der geballten Faust nicht mehr mechanischer Art, sondern die eines visuellen Signals. (Am rechtwinklig über dem abgestellten Oberarm gereckten Unterarm ist sie bei den kommunistischen Parteien und im roten Machtbereich zur formalisierten Geste trotziger Herausforderung geworden, bei uns einst verbunden mit dem akustischen Signal »Rot Front«.) Noch weiter ritualisiert wurde das Ballen der Fäuste durch zusätzliche Vor- und Zurückbewegungen des Unterarms. Auch dieses Schütteln der Faust ist in seiner Wirkung viel mehr visuell als mechanisch. Wir vollführen rhythmisch wiederholte »Schläge« mit der Faust, bleiben dabei aber in sicherer Entfernung.

Während wir solchermaßen drohen, kann der ganze Körper kurze, vorwärts gerichtete Intentionsbewegungen machen – Handlungen, die immer wieder von selbst gehemmt werden, um nicht »zu weit zu gehen«. Die Füße können kräftig und laut aufgestampft werden, und die Faust donnert nieder auf etwas, das gerade in nächster Nähe ist. Dieses Auf-den-Tisch-Schlagen ist ein schönes Beispiel für eine Verhaltensweise, die man häufig auch bei anderen Tieren beobachten kann. Dabei geschieht folgendes: Das Objekt, das zum Angriff reizt (der Gegner), flößt zu viel Angst ein, als daß die direkte Attacke gewagt wird; dennoch wird die Angriffsbewegung vollführt – aber nicht in Richtung auf den gefürchteten Feind, sondern auf etwas, das weniger einschüchternd wirkt – auf jemanden, der ganz harmlos und unbeteiligt dabei steht (und damit zum »Prügelknaben« wird, wie wir alle es schon erlebt haben), oder auf etwas Unbelebtes, das dabei in Trümmer gehen kann. Dieses Umlenken der Angriffsbewegung hat man sehr treffend als »Radfahrerreaktion« bezeichnet (»nach oben einen Buckel machen, nach unten treten«). Wenn eine Ehefrau im Zorn eine Blumenvase auf den Fußboden schmeißt, so ist es – natürlich! – in Wirklichkeit der Kopf des Mannes, der da zerschmettert wird. Interessanterweise machen es Schimpansen und Gorillas häufig ganz ähnlich: Sie reißen Zweige und Äste ab, schlagen sie auf den Boden und schmeißen sie herum – was wiederum eine höchst eindrucksvolle visuelle Wirkung hat.

Als spezialisierte und wichtige Begleiterscheinung treten zu all diesem Aggressionsgebaren drohende Ausdrucksbewegungen des Gesichts. Sie, und dazu unsere in Wörtern geäußerten akustischen Signale, liefern uns die am genauesten funktionierende Methode, unsere Angriffsstimmung mitzuteilen. Während wir mit unserem Lächeln, wie bereits dargestellt, einzig dastehen, ist unser Mienenspiel bei der Aggression, so ausdrucksvoll es auch sein mag, weithin das gleiche wie bei allen anderen Primaten. (Ob ein Affe wütend ist oder erschrocken, sehen wir auf einen Blick; wie aber seine Gesichtszüge sind, wenn er freundlich gestimmt ist, müssen wir erst lernen.) Die Regeln sind ganz einfach: Je stärker der Angriffstrieb den Fluchttrieb überwiegt, desto mehr ist das Gesicht nach vorn gezogen, und umgekehrt ist es, wenn die Angst die Oberhand bekommt: dann richtet sich das Mienenspiel sozusagen nach hinten. Beim Angriffsgesicht werden die Augenbrauen finster gerunzelt nach vorn gebracht, die Stirn bleibt glatt, die Mundwinkel sind nach vorn gezogen, die Lippen werden zu einem dünnen Strich zusammengekniffen. Wird Angst zur vorherrschenden Stimmung, so erscheint das Schreckgesicht: Die Augenbrauen werden angehoben, die Stirn ist gerunzelt, die Mundwinkel sind zurückgezogen, die Lippen öffnen sich und lassen die Zähne sehen. Dieser Ausdruck ist nun allerdings häufig verbunden mit anderen Signalen, die sehr aggressiv wirken, und deshalb hält man Stirnrunzeln und Zähnezeigen wohl auch für Anzeichen von Wut. In Wirklichkeit aber sind sie Kennzeichen der Angst – eine Frühwarnung sozusagen, die besagt, daß sehr viel Furcht herrscht, trotz des Andauerns der Droh- und Einschüchterungsgesten, die der übrige Körper vollführt. Noch immer aber bedeutet diese Miene natürlich eine Drohung – man darf sie keinesfalls leicht nehmen. Wenn nämlich wirkliche Furcht gezeigt werden soll, dann wird das Mienenspiel ganz aufgegeben, und der Gegner zieht sich ängstlich zurück.

All dieses Mienenspiel haben wir mit den Affen gemeinsam, eine Tatsache, an die man sich erinnern sollte, falls man einmal Gelegenheit hat, einem großen Pavian von Angesicht zu Angesicht gegenüberzustehen. Es gibt aber noch weitere Ausdrucksbewegungen des Gesichts, nicht angeborene, sondern erfundene, kulturell erworbene, die unser Drohrepertoire bereichern (zum Teil aber dadurch an Bedeutung verloren haben, daß nur noch Kinder sich ihrer bedienen), beispielsweise die Zunge herausstrecken, die Backen aufblasen, eine lange Nase machen, Gesichterschneiden. Bei den meisten Kulturen ist außerdem eine ganze Reihe von Gesten des Drohens und Beschimpfens (denn auch Beschimpfen ist Aggression) in Gebrauch, an denen der übrige Körper beteiligt ist. Aus Intentionsbewegungen, die dem Aggressionsverhalten zugeordnet sind (vor Wut aufspringen!), haben sich wilde Kriegstänze unterschiedlichster und oft weitgehend stilisierter und ritualisierter Art entwickelt. Dabei ist ein Funktionswandel eingetreten: Sie sind nun nicht mehr eine dem Feind direkt gezeigte Darstellung der Angriffsstimmung, sondern sollen die Stimmung wecken, die Gruppe »aufheizen« und »einstimmen«.

Dadurch, daß wir, kulturell bedingt, über unsere nicht eben sehr wirkungsvollen natürlichen Waffen hinaus künstliche tödliche Waffen herstellen, sind wir eine potentiell höchst gefährliche Art geworden, und so ist es nicht verwunderlich, daß uns eine außerordentlich breite Skala von Beschwichtigungssignalen zur Verfügung steht. Da sind zunächst die uralten Demutzeichen des Sich-Duckens und Angstkreischens, in die wir uns mit den anderen Primaten teilen. Hinzu kommt eine Vielfalt weiterer für das Ausdrücken der Unterwerfung formalisierter Verhaltensweisen. Das Sich-Ducken wurde erweitert zum Kriechen und Sich-auf-den-Boden-Werfen – klassisches Beispiel die Proskynesis, der Fußfall vor dem Perserkönig, bei dem der Huldigende mit der Stirn auf den Boden schlug und die Kleider der Majestät oder die Erde küßte. Nicht ganz so intensiv wird die Unterordnung bezeigt durch Knien, Sich-Verbeugen und Knicksen. Stets geht es dabei um eines: den eigenen Körper im Verhältnis zu dem des Überlegenen kleiner werden zu lassen. Beim Drohen »pusten« wir uns »auf« – lassen den Körper so hoch und so breit wie möglich erscheinen. Deshalb muß das Demutverhalten in die entgegengesetzte Richtung zielen: Der Körper muß möglichst »erniedrigt« werden (das Wort trifft die Ausdrucksbewegung und das, was sie besagt, sehr genau). Und das tun wir nun keineswegs aufs Geratewohl, sondern mit Hilfe einer ganzen Reihe sehr charakteristischer, weitgehend stilisierter und durch Ritualisierung erstarrter Signale. Besonders interessant ist in diesem Zusammenhang der militärische Gruß durch »Handanlegen an die Kopfbedeckung«, zeigt er doch, wie weit sich unsere kulturellen Signale von der ursprünglichen Formalisierung der Gebärden entfernen können. Auf den ersten Blick sieht der militärische Gruß nämlich aus wie eine Aggressionsbewegung: Er ähnelt dem zum Signal gewordenen Heben des Armes zum Schlag. Der entscheidende Unterschied ist, daß die Hand erstens nicht zur Faust geballt und zweitens an die Mütze oder den Helm geführt wird. Und dies ist wiederum, wie leicht einzusehen, eine stilisierte Abwandlung des Hutabnehmens, das seinerseits ursprünglich zum Vorgang des »Erniedrigens« der Körperhöhe gehört hat. Aus dem gleichen Gebiet auch ein »Parade«beispiel zur Erhöhung der Körpergröße zwecks Imponierens: die paradox hohen und außerdem durch eine Quaste nochmals überhöhten Blechschilde an den Grenadier-»Mützen« für die ohnehin hochgewachsenen »Langen Kerle« der preußischen und der russischen Garderegimenter vor dem Ersten Weltkrieg und die noch heute üblichen, nicht minder hohen Bärenfellmützen der britischen Garde.

Auch wie sich das Verneigen und Verbeugen aus dem ursprünglichen, primitiven Sich-Ducken der Primaten entwickelt hat, ist interessant. Das wesentliche Moment hierbei ist nämlich das Niederschlagen der Augen. Denn seinem Gegenüber ins Gesicht starren gehört ganz typisch zur schärfsten Aggression überhaupt – als Teil des wildesten Wutgesichts und als Begleiterscheinung des Gebarens äußerster Angriffslust. (Aus diesem Grunde ist auch das Kinderspiel »Wer zuerst wegschaut«, bei dem es ja darauf ankommt, sich anstarren zu lassen, so schwer; aus dem gleichen Grunde gilt es als denkbar unhöflich, wenn man lediglich aus Neugier auf den Säugling im Körbchen starrt, und noch bis zum Ersten Weltkrieg brachte einem das »Fixieren« eines Waffenstudenten unweigerlich eine Forderung zum Zweikampf auf schwere Säbel ein.) Ganz gleich jedenfalls, ob man sich tief oder weniger tief verbeugt – stets bleibt in der Verneigung das Neigen des Gesichts erhalten. Bei den männlichen Angehörigen königlicher Hofhaltungen zum Beispiel ist durch ständiges Wiederholen die Verbeugung dahingehend abgewandelt worden, daß sie nicht mehr aus der Hüfte vorgenommen wird, sondern nur durch Senken des Kopfes – aber gesenkt wird der Blick eben doch.

Bei weniger förmlichen Anlässen erfolgt die Anti-Starr-Reaktion durch einfaches Beiseiteblicken. Nur ein wirklich Aggressiver wird jemandem für längere Zeit in die Augen starren. Bei normaler Unterhaltung sehen wir an unserm Partner vorbei, solange wir sprechen, und nur am Ende jedes Satzes oder Absatzes werfen wir einen kurzen Blick auf ihn, um zu prüfen, wie er reagiert. Und wer von Berufs wegen vor einem kleineren oder größeren Auditorium zu sprechen hat, braucht einige Zeit, bis er sich daran gewöhnt, seinen Zuhörern in die Augen zu blicken und nicht auf das Pult oder über die Köpfe der unten Sitzenden hinweg auf die Wände des Raumes. Trotz seiner (räumlich und vom Auftrag her) erhöhten Stellung verspürt der Vortragende eine tiefe und anfangs nicht zu beherrschende Angst, wenn ihn so viele anstarren, noch dazu aus der Sicherheit ihrer Sitze heraus; erst nach reichlicher Erfahrung wird er dieser Angst Herr werden können. Nicht anders ist es beim Schauspieler. Die einfache Tatsache, daß ihn eine große Menschenmenge anstarrt und daß dieses Anstarren aggressiv wirkt, verursacht das Lampenfieber und das ärgerliche Magenflattern vor dem Auftritt. Selbstverständlich macht er sich auch sehr bewußt seine Gedanken darüber, ob sein Können ausreicht und wie er beim Publikum ankommen wird – als zusätzliches Risiko aber kommt nun noch das zudem viel tiefer angreifende Angestarrtwerden hinzu. (Wieder ein Fall übrigens, bei dem das

Anstarren aus Neugier unbewußt durcheinandergeworfen wird mit dem Droh-Starren.)
Das Tragen von Brillen und Sonnenbrillen läßt das Gesicht aggressiv erscheinen, weil das Starren künstlich und ganz zusammenhanglos verstärkt wird – verstärkt um so mehr, als das Glas vor den Augen ja »starr« ist und bedrohlich blitzt: Blickt uns jemand an, der eine Brille trägt, sind wir einem Super-Angestarrtwerden ausgesetzt. Sanftgestimmte neigen denn auch dazu, Brillen mit dünnem Rand zu tragen oder ganz randlose (wahrscheinlich ohne sich dessen bewußt zu sein, warum sie das tun), weil sie so bei einem Minimum von übertriebenem Starren besser sehen. Auf diese Weise wird außerdem verhindert, daß sich eine Gegenaggression entwickelt.
Eine intensivere Reaktion auf das Angestarrtwerden ist das Bedecken der Augen mit den Händen oder das Verstecken des Gesichts in der Ellenbogenbeuge. Aber schon das einfache Schließen der Augen löscht den starren Blick des Gegenübers, und so ist es in diesem Zusammenhang interessant, daß manche Leute zwanghaft immer wieder ihre Augen schließen, sobald sie mit Fremden sprechen. Es ist, als sei die Schließphase ihres normalen Lidschlags verlängert, um das Auge möglichst lange geschlossen zu halten. Und noch interessanter ist, daß diese Reaktion sofort verschwindet, wenn solche Leute mit guten Freunden sprechen in einer Situation, in der sie sich unbeschwert fühlen. Ob sie mit ihrem Augenschließen die »bedrohliche« Gegenwart des Fremden ausschalten wollen, ob sie ihr eigenes Starren zu vermindern suchen oder ob sie gar beides möchten, ist nicht immer klar.
Die sehr starke Schreck- und Einschüchterungswirkung des starren Blickes hat zur Ausbildung von Augenflecken als Mittel der Verteidigung geführt: Nicht wenige Nachtfalter besitzen ein Paar großer, starr blickender Augenzeichnungen auf den Flügeln; sie bleiben verborgen, solange das Tier ruht. Wird es jedoch aufgescheucht, öffnen sich die Flügel, plötzlich starren die Augen »böse« auf den Störenfried. Im Experiment hat sich zeigen lassen, daß dieses überraschend sichtbar werdende Augenmuster tatsächlich eine nützliche Schreckwirkung auf mögliche Feinde ausübt, die häufig verblüfft zurückfahren und sich davonmachen, ohne den Falter zu belästigen. Bei Fischen, manchen Vögeln und auch bei Säugetieren findet sich ähnliches. Bei unserer eigenen Art wird das gleiche Muster ebenfalls benutzt, und zwar bei Industrieerzeugnissen (vielleicht wissentlich, vielleicht unbewußt). Man sehe sich

daraufhin einmal die Autos an. Da werden die Scheinwerfer zu starrenden Augen, und häufig genug verstärkt man die dadurch schon aggressiv wirkende Front der Motorhaube noch durch »finstere« Runzellinien oder durch ein Gitter aus »blanken Zähnen« zwischen den »Augenflecken«. Und da ja die Übervölkerung auf unseren Straßen unentwegt steigt und sich auf ihnen eine dementsprechend verstärkte kämpferische Aktivität entfaltet, werden auch die »Droh-Mienen« der Autos ständig vollkommener, immer raffinierter und lassen so den Fahrer teilhaben am zunehmend aggressiver werdenden »Gesicht« seines Wagens. Bei manchen anderen Erzeugnissen hat man dem Namen der Ware Droh-Ausdruck verliehen: oxo, omo, ozo und ovo. Zum Glück für die Fabrikanten schrecken solche Namen den Verbraucher nicht ab – im Gegenteil: Sie bannen das Auge, und haben sie es erst einmal festgehalten, so erweist sich das so zwingend Dreinblickende als harmloser Karton. Aber der »starre Blick« des Namens hat seine Wirkung getan – er hat die Aufmerksamkeit des Kunden stärker auf sich gezogen, als dies andere Packungen konnten.

Wir sprachen schon davon, daß Schimpansen den aggressiven oder überlegenen Artgenossen beschwichtigen, indem sie ihm die offene Hand hinstrecken. Wir machen es mit der bittenden oder flehenden Geste genauso, und bei uns ist daraus zudem die grüßende Gebärde des freundschaftlichen Händedrucks und Händeschüttelns geworden. Solche Freundschaftsgesten entstehen überhaupt oft aus Unterwürfigkeits- und Beschwichtigungssignalen. Wir haben bereits beim Lächeln und Lachen gesehen, wie dies vor sich geht (beide Reaktionen erscheinen übrigens, wenn es ums Besänftigen geht, als ängstlich schüchternes Lächeln und als nervöses Kichern). Das Händeschütteln begegnet uns zunächst als eine wechselseitig zwischen Individuen mehr oder weniger gleichen Ranges vollzogene Zeremonie, wird dann aber umgeformt in die Verbeugung zum Handkuß, wenn ein erheblicher Unterschied in der Ranghöhe besteht. (Mit zunehmender Angleichung der Geschlechter und Klassen ist die zum Handkuß verfeinerte Form des Handschlags seltener geworden, hat sich aber auf einigen Gebieten erhalten, dort nämlich, wo noch die Formalismen einer strengen Hierarchie in Kraft sind, beispielsweise in der Kirche.) Unter bestimmten Umständen hat sich dann wieder der Handschlag umgewandelt in das Verschränken der eigenen Hände oder in das Händeringen. In manchen Kulturen sind die verschränkten Hände zum allgemeingültigen Zeichen des Grußes und der

Beschwichtigung geworden (neuerdings werden sie jenseits des Eisernen Vorhangs zum Gruß erhoben und dazu das akustische Signal »Freundschaft« gegeben), in anderen sind sie Ausdruck des Bittens (Betens) und Flehens.

Es gibt auf dem Gebiet der Demut- und Beschwichtigungsgesten noch zahlreiche weitere kulturell bedingte Sonderheiten, so etwa die Signale, die zeigen sollen, daß man sich geschlagen gibt, die weiße Flagge beispielsweise, die Kapitulation bedeuten kann, aber auch dem Parlamentär mitgegeben wird. Sie brauchen uns hier nicht zu beschäftigen. Ein oder zwei der einfacheren Mittel, jemanden umzustimmen, bedürfen jedoch noch der Erwähnung, und zwar deshalb, weil es bei ihnen interessante Entsprechungen zu ähnlichem Verhalten bei anderen Arten gibt. Erinnern wir uns daran, daß gewisse kindliche und sexuelle Verhaltensweisen, aber auch solche der Körperpflege dazu dienen, in aggressiven oder potentiell aggressiven Individuen nichtaggressive Stimmungen zu wecken, die dann der auf Gewalttätigkeit abzielenden Stimmung entgegenwirken und sie unterdrücken. Bei unserer eigenen Art ist kindliches Verhalten seitens Erwachsener besonders häufig bei der sexuellen Werbung: Das Liebespaar befleißigt sich häufig eines Babygeplappers, und das nicht etwa, weil die Verliebten sich damit für ein künftiges Elternverhalten vorbereiten wollen, sondern weil die kindliche Ausdrucksweise beim Partner mütterliche beziehungsweise väterliche Gefühle weckt und dadurch aggressivere Stimmungen (oder solche der Angst) unterdrückt. Wenn man in diesem Zusammenhang daran denkt, wie sich aus solchem Verhalten das Betteln um Futter und das Füttern bei der Balz der Vögel entwickelt hat, wird man amüsiert feststellen, in welch außergewöhnlichem Maß das gegenseitige Füttern beim »Balzen« unserer Art vorkommt: In keiner anderen Zeit unseres Lebens sind wir mit so viel Hingabe und Ausdauer bemüht, einander Leckerbissen in den Mund zu stecken oder Schokolade anzubieten – gegebenenfalls von Mund zu Mund.

Was die Umstimmung ins Sexuelle betrifft, so kommt es dazu, wenn ein untergeordnetes Individuum (ganz gleich, ob männlichen oder weiblichen Geschlechts) sich in Situationen, in denen es weit mehr um Aggression als um Sex geht, ganz allgemein »weibisch« einem übergeordneten Individuum (männlichen oder weiblichen Geschlechts) gegenüber aufführt. Ein solches Verhalten ist weitverbreitet; der ganz spezifische Fall – daß nämlich das sexuelle Darbieten des weiblichen Hinterteils als Beschwichtigungsgeste übernommen wird – ist allerdings praktisch zugleich mit dem Aufgeben dieser ursprünglichen Begattungsstellung verschwunden. Erhalten hat es sich lediglich bei einer (in Mitteleuropa strikt verbotenen) Form der Bestrafung von Knaben in der Schule, bei der ein rhythmisches Prügeln an die Stelle der rhythmischen Beckenstöße des überlegenen Mannes getreten ist. Es darf füglich bezweifelt werden, ob Lehrer, die derlei praktizieren, an dieser Gewohnheit auch dann noch festzuhalten gedenken, wenn sie sich die Tatsache bewußt machen, daß sie in Wirklichkeit an ihren Schülern eine uralte bei den Primaten übliche ritualisierte Begattung vollziehen. Wenn sie schon meinen, auf den körperlichen Schmerz als Mittel der Erziehung nicht verzichten zu können, so sollte es ihnen wohl möglich sein, die ihnen Ausgelieferten zu strafen, auch ohne daß sie diese zwingen, die weibliche Demuthaltung des tief nach vorn gebeugten Körpers einzunehmen. (Es ist bezeichnend, daß Schulmädchen, wenn überhaupt, nur selten auf diese Weise geschlagen werden – die Herkunft der Strafe aus dem Sexuellen wäre denn doch gar zu offensichtlich.) In diesem Zusammenhang hat ein Fachmann recht phantasievoll folgende Vermutung geäußert: Wenn manchmal die Schulbuben gezwungen werden, zum Zweck der Bestrafung auch noch die Hosen herunterzuziehen, so habe das kaum damit zu tun, daß es mehr wehtun solle, sondern mit etwas ganz anderem: Der Überlegene werde so in die Lage versetzt, die mit dem Fortgang der Züchtigung sich einstellende Rötung der Hinterbacken des Übergelegten zur Kenntnis zu nehmen – jene Rötung, die so lebhaft an den gleichen Effekt beim sexuell erregten Weibchen erinnert. Mag das stimmen oder nicht – eines ist gewiß: Als eine der Umstimmung dienende Demuthaltung bedeutet dieses ungewöhnliche Ritual eine höchst unselige Fehlleistung. Je mehr nämlich der unglückliche Junge den das Ritual Vollführenden unterschwellig sexuell erregt, desto eher wird dieser dazu neigen, es fortzusetzen, und da die rhythmischen Stöße des Beckens sich symbolisch in die rhythmischen Schläge mit dem Rohrstock umgewandelt haben, befindet sich das Opfer wieder genau da, wo es angefangen hat: Es konnte zwar eine direkte Attacke auf eine sexuelle umschalten, ist aber insofern hintergangen worden, als die sexuelle Verhaltensweise zurückverwandelt wurde in eine solche der Aggression.

Der dritte einer Umstimmung des Überlegenen dienende »Trick« – ihn durch Handlungen der Körperpflege besänftigen – spielt bei unserer Art eine nicht sonderlich große, aber recht nützliche

Rolle: Häufig vollführen wir streichelnde und tätschelnde Bewegungen, um einen Aufgeregten zu beruhigen, und viele führende Angehörige der Gesellschaft verbringen Stunden damit, sich von Untergeordneten mit viel Getue schönmachen zu lassen. Doch davon mehr in einem späteren Kapitel.

Auch zu Übersprunghandlungen kommt es bei Begegnungen aggressiver Art; zumeist treten sie in Situationen hoher Belastung oder Spannung auf. Dabei unterscheiden wir uns allerdings insofern von anderen Tieren, daß wir uns nicht auf einige wenige arttypische Übersprunghandlungen beschränken. Denn wir bedienen uns nahezu jeder alltäglichen Handlung, um unseren aufgestauten Stimmungen Abfluß zu verschaffen: Im Erregungszustand der Konfliktsituation stecken wir uns eine Zigarette an oder putzen die Brillengläser; wir blicken auf die Armbanduhr, zupfen an der Krawatte oder am Schmuck; wir kippen ein Gläschen oder knabbern an einem Happen. All solches Tun kann natürlich auch aus ganz normalen, zweckbestimmten Gründen geschehen; im Übersprung vollführt, dient keine dieser Handlungen einem Zweck: Im Augenblick einer Spannung wird eine Zigarette angezündet, wenn man eben erst die vorige, nur halb geraucht, im Aschenbecher zerdrückt hat. Und die Intensität des Rauchens in »geladener« Stimmung steht in keinerlei Verhältnis zu dem, was selbst ein starker Raucher sonst an Tabak verbraucht. Die Brillengläser, die man mit so viel Hingabe putzt, sind schon vorher ganz sauber gewesen. Die Armbanduhr, die man so eifrig aufzieht, hat das Aufziehen gar nicht nötig gehabt, und beim Blick aufs Zifferblatt nehmen die Augen die angezeigte Zeit überhaupt nicht wahr. Die Krawatte, die der Mann geraderückt, saß ganz richtig, und der Schmuck, den die Frau zurechtschiebt, war völlig in Ordnung und ist erst durch das erregt »ordnende« Herumzupfen in Unordnung geraten. Im Übersprung trinken wir nicht, weil wir durstig sind, und beim Übersprungessen haben wir keineswegs Hunger: Alle diese Handlungen geschehen nicht, um zu erreichen, wozu sie normalerweise dienen, sondern einzig und allein, um die Spannung zu lösen. Besonders häufig sind Übersprunghandlungen der geschilderten Art bei Beginn gesellschaftlicher Begegnungen, wenn Ängste und Aggressionen dicht unter der Oberfläche versteckt lauern. Bei jeder Party, bei jedem Essen, bei jeder kleineren oder größeren gesellschaftlichen Veranstaltung werden, sobald die gegenseitigen Beschwichtigungsrituale des Händeschüttelns und Anlächelns vorüber sind, Übersprungzigaretten und Übersprungdrinks und Übersprunghäppchen angeboten. Und wenn die Veranstaltung lange dauert – im Theater etwa oder im Kino –, wird der Ablauf sorgsam durch längere oder kürzere Pausen unterbrochen, während derer sich das Publikum seinen Lieblings-Übersprunghandlungen hingeben kann.

In Augenblicken stärkerer Erregung infolge aggressiver Spannung neigen wir dazu, auf Übersprunghandlungen zurückzufallen, die wir mit anderen Primaten-Arten gemeinsam haben – jetzt erfolgt das Abfließen der aufgestauten Erregung auf primitivere Art. Bei einem Schimpansen kann man in solcher Situation immer wieder heftige Kratzbewegungen beobachten, die sich sehr deutlich von der normalen Reaktion auf einen Juckreiz unterscheiden; der Schimpanse kratzt sich dabei vor allem den Kopf, manchmal die Arme, und seine Bewegungen dabei wirken geradezu stilisiert. Wir verhalten uns genauso – und auch unsere Übersprung-Putzbewegungen wirken gespreizt: Wir kratzen uns den Kopf, knabbern an den Nägeln, »waschen« das Gesicht mit den Händen, zupfen am Bart, wenn wir einen haben (und es gibt Leute, die streichen einen Bart, den sie nicht haben), richten das Haar, reiben die Nase, bohren auch wohl in ihr, ziehen geräuschvoll Luft durch die Nase oder stoßen sie ebenso laut aus, spielen mit den Ohrläppchen, fahren mit dem Finger ins Ohr, kratzen das Kinn, lecken über die Lippen oder reiben uns die Hände, als ob wir sie waschen. Sieht man sich einmal an, was in Situationen schwerer Konflikte an solchen Übersprunghandlungen produziert wird, so wird man feststellen, daß sie alle in ritualisierter Form ablaufen, ohne sorgfältig auf eine bestimmte Körperstelle gerichtet zu sein, wie es bei den echten Putz- und Reinigungshandlungen der Fall ist. Das Übersprung-Kopfkratzen des einen Individuums kann dabei deutlich anders sein als das eines zweiten oder dritten – jeder, der sich da kratzt, tut es auf seine eigene eingefahrene Art und Weise. Und da ja nicht wirklich geputzt wird, ist es kaum wichtig, daß alle Aufmerksamkeit sich auf eine einzige Körperregion beschränkt und die anderen unbeachtet bleiben. Wie wichtig solche Übersprunghandlungen sind, mag aus folgendem erhellen: Bei jeder sozialen Wechselbeziehung innerhalb einer kleinen Gruppe von Individuen kann man mühelos herausbekommen, wer die untergeordneten Angehörigen der jeweiligen Gruppe sind – die mit den auffallend häufigeren Übersprung-Putzhandlungen. Das eine wirklich in dieser Gruppe führende Individuum hingegen läßt sich daran erkennen, daß bei ihm solche Handlungen fast überhaupt nicht vorkommen. Sieht man jedoch bei einem angeblich leitenden Mitglied der Gruppe des öfteren kleine Übersprunghandlungen, so bedeutet dies, daß seine offizielle Vorrangstellung irgendwie durch die übrigen anwesenden Individuen bedroht ist.

Bei unserer Erörterung all dieser verschiedenen Verhaltensweisen der Aggression und der Unterordnung war bisher vorausgesetzt, daß die jeweils beteiligten Individuen »die Wahrheit sagen«, daß sie also nicht bewußt und vorsätzlich ihre Handlungen abwandeln, um damit dieses oder jenes zu erreichen. Wir »lügen« zwar mit unseren Wörtern mehr als mit den anderen Signalen, die uns für eine Verständigung zur Verfügung stehen; dennoch darf die angeschnittene Frage des »Lügens« mit Hilfe von Verhaltensweisen der Aggression und der Demut nicht übergangen werden. Es ist nämlich gewiß äußerst schwer, mit Hilfe solcher Verhaltensweisen die Unwahrheit »auszudrücken«, aber es ist eben doch nicht ganz unmöglich. Wie schwer es ist, zeigt jener Fall der Eltern, die ihrem Kleinkind etwas vormachen wollen: Das erzwungene Lächeln verfängt nicht – im Gegenteil, es verfehlt seinen Zweck weit mehr, als die Eltern es sich vorstellen. Zwischen Erwachsenen hingegen, bei deren sozialen Wechselbeziehungen der in Wörter gefaßte Informationsgehalt eine weitaus größere Rolle spielt, kann solches »Lügen« Erfolg haben. Ärgerlich für den »Verhaltenslügner« ist allerdings, daß er meist nur mit einigen von ihm ausgewählten Elementen seines gesamten Signalsystems lügt; andere Elemente, die er nicht beachtet, lassen ihn sein Spiel verlieren. Am erfolgreichsten sind solche »Verhaltenslügner«, die sich nicht bewußt darauf konzentrieren, bestimmte Signale abzuwandeln und so für ihre Zwecke einzusetzen, sondern die sich selbst in die Grundstimmung hineindenken und hineinsteigern, die sie an den Mann zu bringen beabsichtigen – jetzt können sie die sich daraufhin einstellenden kleinen Zeichen durch sich selbst wirken lassen. Nach dieser Methode handeln besonders häufig und mit großem Erfolg die professionellen Lügner – und zu diesen gehören auch die Schauspieler und Schauspielerinnen. Ihr ganzes Berufsleben zielt ja darauf ab, »Verhaltenslügen« zu produzieren – was gelegentlich zu sehr ernsthaften Schädigungen ihres Privatlebens führen kann. Auch Politiker und Diplomaten müssen mit einem gerüttelt Maß an »Verhaltenslügen« aufwarten; im Gegensatz zu den Schauspielern haben sie allerdings kein »Privileg aufs Lügen«, und zudem können die Schuldgefühle, die sich bei ihnen einstellen, in schweren Konflikt mit ihren Leistungen geraten – ganz davon zu schweigen, daß die Politiker nicht die lange Ausbildung der Schauspieler im berufsmäßigen »Verhaltenslügen« durchmachen.

Aber auch ohne solche Ausbildung ist es möglich, das »Verhaltenslügen« zu lernen. Man braucht sich dazu nur ein wenig Mühe zu geben und muß die hier dargelegten Tatsachen sorgsam studieren. Ich selbst habe das ganz bewußt und mit einigem Erfolg in ein oder zwei Fällen ausprobiert – als ich mit der Polizei zu tun hatte. Die Überlegung ist folgende: Wenn es eine starke biologische Tendenz dahingehend gibt, daß Demutgebaren beschwichtigend wirkt, dann müßte diese Anlage doch durch geeignete Signale zu manipulieren sein. Die meisten Autofahrer, die wegen irgendeines kleinen Verstoßes gegen die Verkehrsgesetze von der Polizei angehalten werden, reagieren darauf unmittelbar damit, daß sie ihre Unschuld beteuern oder irgendwelche Entschuldigungen für ihr Verhalten vorbringen. Indem sie das tun, verteidigen sie ihr (fahrbares) Revier und machen sich so selbst zum Rivalen in einer Auseinandersetzung, bei der es um ein Revier geht. Das aber ist das denkbar Verkehrteste. Denn es zwingt den Schutzmann zum Gegenangriff. Weitaus besser ist es, wenn der Autofahrer sich äußerst unterwürfig aufführt – so nämlich macht er es dem Polizeibeamten zunehmend schwerer, die aufkommende Beschwichtigung zu unterdrücken: Die eigene Schuld infolge totaler Idiotie und Minderwertigkeit voll und ganz zugeben – das verhilft dem Schutzmann zu einer Machtposition, aus der heraus anzugreifen für ihn sehr schwierig ist. Man muß ihm sagen, wie dankbar man ihm ist, daß er einen gestoppt hat, und wie sehr man ihn bewundert, daß er dadurch Schlimmeres verhüten konnte. Aber Worte allein genügen nicht. Es sind auch die geeigneten Gebärden ins Treffen zu führen: Angst und Unterwürfigkeit müssen im Mienenspiel und in der Körperhaltung deutlich Ausdruck finden. Vor allem ist es wichtig, schnell aus dem Wagen zu steigen und vom Auto weg auf den Schutzmann zuzugehen. Er darf gar nicht erst dazu kommen, daß er auf Sie losgeht, denn das hieße ja, daß Sie ihn dazu gezwungen haben, indem Sie ihm drohten. Außerdem bedeutet das Verbleiben im Wagen, daß Sie Ihr Revier behaupten. Indem Sie aus dem Wagen steigen, schwächen Sie automatisch Ihren Status als Besitzer des Reviers. Noch etwas spielt eine wesentliche Rolle: Die sitzende Haltung innerhalb des Wagens ist notwendigerweise die eines »Thronenden«, eines Überlegenen also. Die Macht, die jemandem durch das Sitzen verliehen wird, ist ein eigenartig ungewöhnliches Element unseres Verhaltens: Niemand wird sitzen, solange der »König« steht, und wenn der »König« sich erhebt, stehen sofort alle anderen auf. Es ist dies eine ganz spezielle Ausnahme von der sonst für das Aggressionsverhalten bei aufgerichtetem Körper allgemein gültigen Regel, nach der mit zunehmender Unterordnung die Körperhöhe durch gebückte Haltung erniedrigt wird. Wenn man also bei einem Rencontre mit der Polizei seinen Wagen verläßt, so gibt man damit das Recht auf sein Revier und zugleich seinen »Herrschersitz« auf und bringt sich selbst in jenen schicklichen Zustand der Schwäche, der die nun folgenden Handlungen der Unterwerfung einleitet. Eines freilich darf nicht vergessen werden: Man steht ja nun aufrecht. Das aber darf auf keinen Fall übertrieben werden. Man halte sich etwas gebückt – »geduckt«! – und lasse den Kopf etwas hängen. Und wenn man spricht, denke man daran, daß der Tonfall genauso wichtig ist, wie die Wörter es sind, die man gebraucht. Eine ängstliche Miene und ein scheuer Blick sind ebenfalls von Nutzen, und auch einige Übersprung-Putzhandlungen werden ihren Zweck nicht verfehlen.

Leider aber ist man als Autofahrer nun einmal in der aggressiven Grundstimmung der Revierverteidigung, und deshalb ist es äußerst schwierig, diese Stimmung lügnerisch zu überdecken. Dazu bedarf es entweder beträchtlicher Übung oder einer wirklich guten Kenntnis der nicht in Wörter gefaßten Verhaltenssignale. Wer in seinem alltäglichen Leben hinsichtlich der persönlichen Überlegenheit ein wenig zu kurz gekommen ist, sollte es auf einen Versuch – und sei dieser noch so bewußt und wohlerwogen angelegt – nicht ankommen lassen: Die Erfahrung könnte doch zu unerfreulich sein, weshalb es besser sein wird, die Strafe zu zahlen.

Das Thema dieses Kapitels ist zwar das Kampfverhalten; bisher jedoch haben wir uns nur mit den Methoden befaßt, die dazu dienen, einen wirklichen Kampf zu vermeiden. Wie sieht es also mit dem nackten Affen aus, wenn sich die Situation so weit verschlechtert hat, daß es zur körperlichen Auseinandersetzung kommt? Interessanterweise verhält sich in diesem Fall der nackte Affe (sofern er unbewaffnet ist) auffallend anders als die übrigen Primaten. Sie nämlich kämpfen hauptsächlich mit den Zähnen, wir hingegen mit den Händen: Während sie zupacken und beißen, fassen wir zu und quetschen, drücken und pressen, oder wir schlagen mit geballten Fäusten drein. Lediglich bei Kleinkindern spielt das Beißen in der kämpferischen, aber unbewaffneten Auseinandersetzung bezeichnenderweise eine Rolle – ihre Hand- und Armmuskulatur ist noch zu schwach entwickelt.

Beim erwachsenen nackten Affen gibt es heutzutage eine Reihe stark stilisierter und ritualisierter Formen des Kampfes ohne Waffen – Ringen, Judo, Boxen –, sonst aber ist das Kämpfen in seiner ursprünglichen Form ausgesprochen selten geworden. Im gleichen Augenblick, in dem es Ernst wird, greift der nackte Affe zu einer künstlichen Waffe dieser oder jener Art; in der einfachsten Form ist sie ein Wurfgeschoß oder ein Knüppel als Verlängerung und Verstärkung der Faust. Unter gewissen Umständen sind auch Schimpansen dazu in der Lage: In ein Gehege, in dem Schimpansen in halber Freiheit gehalten wurden, brachte man einen ausgestopften Leoparden. Auf diese Attrappe ihres Hauptfeindes schlugen die Schimpansen mit Ästen ein, die sie von den Bäumen abgebrochen hatten. Und auch Wurfgeschosse wußten sie zu handhaben; über einen Wassergraben hinweg warfen sie mit Erdklumpen nach Vorübergehenden. Es spricht allerdings wenig dafür, daß sie dies auch in freier Wildbahn tun; bei kämpferischen Auseinandersetzungen mit Artgenossen gibt es dergleichen überhaupt nicht. Immerhin läßt uns dieses ihr Verhalten erahnen, wie wir einst vielleicht begonnen haben, künstliche Waffen zunächst einmal bei der Verteidigung gegen Angehörige anderer Arten und zum Töten von Beute zu benützen. Sie dann auch beim Kampf mit unseresgleichen zu verwenden, war sicherlich erst eine sekundäre Entwicklung. Aber nun gab es die Waffen einmal, sie standen für jeden Ernstfall zur Verfügung, ganz gleich in welchem Zusammenhang.

Die primitivste Form der künstlichen Waffe ist ein hartes, festes, noch unbearbeitetes Stück Holz oder Stein, wie man es allenthalben in der Natur vorfindet. Schon durch einfaches Bearbeiten konnte die Wirkung wesentlich verbessert werden: Es entstanden Waffen für Hieb und Stich, es entstand der Speer als Fernwaffe.

Mit der Fernwaffe aber ist der nächste große und sehr wichtige Schritt in der Entwicklung der Angriffsmethoden getan: Der Abstand zwischen den Feinden vergrößert sich – und dieser Schritt ist es auch, der uns fast zum Verderben geworden ist. Mit dem Speer kann man den Gegner über eine gewisse Entfernung treffen; seine Reichweite bleibt allerdings begrenzt. Besser ist da schon der Pfeil; aber er trifft nicht genau genug. Mit der Erfindung der Feuerwaffe wird der Abstand, über den hinweg man den Feind wirkungsvoll bekämpfen kann, ganz wesentlich erweitert; noch größer wird die Entfernung durch das Flugzeug, das seine Bomben fallen läßt, und die Interkontinentalrakete schließlich trägt den »Schlag« des Angreifers an jede Stelle dieser Erde. Das bedeutet, daß der Feind nicht mehr geschlagen, sondern blindlings und wahllos vernichtet wird. Im Bereich des Biologischen ist aber die eigentliche Aufgabe der Aggression innerhalb der eigenen Art stets nur die, den Gegner niederzuzwingen, nicht ihn umzubringen. Zum letzten Schritt – zur Vernichtung von Leben – kommt es nicht, weil der Feind entweder flüchtet oder sich unterwirft. Im einen wie im andern Fall hat die aggressiv-kämpferische Auseinandersetzung ihr Ende – der Streit ist beigelegt. Sobald aber der Angriff über eine Entfernung erfolgt, die es dem Sieger unmöglich macht, die beschwichtigenden Signale des Verlierers zu erkennen, wütet die Aggression weiter. Ein Ende findet sie nur, wenn ihr unmittelbar mit aller Unterwürfigkeit begegnet wird oder der Gegner Hals über Kopf flieht. Weder das eine noch das andere ist jedoch über die Entfernungen wahrnehmbar, in denen heutzutage die Aggressionshandlungen abrollen – es kommt zu Metzeleien von einem Ausmaß, wie es bei keiner anderen Art auch nur annähernd bekannt ist.

Solcher Selbstvernichtung leistet die bei uns so kräftig ausgebildete Bereitschaft zu gemeinsamem Handeln besonderen Vorschub. Erworben haben wir diese Eigenschaft im Zusammenhang mit der jägerischen Lebensweise, und das war gut so. Jetzt aber schlagen wir uns mit diesem unserem Zusammenstehen und Zusammenwirken selbst: Der starke Trieb, einander beizustehen, der entstanden ist aus den Erfordernissen der gemeinsamen Jagd, liegt nun auch bereit zu einem mächtigen Ausbruch anläßlich von Aggressionshandlungen innerhalb der Art. Aus dem getreulich Seite-an-Seite-Stehen bei der Jagd wurde das treu Seite-an-Seite-Kämpfen – und damit war der Krieg geboren. Man kann es nur als eine Ironie des Schicksals bezeichnen, wenn ausgerechnet die Entwicklung des tief in uns verwurzelten Triebes, dem Nachbarn und Gefährten zu helfen, zur Hauptursache all der Schrecken des Krieges geworden ist. Dieser Trieb sorgt dafür, daß wir uns zu tödlich aggressiven Banden, Horden und Heeren zusammenrotten, denn ohne ihn würde jeder Zusammenhalt fehlen, und die Aggression wäre wieder jedermanns ureigenste Angelegenheit.

In diesem Zusammenhang ist die These aufgestellt worden, wir

seien dadurch, daß wir uns zu Jägern und Wildtötern entwickelt hätten, automatisch auch zu Rivalenmördern geworden; in uns gebe es also einen angeborenen Trieb, den Gegner umzubringen. Der Augenschein spricht jedoch, wie ich bereits dargelegt habe, gegen diese Annahme. Das, was das Tier mit der Aggression erreichen will, ist die Niederlage des Feindes, nicht sein Tod; Überlegenheit ist das Ziel der Aggression, nicht Vernichtung, und grundsätzlich unterscheiden wir uns in dieser Hinsicht von den anderen Arten offenbar nicht. Es gibt auch keinen zureichenden Grund, warum wir es sollten. Bei uns jedoch ist folgendes Übel passiert: Der Angriff mit Fernwaffen und das enge Zusammenwirken in der Gruppe sind eine so feste Verbindung eingegangen, daß die am Kampf Beteiligten das ursprüngliche und eigentliche Ziel der Aggression völlig aus den Augen verloren haben: Sie greifen nicht an, um den Feind niederzuzwingen, sondern viel mehr deshalb, weil es sie drängt, den Kameraden beizustehen, und zudem hat die innere angeborene Bereitschaft zu unmittelbarer Beschwichtigung nur wenig oder gar keine Aussicht, wirksam werden zu können – sie bekommen ja keinerlei entsprechende Signale zu sehen. Diese unselige Entwicklung kann durchaus zur totalen Ausrottung unserer eigenen Art durch uns selbst führen.
Wie nicht anders zu erwarten, hat dieses Dilemma Anlaß zu erheblichem Übersprung-Kopfkratzen gegeben. Besonders gern wird als Lösung des Problems eine gründliche allgemeine Abrüstung vorgeschlagen; wenn sie wirklich erfolgreich sein soll, müßte sie allerdings bis zu einem wohl niemals zu erreichenden Extrem vorangetrieben werden: Alle zukünftigen Auseinandersetzungen müßten mit Sicherheit beschränkt bleiben auf jenen Kampf im engen körperlichen Kontakt der Gegner, bei dem die automatisch wirkenden Beschwichtigungssignale wieder zur Geltung kommen. Eine andere Lösung sieht vor, die Angehörigen der verschiedenen sozialen Gruppen zu »entpatriotisieren«. Solches Auflösen sozialer Bindungen würde allerdings einer fundamentalen biologischen Eigenheit unserer Art entgegenwirken. Und die naturgegebene Tendenz zur Bildung sozialer Eigengruppen, die sich gegen andere mehr oder weniger dicht abschließen, wäre nur durch eine recht erhebliche Abwandlung unseres Erbgefüges zum Verschwinden zu bringen, durch eine Mutation also, die zudem automatisch eine Zerschlagung unserer so verwickelten Sozialstruktur zur Folge haben müßte.
Eine dritte Lösung will den Krieg dadurch vermeiden, daß harm-

lose symbolische Ersatzhandlungen an seine Stelle treten und mit Nachdruck gefördert werden sollen. Aber selbst wenn diese tatsächlich harmlos sind, werden sie bestenfalls nur einen sehr kleinen Beitrag zur Lösung des wirklichen Problems leisten können. Denn wir müssen uns vor Augen halten, daß dieses Problem, biologisch gesehen, ein Problem der Verteidigung des Gruppenreviers ist und, angesichts der bei unserer Art herrschenden gewaltigen Übervölkerung, außerdem ein Problem der Ausweitung des Gruppenreviers. Man mag das Fußballspiel noch so stürmisch und noch so international betreiben, in denkbar größtem Ausmaß – eine Lösung des Problems ist so nicht zu erreichen.
Und deshalb sei der vierte Vorschlag diskutiert: Man solle es dahin bringen, daß die Aggression vom Verstand im Zaum gehalten wird. Da unser Verstand uns in dieses Schlamassel hineingeritten habe, müsse er uns nun auch wieder herausbringen. Betrüblicherweise sprechen jedoch unsere höheren Hirnzentren dann, wenn es um Dinge wie Revierverteidigung geht, allzu leicht auf das Drängen der tieferen Zentren an. Bis dahin kann uns eine Kontrolle durch den Intellekt helfen, weiter aber nicht. Wenn die tiefen Zentralen agieren, ist auf den Verstand kein Verlaß mehr; eine einzige unvernünftige, aus dem Emotionalen kommende Handlung kann alles zuschanden machen, was er mühselig aufgebaut hat.
Die biologisch allein richtige Art und Weise aus dem Dilemma herauszukommen ist eine massive Entvölkerung oder eine schnelle Ausbreitung der Art nach anderen Planeten hin, und das beides soweit wie möglich kombiniert mit den vier eben behandelten Maßnahmen. Wenn der Bevölkerungszuwachs in dem gegenwärtigen erschreckenden Maß anhält, so wird es, wie wir wissen, zu einer ständig sich steigernden, nicht mehr in Schach zu haltenden Aggressivität kommen. Daß es dahin kommen muß, ist durch Laboratoriumsversuche schlüssig bewiesen. Starke Übervölkerung wird soziale Spannungen und Streß-Situationen entstehen lassen, die unsere Sozialstrukturen und -institutionen zutiefst erschüttern, schon lange bevor wir verhungern. Allem, was unser Verstand unternimmt, um die Situation besser in den Griff zu bekommen, wird die Übervölkerung unmittelbar entgegenarbeiten; die Wahrscheinlichkeit wilder emotionaler Explosionen wird sich aufs gefährlichste steigern. Einer solchen Entwicklung ist einzig und allein mit einer drastischen Senkung der Geburtenraten zu begegnen. Das aber hat leider seine großen Schwierigkeiten. Es

sind deren zwei. Da ist erstens die Familie, nach wie vor die Grundeinheit all unserer Gesellschaftsordnungen. Sie dient, wie wir gesehen haben, dem Aufziehen des Nachwuchses; zu ihrem gegenwärtigen komplexen Zustand hat sie sich entwickelt als eine Einrichtung zum Zeugen, zum Schutz und zum Erziehen der Kinder bis zu deren Reife. Wird diese ihre Funktion ernstlich eingeengt oder zeitweilig abgeschafft, so muß darunter die Paarbindung leiden, was wiederum ein soziales Chaos zur Folge haben wird. Nun könnte man – und damit kommen wir zur zweiten Schwierigkeit – versuchen, die Flut der Geburten dadurch einzudämmen, daß man nur bei bestimmten Paaren eine ungehinderte Fortpflanzung zuläßt, sie jedoch allen anderen verbietet. Das aber würde sich gegen das Zusammenwirken und Zusammenarbeiten als eines der Grundelemente unserer Gesellschaft auswirken.

In einfachen Zahlen ausgedrückt, läuft unser Problem darauf hinaus: Wenn alle Angehörigen der Bevölkerung Paare bilden und Kinder zeugen, dürften nicht mehr als zwei Kinder je Paar geboren werden, damit die Bevölkerungszahl auf gleichbleibender Höhe gehalten werden kann. Mit diesen zwei Kindern wird jeder Mann und wird jede Frau sich selbst ersetzen. Berücksichtigt man dazu noch die Tatsache, daß ein kleiner Prozentsatz der Bevölkerung nicht heiratet und keine Kinder zeugt, daß außerdem stets mit einer gewissen Zahl von vorzeitigen Todesfällen durch Unfall, Krankheit und dergleichen zu rechnen ist, so kann die durchschnittliche Kopfstärke der Familie sogar noch ein wenig größer sein. Allerdings wird die Verkleinerung der Kinderzahl den Mechanismus der Paarbindung stärker belasten. Denn wenn auch die Last, die das Aufziehen vieler Nachkommen mit sich bringt, durch die geringere Zahl von Kindern erleichtert wird, so bedeutet das doch größere Anstrengungen in anderer Richtung, damit die Paarbindung eng geknüpft bleibt. Immerhin ist dies ein sehr viel kleineres Risiko als die Alternative des Erstickens und Verhungerns durch Übervölkerung.

Fassen wir also zusammen: Soll der Welt der Frieden erhalten bleiben, so bietet sich als die beste Lösung eine umfassende Förderung der Empfängnisverhütung oder der Abtreibung an. Die Abtreibung ist jedoch eine sehr rigorose Methode, die außerdem ernsthafte emotionale Störungen im Gefolge haben kann. Mehr noch: Mit der Verschmelzung von Eizelle und Samenzelle bei der Befruchtung ist ein neues Wesen entstanden, das auch im Mutterleib schon ein Mitglied der Gesellschaft darstellt. Es zu vernichten, wäre im Effekt ein Akt der Aggression – gerade jener Verhaltensweise also, die wir zu zügeln uns vorgenommen haben. Schon aus diesem Grunde ist die Empfängnisverhütung vorzuziehen. Jeder, der sich aus religiösen oder anderen »moralischen« Gründen gegen die Empfängnisverhütung stellt, sollte sich der Tatsache bewußt sein, daß er sich damit auf etwas einläßt, das, denkt man einmal das Problem bis zum Ende durch, nur als Kriegshetze bezeichnet werden kann.

So sind wir unversehens auf die Frage der Religion gekommen. Vielleicht lohnt es sich, auch diese eigenartige Verhaltensweise etwas näher zu betrachten, bevor wir uns anderen Aspekten der Aggression bei unserer Art zuwenden. Es ist gewiß kein leichtes Unterfangen, aber als Zoologe und Verhaltensforscher muß man sich nun einmal alle Mühe geben, zu beobachten, was tatsächlich vor sich geht, und nicht darauf horchen, was angeblich geschieht. Wenn wir es so halten, so sehen wir uns zu dem Schluß gezwungen, daß, im Sinne und mit den Begriffen der Verhaltensforschung ausgedrückt, religiöse Handlungen sich wie folgt darstellen: Große Gruppen von Individuen versammeln sich, um mit wiederholtem, lange anhaltendem Demutgebaren ein übergeordnetes herrschendes Wesen zu beschwichtigen. Dieses dominierende Wesen tritt bei den verschiedenen Kulturen in unterschiedlichen Gestalten auf, denen jedoch stets ein Faktor gemeinsam ist: unermeßliche Macht. Manchmal erscheint das Wesen als ein Tier von anderer Art als der unseren oder in idealisierter Form eines Tieres. Manchmal wird es abgebildet als ein weiser, alter Angehöriger unserer eigenen Art. Und manchmal ist es völlig abstrakt – man nennt es dann einfach »Staat« oder ähnlich. Die Unterwürfigkeitsreaktionen auf dieses Wesen können bestehen aus Schließen der Augen, Senken des Kopfes, verschränken der Hände in bittender Haltung, Knien, Küssen des Bodens oder Liegen in ausgestreckter Haltung; begleitet werden diese Handlungen häufig durch jammernd klagende oder monoton singende Lautäußerungen. Gelingen diese Demuthandlungen mit Erfolg, dann ist das dominierende Wesen beschwichtigt, versöhnt und gnädig gestimmt. Da seine Macht so groß ist, müssen die Beschwichtigungszeremonien in regelmäßigen, häufig aufeinander folgenden Abständen wiederholt werden, um zu verhüten, daß sich sein Zorn neuerlich regt. Das dominierende Wesen wird gewöhnlich, wenn auch nicht immer, als Gott bezeichnet.

Da keiner dieser Götter in greifbarer Gestalt existiert, erhebt sich die Frage: Warum sind sie dann erfunden worden? Um eine Antwort auf diese Frage zu finden, gilt es wieder einmal den weiten Weg zurückzugehen zum Ursprung, zu unseren Ahnen. Bevor wir uns zu im Hordenverband zusammenarbeitenden Jägern entwickelt haben, müssen wir in Sozialverbänden gelebt haben, wie wir sie heute bei anderen Tier- und Menschenaffen-Arten kennen. Im typischen Fall wird jede solche Gruppe von einem einzigen, allen anderen Angehörigen überlegenen dominierenden Männchen beherrscht. Dieser Affenmann ist der Chef, der Herr, jeder und jede andere in der Gruppe hat ihm zu gehorchen, ihn bei guter Laune zu halten, ihn zu beschwichtigen, wenn er oder sie nicht die Konsequenzen tragen will. Er ist aber auch der Aktivste, wenn es darum geht, die Gruppe vor Gefahren von außen zu schützen und Händel zwischen Gruppenmitgliedern niederen Ranges beizulegen. Alles im Leben aller Angehörigen der Horde dreht sich um den einen Herrscher. Seine Rolle als Allmächtiger gibt ihm einen gottähnlichen Status. Wenden wir uns nun unseren unmittelbaren Vorfahren zu, so wird folgendes klar: Mit zunehmendem Zusammenwirken, das so entscheidend wichtig war für das erfolgreiche Jagen der Gruppe, mußte die Autorität dieses einen dominierenden Individuums ganz wesentlich eingeschränkt werden, wenn ihm die aktive Gefolgschaftstreue (anstelle der vordem passiven Ergebenheit) der Gruppenmitglieder erhalten bleiben sollte: Sie mußten ihm nun helfen wollen, anstatt ihn nur zu fürchten. Und er mußte sehr viel mehr »einer von ihnen« werden. Der Affentyrann alten Stils hatte abzutreten; seinen Platz nahm nun ein duldsamerer, auf Zusammenwirken und Hand-in-Hand-Arbeiten eingestellter Anführer ein. Dieser Schritt war ausschlaggebend wichtig für die sich mit dem nackten Affen entwickelnde, auf gegenseitige Hilfe abgestellte neue Ordnung. Schon aber tauchte ein neues Problem auf: Die absolute Autokratie von Nummer Eins der Gruppe war abgelöst durch eine beschränkte Herrschaft; jetzt konnte der Anführer keinen widerspruchslosen Untertanengehorsam mehr fordern. Dieser Wechsel in der Ordnung der Dinge, so notwendig er für die neue Lebensweise und die aus ihr sich ergebende Sozialstruktur war, läßt jedoch eine Lücke unausgefüllt: Aus der alten Urwaldaffenzeit war nämlich noch immer das Verlangen nach dem einen Allmächtigen da, der seine Gruppe in Zucht hielt. Diese Lücke wurde geschlossen dadurch, daß man einen Gott erfand. Und dessen Macht konnte als zusätzliche Kraft zu der jetzt beschränkten Macht des Anführers der Horde treten.

Auf den ersten Blick ist man eigentlich überrascht, daß die Religion so erfolgreich gewesen ist. Man sollte aber bedenken, daß ihre immense Kraft nur ein Maß ist für die Stärke unserer direkt von den Affenahnen her ererbten elementaren biologischen Tendenz, uns einem allmächtigen Angehörigen der Gruppe zu unterwerfen. Und genau deshalb hat sich die Religion auch als eine ungemein wertvolle Hilfe für den sozialen Zusammenhalt erwiesen. Wenn man an die einzigartige Kombination der Umstände bei unseren stammesgeschichtlichen Anfängen denkt, so erscheint es sehr fraglich, ob unsere Art ohne die Religion jemals so weit vorangekommen wäre, wie sie es ist.

Die Religion hat auch einige seltsame Nebenerscheinungen entstehen lassen, so den Glauben an ein »anderes Leben«, in dem wir schließlich mit den Göttergestalten vereinigt sein werden. Den Göttern war es aus Gründen, die wir bereits angedeutet haben, unwiderruflich versagt, uns im gegenwärtigen Leben zu begegnen; wohl aber können sie es in einem Leben nach dem Tode. Um das zu erleichtern, haben sich vielerlei Bräuche und Sitten herausgebildet, die bestimmen, was mit dem Körper geschieht, wenn wir gestorben sind. Wir müssen wohlvorbereitet sein, wenn wir hinübergehen dorthin, wo wir unsere allmächtigen Herren treffen – und deshalb sind all die komplizierten Bestattungszeremonien notwendig.

Die Religion hat aber auch mancherlei Leid und Elend entstehen lassen überall dort, wo sie in ihrer Ausübung überformalisiert wurde, und stets dann, wenn die berufsmäßigen »Gehilfen« und »Diener« der Göttergestalten nicht der Versuchung zu widerstehen vermochten, ein wenig von der Macht des Gottes auszuborgen und sich ihrer für eigene Zwecke zu bedienen. Aber trotz ihrer so wechselvollen und buntscheckigen Geschichte ist und bleibt die Religion ein Grundzug unseres sozialen Daseins, ohne den wir nun einmal nicht auskommen. Wann immer sie unerwünscht wird, lehnt man sie still, manchmal auch lärmend und mit Gewalt ab, aber im Nu ist sie in neuer Gestalt wieder da, sorgsam verkleidet vielleicht, doch sind es dieselben alten Grundelemente, die sie auch jetzt wieder mitbringt. Wir müssen eben einfach »an etwas glauben«. Denn nur ein gemeinsamer Glaube bindet uns aneinander und hält uns im Zaum. Nun könnte man meinen, daß dazu eigentlich jeder beliebige Glaube tauge, solange er nur stark genug sei. Aber das ist so nicht richtig. Er muß eindrucksvoll sein, muß packen, und man muß sehen können, daß er eindrucksvoll ist.

Denn unsere auf das Gemeinschaftliche angelegte Natur verlangt nach der Ausübung eines komplizierten Gruppenrituals und nach der Teilnahme daran. Wollte man den Prunk mit all seinem Drum und Dran abschaffen, so würde eine äußerst bedenkliche kulturelle Leerstelle entstehen – der Verstand mit seinen Weisungen wird in der tiefen Schicht des Emotionalen, die für die Religion so entscheidend wichtig ist, Schiffbruch erleiden. Nun sind allerdings manche Ausprägungen des Glaubens im Vergleich mit anderen so übertrieben aufwendig, so widerspruchsvoll, ja unglaubwürdig, daß sie eine Gemeinschaft, die derlei glaubt und praktiziert, durchaus in eine Sackgasse erstarrender und erstarren machender Verhaltensweisen führen können, die jede weitere qualitative Entwicklung der Gemeinschaft hemmen. Als biologische Art gesehen, sind wir verstandesbegabte und explorative Lebewesen; und deshalb werden Glaubensformen, die dieser Tatsache Rechnung tragen, die uns zuträglichsten sein. Ein Glaube daran, daß es Wert hat, Wissen von der Welt, in der wir leben, zu erwerben und damit ein wissenschaftliches Verständnis dieser Welt; ein Glaube daran, daß es Sinn hat, ästhetisch-künstlerische Werte unterschiedlichster Art zu schaffen und sie würdigen zu wissen; ein Glaube daran, daß es unser Auftrag ist, den Bereich unserer Erfahrungen im alltäglichen Leben zu verbreitern und zu vertiefen – ein solcher Glaube wird in schnell zunehmendem Maße die »Religion« unserer Zeit. Erfahrung und Verständnis, das sind unsere abstrakten Göttergestalten; Unwissenheit und Beschränktheit erregen den Zorn dieser Götter. Die Schulen und die Universitäten sind die Stätten der Lehre unseres Glaubens, die Bibliotheken, Museen, Galerien, Theater, Konzertsäle und Sportplätze die Stätten, an denen wir uns zu gemeinsamer Verehrung versammeln. Und daheim halten wir unsere Andacht ab bei unseren Büchern, Zeitungen, Zeitschriften, am Radio und am Fernsehgerät. In einem gewissen Sinn glauben wir auch noch an ein Leben nach dem Tode, und zwar insofern, als zu der Befriedigung, die uns durch unsere schöpferischen Leistungen zuteil wird, auch das Gefühl gehört, in eben diesen Leistungen nach dem Tode »weiterzuleben«. Wie alle Formen der Religion, so birgt freilich auch diese ihre Gefahren in sich; aber wenn wir schon eine Religion haben müssen (und es sieht ganz so aus, als ob wir sie in der Tat haben müssen), dann erscheint ganz sicher diese eine als die den einzigartigen biologischen Eigenschaften unserer Art angemessene. Wenn eine ständig wachsende Mehrheit der Weltbevöl-

kerung sich zu ihr bekennt, so wird sie ein Hort der Zuversicht sein, von dem aus wir optimistisch dem entgegensehen können, was zuvor so pessimistisch dargelegt worden ist: die unmittelbare Zukunft unserer Art, die, aller Schwarzmalerei zum Trotz, doch »noch einmal davonkommen« wird.
Bevor wir uns in die Diskussion der Frage nach der Religion eingelassen haben, war unser Thema einer der Aspekte aggressiven Verhaltens innerhalb unserer Art gewesen, nämlich die Verteidigung des Gruppenreviers. Das ist aber nur ein Aspekt von mehreren. Denn wie zu Beginn des Kapitels erwähnt, verfügt der nackte Affe über drei verschiedene Formen der Aggression. Es gilt also jetzt die zwei noch verbleibenden zu untersuchen: die Verteidigung des Reviers der Familie als einer Einheit innerhalb der größeren Einheit der Gruppe und das persönliche, individuelle Behaupten des Ranges innerhalb der gesellschaftlichen Hierarchie.
Die räumliche Sicherung der Heimstatt für die Familie zieht sich wie ein roter Faden durch die gesamte so ausgedehnte Geschichte der Baukunst und ihrer Fortschritte. Auch die größten Gebäude sind, sofern sie als Wohnquartier dienen sollen, nach wie vor sorgsam unterteilt in immer wieder die gleichen Einheiten, je eine pro Familie. Es hat in dieser Hinsicht, wenn überhaupt, so kaum eine in der Architektur ihren Ausdruck findende »Arbeitsteilung« gegeben. Auch die Schaffung von Stätten gemeinsamen Essens und Trinkens – von Gasthäusern, Restaurants und Bars – hat keineswegs dazu geführt, daß nun das Speisezimmer im Heim der Familie abgeschafft wurde. Im Gegenteil: Trotz all der anderen Fortschritte, die wir gemacht haben, wird die Anlage unserer Dörfer, Städte und Großstädte noch immer beherrscht von unserem uralten Nacktaffen-Drang, die größeren Gruppenzusammenschlüsse aufzugliedern in kleine, deutlich abgegrenzte Familienreviere. Und wo, wie auf dem Dorf und in der Siedlung am Stadtrand, die Einzelhäuser noch nicht zusammengequetscht sind zu Wohnblöcken aus Stein und Beton, wird das zu verteidigende Revier sorgfältig mit Zaun, Mauer oder Hecke gegen das der Nachbarn abgesteckt, und die solchermaßen markierten Grenzen werden, genau wie bei den anderen Arten mit Revierbesitz, peinlich eingehalten und respektiert.
Zu den wesentlichen Merkmalen des Familienreviers gehört, daß es sich leicht von allen anderen unterscheiden läßt. Gewiß verleiht ihm schon die räumliche Trennung etwas Einzigartiges. Aber das genügt noch nicht. Schon durch sein Aussehen muß es als ein

sofort zu identifizierendes Gebilde auffallen, damit es das »persönliche« Eigentum der darin lebenden Familie werden kann. Diese Forderung klingt nun allerdings ganz selbstverständlich, ist aber häufig genug übersehen oder ignoriert worden, teils unter dem Zwang wirtschaftlicher Bedingungen, teils deshalb, weil die Architekten keine Ahnung von den biologischen Gegebenheiten hatten (und haben). In allen Teilen der Welt findet man endlose Reihen eintönig sich wiederholender uniformierter Häuser, und bei den Mietskasernen und Wohnmaschinen ist das womöglich noch ärger. Was auf diesem Gebiet von Architekten, Städteplanern und Baufirmen bei den Familien, die unter solchen Umständen leben müssen, an psychischen Schädigungen des Revierbesitzgefühls angerichtet worden ist und immer noch angerichtet wird, ist gar nicht abzuschätzen. Schlimmstes wird glücklicherweise dadurch verhütet, daß die betroffenen Familien ihre Wohnstätten auf diese oder jene Weise als ihr Revier – und damit als einzigartig – kennzeichnen: Reihenhäuser erhalten unterschiedlichen Anstrich. Gärten (falls es sie gibt) können sehr individuell gestaltet werden. Das Innere des Hauses, der Etage, der Wohnung kann man ganz nach Lust und Laune mit Möbeln, Bildern, Vasen, Antiquitäten und allerlei Kleinkram ausstatten und damit unverwechselbar werden lassen. Als Erklärung für solches Tun wird gemeinhin angeführt, man wolle seine Wohnung »besonders hübsch« haben. Tatsächlich aber handelt es sich hier um ein genaues Gegenstück dessen, was andere Arten mit Revierbesitz dadurch erreichen, daß sie die Grenze des Reviers mit ihrem persönlichen Duft markieren – wenn Sie Ihr Namensschild an die Tür schrauben oder ein Bild an die Wand hängen, so machen Sie nichts anderes als beispielsweise der Wolf oder der Hund, der sein Bein hebt: Sie markieren Ihr Revier mit Ihrem persönlichen Zeichen. Und wenn manche Leute voller Sammelwut eine Unmenge bestimmter Dinge in ihrer Wohnung zusammentragen, so geschieht das wohl unter dem Einfluß eines aus irgendwelchen Gründen abnorm starken Bedürfnisses, das Revier zu kennzeichnen.

Hat man dieses erst einmal begriffen, so wird man höchst belustigt die vielen Maskottchen oder andere als persönliche Kennzeichen dienende Symbole in den Autos zur Kenntnis nehmen. Man wird auch amüsiert zusehen, wie der neue Abteilungsleiter sein Büro betritt und als erstes auf dem Schreibtisch sein höchst eigenes Schreibzeug einschließlich Briefbeschwerer aufstellt, vielleicht auch das Foto seiner Frau. Denn Auto und Büro sind sozusagen Unterreviere, Ableger der Heimstatt, und es ist eine rechte Wohltat, auch hier das Bein heben zu können und sie so zu vertrauten, »in Besitz genommenen« Räumen werden zu lassen.

Und damit sind wir bei der Frage nach der Aggression im Zusammenhang mit der Stellung innerhalb der sozialen Rangordnung angelangt. Nicht nur die Plätze, an denen sich das Individuum meist aufhält, müssen als Revier behauptet werden – auch das Individuum selbst hat sich zu verteidigen. Es muß seinen Sozialstatus behaupten und, wenn möglich, verbessern, doch hat dies mit Vorsicht und Umsicht zu geschehen, wenn man nicht die dem Zusammenwirken dienenden Kontakte aufs Spiel setzen will. Dabei werden all die kleinen und feinen Signale von Aggression und Unterwerfung, die wir bereits kennen, ins Treffen geführt. Das Zusammenwirken in der Gruppe verlangt eine sehr weitgehende Anpassung in der Erscheinung, also in der Kleidung, und im Verhalten, und dieser Anforderung fügt man sich; innerhalb der Grenzen solcher Anpassung liegt aber auch noch ein weites Feld für Rivalitäten um die Stellung in der Rangordnung. Und dieser Konflikt – hier Anpassung, dort Verteidigung des Ranges – läßt es zu Signalen von kaum glaublicher Subtilität kommen. Die Art, wie der Schlips gebunden oder wie das Tuch in der Brusttasche gefaltet ist, winzige Unterschiede im Akzent – solche und andere scheinbar völlig nebensächliche Kleinigkeiten sind außerordentlich bedeutungsvoll für das Ermitteln des Sozialstatus; ein kundiger Angehöriger der Gesellschaft deutet sie mit einem Blick. Er würde allerdings völlig versagen, sähe er sich plötzlich in die soziale Rangordnung eines Eingeborenenstammes auf Neuguinea versetzt; in seiner eigenen Kultur jedoch wird er sehr schnell gezwungen, sich zum Experten zu entwickeln. An sich haben diese ganz geringen Unterschiede in Kleidung und Gebaren keinerlei Bedeutung; für das Jonglieren im Spiel um das Halten der Stellung innerhalb der höheren, beherrschenden Rangstufen unserer sozialen Hierarchie aber sind sie von überragender Wichtigkeit.

Selbstverständlich haben wir unsere Stammesgeschichte nicht deshalb durchlaufen, um in riesigen Zusammenballungen Tausender und aber Tausender von Individuen zu leben. Unser Verhalten ist darauf abgestellt, daß es in kleinen Stammesgruppen von vielleicht weniger als hundert Individuen funktioniert, bei denen jedes Stammesmitglied jedes andere persönlich kennt, wie es auch bei den Tier- und Menschenaffen der Fall ist. In einer Sozialstruktur dieses Typs regelt sich das Einreihen in die Rangordnung mit Leichtigkeit, und die Hierarchie wird stabil, wenn man einmal von dem allmählichen Wechsel absieht, wie er durch das Älterwerden und Sterben der Mitglieder eintritt. Ganz und gar anders und unvergleichlich stärker belastend ist die Situation in den Städten. Tag für Tag kommt der Städter mit zahllosen Fremden in Berührung – und das ist etwas für alle anderen Primaten-Arten Unerhörtes. Es ist völlig unmöglich, mit ihnen allen in irgendwelche persönliche Beziehungen hinsichtlich der Rangordnung zu treten, obwohl das eigentlich der natürliche Gang der Dinge wäre. Statt dessen dürfen sie alle durcheinanderwimmeln, nicht beherrscht und nicht beherrschend. Um dieses Fehlen jedes sozialen Kontakts erträglicher werden zu lassen, haben sich Verhaltensweisen des Nichtberührens entwickelt. Bereits im Kapitel über das Sexualverhalten ist dargelegt worden, was zu geschehen hat, wenn der Angehörige des einen Geschlechts zufällig einen des anderen berührt. Die Verhaltensweisen des Nichtberührens aber gelten nun keineswegs nur für das gesamte Gebiet des Anbahnens von Sozialbeziehungen. Nur dadurch, daß man sorgfältig vermeidet, einander ins Gesicht zu starren, auf jemand anderen zu zeigen, irgendwelche Signale zu geben oder in körperliche Berührung mit jemandem zu geraten, bringt man es fertig, sich in dieser sonst infolge einer Reizflut ohnegleichen unmöglich zu meisternden sozialen Situation zu behaupten. Und sobald doch einmal gegen die Regel »Berühren verboten!« verstoßen wird, entschuldigt man sich sofort, um mit aller Deutlichkeit klarzumachen, daß es sich um einen reinen Zufall gehandelt hat.

Das Verhalten des Nichtberührens versetzt uns aber auch in die Lage, die Zahl unserer Bekanntschaften auf der für unsere Art richtigen Höhe zu halten, wie wir es denn auch bemerkenswert konsequent und einheitlich tun. Wer für diese Aussage eine Bestätigung wünscht, sehe sich nur einmal die Listen mit den Adressen und Telefonnummern in den Notizbüchern oder auf dem Schreibtisch von rund hundert Großstädtern möglichst unterschiedlichen Berufs an und zähle die hier verzeichneten persönlichen Bekannten. Dabei wird sich herausstellen, daß es bei nahezu allen ungefähr die gleiche Zahl ist – und diese Zahl entspricht annähernd der Kopfstärke eines kleinen Stammes! Mit anderen Worten: Auch in unseren sozialen Begegnungen und Beziehungen befolgen wir noch die gleichen elementaren biologischen Regeln, die schon bei unseren Ahnen gegolten haben.

Natürlich gibt es Ausnahmen von dieser Regel – Leute, die von Berufs wegen auf eine möglichst große Zahl persönlicher Kontakte angewiesen sind; Leute mit fehlerhaftem Verhalten dergestalt, daß sie anomal schüchtern oder einzelgängerisch sind; Leute, die infolge besonderer psychischer Schwierigkeiten bei ihren Freunden nicht die soziale Anerkennung haben finden können, die sie erwartet hatten, und dies nun durch hektischen gesellschaftlichen Betrieb nach allen Richtungen hin zu kompensieren versuchen. Leute dieses Schlages machen jedoch nur einen kleinen Teil der städtischen Bevölkerung aus. All die anderen gehen vergnügt und zufrieden ihren Geschäften nach – in einer Stadt, die ein wild brodelndes Gewoge von Körpern zu sein scheint, in Wirklichkeit aber ein unglaublich kompliziertes Gefüge ineinander verschachtelter und übergreifender Stammesgruppen ist. Wie wenig, wie außerordentlich wenig hat sich doch der nackte Affe seit seinen Anfängen in lange vergangener Zeit geändert!

6 Nahrungsaufnahme

Das Verhalten des nackten Affen hinsichtlich seiner Nahrungsaufnahme scheint auf den ersten Blick eine seiner wandelbarsten, sich ganz nach den jeweiligen Gegebenheiten richtenden und durch kulturelle Einflüsse bestimmten Tätigkeiten zu sein. Aber selbst hier ist eine ganze Anzahl elementarer biologischer Prinzipien am Werk. Wir haben gesehen, wie aus dem Früchtesammeln der frühen Ahnen das gemeinsame Jagen und Töten der Beute wurde. Wir haben weiter gesehen, wie diese Entwicklung eine Reihe tiefgreifender Veränderungen in seinem Verhalten beim Nahrungserwerb zur Folge hatte. Das Suchen nach geeigneter Nahrung mußte vervollkommnet und sorgsam organisiert werden. Der Trieb, Beute zu töten, mußte teilweise unabhängig werden von dem Trieb, Nahrung zu sich zu nehmen. Die geschlagene Beute mußte zum Lager und zum Verzehr dort geschleppt werden. Es bedurfte einer vermehrten Zurichtung der Nahrung. Die Mahlzeiten wurden umfangreicher, folgten einander aber in größeren zeitlichen Abständen. Der Anteil der Nahrung, den das Fleisch ausmachte, vergrößerte sich geradezu dramatisch. Vorratshaltung und Verteilung der Nahrung wurden üblich, die Männer hatten für die Ernährung ihrer Familien zu sorgen. Und selbst die Art des Kotabsetzens mußte sich wandeln und wurde geregelt.

Alle diese Veränderungen erfolgten im Ablauf eines sehr langen Zeitraums, und es ist sehr bezeichnend, daß wir uns trotz der so großen technischen Errungenschaften jüngster Zeit immer noch getreulich an das halten, was in jenen Urtagen neu war. Es sieht also ganz so aus, als ob es sich hier um mehr handelt als um nur kulturell Erworbenes, von den Launen der Mode Bestimmtes. Beurteilt nach unserem derzeitigen Verhalten, müssen diese Verhaltensweisen mindestens in gewissem Umfang tiefverwurzelte biologische Eigenheiten unserer Art geworden sein.

Wir sprachen bereits davon, daß infolge der verbesserten Nahrungsbereitstellung durch die moderne Landwirtschaft die meisten erwachsenen Männer unserer Gesellschaftsordnungen nicht mehr ihre Rolle als Jäger spielen können. Sie kompensieren das, indem sie »arbeiten« gehen. So ist zwar das Arbeiten an die Stelle des Jagens getreten, hat aber noch manchen Zug des alten Jägerischen übernommen. So gehört zum Arbeiten der Weg vom Heim zu den »Jagdgründen«; so ist Arbeiten noch immer vorwiegend Männersache und verschafft vielerlei Gelegenheiten zu Wechselbeziehungen von Mann zu Mann und zu Tätigkeit in der Gruppe. Zum Arbeiten gehört das Wagen ebenso wie das Planen taktischen und strategischen Vorgehens. Und noch immer sagt der Pseudojäger von heute, er werde jemanden rücksichtslos »zur Strecke bringen«.

Zu seiner Erholung hat der Pseudojäger seine Männerbünde, von denen die Frauen grundsätzlich ausgeschlossen sind. Da sind schon bei den Jungen die Zusammenschlüsse in »Banden«, die ihre Streifzüge unternehmen, und in »bündische« Gruppen, die weit hinaus ins Land ziehen, da gibt es bei den Heranwachsenden die Cliquen und Rotten, die sich nicht selten »räuberisch« betätigen. Und dann kommt all die Vielfalt rein männlicher (oder zumindest außerordentlich stark männlich betonter) Organisationen, von den Clubs und den gelehrten Gesellschaften, den studentischen Korporationen, Gewerkschaften, Sportvereinen bis zu den Freimaurerlogen und ähnlichen geschlossenen oder geheimen Engbünden, sie alle mit ihren starken Emotionen männlichen Zusammengehörigkeitsgefühls, mit ihren Abzeichen, Uniformen und anderen Erkennungssignalen. Neue Mitglieder werden in mehr oder weniger feierlichen Zeremonien eingeführt, nicht selten regelrecht eingeweiht. Die Eingeschlechtigkeit solcher Gruppen darf keinesfalls mit Homosexualität verwechselt werden; alle diese Zusammenschlüsse haben im Grunde nichts zu tun mit Sexualität, sondern mit der uralten Bindung von Mann zu Mann im jägerischen Zusammenwirken. Und wenn sie noch heute eine so große Rolle im Leben des erwachsenen Mannes spielen, so zeigt sich daran nur, wie stark nach wie vor die Urtriebe unserer Ahnen sich erhalten haben. Wäre dies nicht der Fall, so könnte doch das, was die Männerbünde tun und leisten, auch ohne die Absonderung, ohne die Exklusivität und ohne all die Zeremonien und Rituale getan und geleistet werden, vieles sogar im Rahmen der Familie. Nicht selten nehmen es denn auch die Frauen übel, wenn ihre Männer losziehen, um sich mit ihren Kameraden (Bundesbrüdern, Sportsfreunden und so weiter) zu treffen, und werfen ihnen womöglich mangelndes Interesse an Frau und Kindern vor. Das ist falsch. Was die Männer tun, ist nichts als ein moderner Ausdruck des alten, unserer Art angeborenen Dranges zur männlichen Jagdgemeinschaft. Und der ist beim nackten Affen genauso elementar wie die Paarbindung zwischen Mann und Frau – hat er sich doch zusammenhängend mit dieser entwickelt. Und so wird es auch bleiben, bis es bei uns zu einem größeren Wandel im Erbgefüge kommt.

Das Arbeiten ist zwar weithin an die Stelle des Jagens getreten, hat jedoch die älteren Formen, in denen der Jagdtrieb seinen Ausdruck findet, noch nicht ganz verdrängt. Denn auch dort, wo keinerlei wirtschaftliche Notwendigkeit besteht, tierische Beute machen zu müssen, hat sich diese Tätigkeit in vielerlei Formen erhalten: Die Hohe und die Niedere Jagd, die Parforcejagd (in England noch auf den Fuchs, bei uns auf einen Reiter, der den Fuchs »spielt«), die Safari auf tropisches Großwild, die Falknerei, der Angelsport, die Kinderspiele, in denen man einander sucht und jagt und fängt – in all dem manifestiert sich heute der Jägertrieb des nackten Affen (und selbstverständlich auch in der Jagd mit Fernglas und Teleobjektiv auf Vögel und andores Getier).

Nun hat man behauptet, das wahre Motiv, das hinter der Jagd von heute stecke, habe sehr viel mehr mit der Bekämpfung und Vernichtung von Rivalen zu tun als mit dem Erjagen von Beute, und das gestellte und zur Strecke gebrachte Wild stehe in Wirklichkeit stellvertretend für den jeweilig am meisten gehaßten Angehörigen unserer eigenen Art – für den, den man so gern in gleicher Situation sähe. Es steckt in dieser These ohne Zweifel ein Körnchen Wahrheit, zumindest hinsichtlich mancher Individuen; wenn wir jedoch die jägerische Betätigung als Ganzes betrachten, so wird erkennbar, daß diese Deutung bestenfalls eine Teilerklärung geben kann. Wesentlich an der »waidgerecht« betriebenen Jagd ist doch, daß dem Wild eine ehrliche Chance des Entkommens geboten wird. (Wenn das Wild nur ein Ersatzobjekt für den verhaßten Nebenbuhler und Konkurrenten sein soll, warum ihm dann überhaupt eine Chance geben?) Zum Waidwerk wie zu jeder jagdsportlichen Betätigung gehört nun einmal, daß sich der Jäger bewußt und freiwillig ein Handicap auferlegt: Er könnte ja auch mit der Maschinenpistole oder mit noch »vollkommeneren« Waffen losziehen. Aber das wäre ein Verstoß gegen die »Spielregeln«, wäre nicht »jagdgerecht« (und wir erinnern uns, daß im Englischen für das Spiel nach Regeln und für jagdbares Wild das gleiche Wort »game« gebraucht wird). Das, was wirklich bei jeder Art von Jagen zählt, ist das Messen der eigenen Fähigkeiten an denen des Wildes, sind die Schwierigkeiten, die man bezwingen muß – durch sie erst wird das »Spiel« lohnend.

Der Ausdruck »Spiel« trifft in der Tat zu – jede Jagd ist ein mehr oder weniger gewagtes, mehr oder weniger gefährliches Glücksspiel. Und so ist es eigentlich nicht verwunderlich, wenn heutzutage das Glücksspiel in all seinen vielerlei stilisierten Formen uns so stark anspricht. Wie das alte primitive Jagen und wie das »edle Waidwerk« ist auch die Teilnahme am Glücksspiel (zu dem auch alle Arten des Rennsports gehören) eine überwiegend männliche Betätigung, und wie diese hat es seine Regeln und Rituale.

Überprüft man einmal unsere soziale Gliederung nach Klassen daraufhin, welche Bedeutung Jagd und Glücksspiel bei ihnen haben, so wird man feststellen, daß die unteren und die oberen Gesellschaftsklassen sich beiden mehr widmen als die Mittelklassen. Und dafür lassen sich gute Gründe anführen, sofern wir an den alten Jagdtrieb und seine modernen Ersatzhandlungen denken: Wie schon gesagt, ist in erster Linie die Arbeit an die Stelle des Jagens getreten, und ganz besonders stark gilt dies für die Mittelklassen, denen es zudem auch am meisten zum Nutzen ausgeschlagen ist. Beim Durchschnittsmann der unteren Schichten entspricht die Arbeit, die er zu leisten hat, ihrem Wesen nach allzu wenig den Anforderungen des alten Jagdtriebs – sie ist ihm zu langweilig, zu eintönig sich wiederholend. Man weiß, es ist immer dasselbe und wird jeden Tag dasselbe sein. Es fehlen die Elemente des Messens der eigenen Fähigkeiten, des Wagens und Gewinnens, die so wesentlich sind für den jagenden Mann. Das ist der Grund, weshalb die Männer der unteren Gesellschaftsschichten ein so großes Bedürfnis haben, ihrem eingewurzelten Jagdtrieb nachzugeben, ebenso wie die (nicht arbeitenden) Männer der oberen Klassen, und beide in sehr viel stärkerem Maße als die der Mittelschicht, deren Arbeit sich ihrem Wesen nach weit mehr als Jagdersatz eignet.

Verlassen wir damit das Jagen und gehen über zur nächsten Teilhandlung innerhalb der Verhaltensweisen des Nahrungserwerbs, so kommen wir zum Augenblick des Tötens, das in einem gewissen Umfang ebenfalls seinen Ausdruck in Ersatzhandlungen der Arbeit, des Jagdsports aller Art und des Glücksspiels finden kann. Beim Waidwerk haben wir das Töten sogar noch in seiner ursprünglichen Form; im Zusammenhang mit Arbeit und Glücksspiel hingegen ist es in einen symbolischen Triumph umgeformt worden, dem die physische Gewalttätigkeit fehlt. Der Trieb, Beute zu schlagen und zu töten, ist damit in unserem täglichen Leben in beträchtlichem Ausmaß abgewandelt; mit erstaunlicher Regelmäßigkeit taucht er jedoch in den Spielhandlungen der Knaben auf, während er bei den Erwachsenen durch mächtigen kulturellen Druck niedergehalten wird.

Zwei Ausnahmen allerdings sind (in gewissem Ausmaß) zugelassen: einmal das bereits erwähnte Waidwerk und zum zweiten der Stierkampf. Zwar wird Tag für Tag eine Unzahl von Haustieren geschlachtet, doch bleiben diese Tötungshandlungen dem Blick der Öffentlichkeit normalerweise verborgen. Genau umgekehrt ist es beim Stierkampf: Tausende strömen zusammen, um dem Töter zuzuschauen, ja um sich mit dem Torero zu identifizieren, der stellvertretend für jeden in der Masse den Stier absticht.

Jagd und Stierkampf sind innerhalb der ihnen gesetzten Grenzen nach wie vor erlaubt, wenn sich auch immer wieder mannigfacher Protest gegen diese blutigen Sportarten erhebt. Alle anderen Grausamkeiten Tieren gegenüber sind ohnehin verboten und unter Strafe gestellt. Das ist freilich nicht immer so gewesen. Noch vor wenigen Jahrhunderten galten Tierhetzen und andere Veranstaltungen, bei denen Jagdbeute gequält und getötet wurde, in vielen Ländern als öffentliche Belustigungen, bis man erkannt hat, daß die Teilnahme an Gewalttätigkeiten solcher Art abstumpfend gegen jede Art von Blutvergießen wirkt. Das aber bedeutet eine Quelle potentieller Gefahr für unsere so komplexen Gesellschaftsordnungen, in deren Menschenmassen sich Einschränkungen hinsichtlich der Revier- und der Rangansprüche bis zu fast unerträglicher Höhe steigern können, so daß schließlich die aufgestaute Aggression alle Dämme in einer wild tobenden Flut durchbricht.

Nach dem Jagen und dem Töten als den ersten Phasen des Nahrungserwerbs und nach ihren heutigen Erscheinungsformen kommen wir nunmehr zur Nahrungsaufnahme selbst, zur Mahlzeit. Als typische Primaten müßten wir eigentlich ständig an kleinen Happen herumkauen. Aber wir sind eben keine typischen Primaten. Unsere Raubaffenentwicklung hat sich auch in der Art der Nahrungsaufnahme ausgewirkt: Das typische Raubtier schlingt sich bei seinen großen, zeitlich weit auseinanderliegenden Mahlzeiten voll, und genau daran halten auch wir uns – selbst jetzt noch, wo doch der alte Zwang zum Jagen (der zugleich auch verlangte, daß man sich im Anschluß an die Jagd den Bauch vollschlug) überhaupt nicht mehr besteht. Dennoch halten wir uns an bestimmte Mahl-Zeiten, genauso, als hingen diese noch heute von vorangegangenen Jagdzügen ab. Wenn überhaupt, dann sind es nur wenige von den vielen Millionen nackter Affen, die ihre Nahrung nach der für die übrigen Primaten typischen Art häppchenweise wahllos über den ganzen Tag verteilt zu sich nehmen. Selbst wo Hülle und Fülle herrscht, ißt man selten mehr als dreimal, allerhöchstens viermal am Tag, und viele begnügen sich mit einer oder zwei Hauptmahlzeiten. Nun könnte man natürlich einwenden, derlei beruhe lediglich auf kultureller Konvention. Doch dafür spricht eigentlich recht wenig. Angesichts der perfekten Organisation, mit der heute unser Nahrungsbedarf bereitgestellt wird, müßte es doch ohne weiteres möglich sein, ein System der Nahrungsverteilung und Nahrungsaufnahme in kleinen Happen und über den ganzen Tag verteilt einzuführen. Würde sich so etwas durchsetzen, brächte es hinsichtlich der Leistungsfähigkeit keinerlei Nachteile mit sich; im Gegenteil, es hätte den großen Vorteil, daß die Unterbrechungen aller anderen Betätigungen, wie sie heute durch die Hauptmahlzeiten bedingt sind, fortfallen. Aber die Abschaffung der Mahlzeiten muß schöne Theorie bleiben ganz einfach deshalb, weil solche Art der Nahrungsaufnahme unserer alten Raubaffenvergangenheit widerspricht und den seit damals in uns verwurzelten biologischen Bedürfnissen keine Befriedigung zu verschaffen vermag.

In diesem Zusammenhang gehört auch die Erörterung der Frage, warum wir unsere Nahrung erhitzen und sie essen, solange sie warm ist. Für eine Antwort bieten sich drei Möglichkeiten an. Die erste: Wir essen warm, weil auf diese Weise die »Beute-Temperatur« simuliert wird. Zwar nehmen wir nicht mehr frisch geschlagenes Wild zu uns, verzehren das Fleisch aber bei der gleichen Temperatur, wie es die anderen Raubtiere tun; ihre Mahlzeit ist warm, weil sie noch nicht abgekühlt ist, unsere, weil wir sie erwärmt haben. Ein anderer Deutungsversuch besagt, unsere Zähne seien so schwach, daß wir das Fleisch erst durch Erhitzen und Kochen mürbe machen müßten. Doch damit ist noch nicht erklärt, warum wir es dann auch essen, solange es warm ist, und warum wir auch vieles andere erhitzen, was durchaus nicht erst mürbe gemacht zu werden bräuchte. Zum dritten hat man gemeint, durch die Temperaturerhöhung werde der Geschmack verbessert. Und indem wir dem Hauptnahrungsmittel vielerlei andere schmackhafte Dinge zusetzen, könnten wir dies noch sehr viel weiter treiben. Das aber weist zurück nicht auf unsere übernommene Raubtierhaftigkeit, sondern auf unsere noch sehr viel ältere Primaten-Vergangenheit. Was die typischen Primaten zu sich nehmen, hat eine sehr viel breitere Geschmacksskala als die Nahrung der Raubtiere. Hat ein Raubtier erst einmal die ganze Abfolge des Jagens, Beuteschlagens, Tötens und Zurichtens (Zerreißens) der Beute hinter sich, dann verhält es sich beim eigentlichen Freßakt sehr viel einfacher – es schlingt gierig sein Fleisch in sich hinein. Die Tier- und Menschenaffen hingegen sind hinsichtlich des sehr unterschiedlichen Geschmacks ihrer Happen und Häppchen von äußerster Empfindlichkeit: Sie kosten, sie sind wählerische Feinschmecker, denen jetzt dies und dann das behagt. Und wenn wir unsere Mahlzeiten warm und wohlgewürzt zu uns nehmen, dann gehen wir damit vielleicht zurück auf die genießerische Art unserer alten Primaten-Ahnen, und möglicherweise haben wir auf diese Weise vermieden, reine Fleischfresser nach Raubtierart zu werden.

Bei der Erörterung der Frage nach dem Geschmack ist gleich ein Mißverständnis hinsichtlich des Empfangs der Geschmackssignale richtigzustellen. Wie schmecken wir, was wir schmecken? Wir sprechen nicht umsonst von einer feinen Zunge. Und in der Tat ist unser Geschmackssinn vorwiegend in der Zunge lokalisiert, deren Oberfläche nicht glatt, sondern mit kleinen Erhebungen bedeckt ist, den sogenannten Papillen, in denen die Geschmacksknospen sitzen. Etwa 10 000 solcher Geschmacksknospen besitzen wir; im Alter schwindet ihre Leistungsfähigkeit und ihre Zahl, weshalb der in die Jahre gekommene Feinschmecker eben nicht mehr eine so feine Zunge hat. Überraschenderweise nehmen wir nur vier Geschmacksqualitäten wahr: sauer, salzig, bitter und süß. Gelangt ein Bissen auf die Zunge, so registrieren wir das Mischungsverhältnis der darin enthaltenen Qualitäten, und diese Mischempfindung gibt der Nahrung ihren spezifischen Geschmack. Die Zunge reagiert in ihren verschiedenen Regionen unterschiedlich stark auf die eine oder andere Geschmacksqualität, so die Zungenspitze besonders auf salzig und süß, die Seiten auf sauer, der Zungenrücken auf bitter. Die Zunge als Ganzes kann außerdem das Gefüge und die Temperatur der Nahrung beurteilen, mehr aber nicht. Alle die feineren und feinsten, so außerordentlich mannigfachen »Geschmäcker«, die wir so wohl zu trennen wissen, sind in Wirklichkeit nicht eine Angelegenheit des Geschmacks, sondern des Geruchs: Der Duft der Nahrung zieht in die Nasenhöhlen zur Riechschleimhaut. Und wenn wir von einem Gericht mit Entzücken sagen, es »schmecke« köstlich, so meinen wir in Wirklichkeit, daß es köstlich schmeckt *und* riecht. Und wenn wir umgekehrt bei einem Schnupfen, der unseren Geruchssinn beeinträchtigt, maulen, das Essen schmecke nach gar nichts, dann irren wir uns: Wir schmecken genau das, was wir immer schmecken. Was uns so unlustig macht, ist das Fehlen der Duftkomponente.

Vom eigentlichen Geschmackssinn aber bedarf einer seiner Aspekte noch besonderer Erörterung, und zwar ist das unsere unleugbare Vorliebe für Süßes. Diese Leckermäuligkeit ist dem echten Raubtier fremd, typisch aber für die Primaten. Je reifer die natürliche Nahrung der Primaten ist und damit je bekömmlicher, desto süßer ist sie gemeinhin, und so haben Tier- und Menschenaffen einen kräftigen Hang nach allem, was kräftig süß ist. Wie allen Primaten fällt es auch uns schwer, etwas Süßem zu widerstehen. Und trotz unseres starken Drangs nach Fleischnahrung bricht unser altes Affen-Ahnenerbe immer wieder durch, wenn wir Appetit auf Süßes haben. Ist es nicht auffallend, daß es zwar Süßwarenläden gibt, aber keinen »Sauerwarenladen«? Typisch ist auch dies: Ein ausgedehntes Menü mit seiner oft so vielfältigen Geschmacksfolge beenden wir mit etwas Süßem, so daß gerade dieser Geschmack am längsten anhält. Noch kennzeichnender aber ist, was wir tun, wenn wir uns gelegentlich ein Häppchen zwischen den Mahlzeiten gönnen (und damit ein wenig zurückfallen in die alte unregelmäßige Nahrungsaufnahme der Primaten): Fast immer halten wir uns dann nach Primaten-Art an Süßes, an Konfekt, Schokolade, Eis oder gesüßte Getränke.

Dieser Hang zum Süßen ist so stark, daß er uns manchen Verdruß bereiten kann. Und das kommt so: Jedes Nahrungsmittel wird für uns durch zwei Elemente attraktiv, durch seinen Nahrungswert und durch seinen Genußwert infolge der Schmackhaftigkeit. In der Natur gehen beide Hand in Hand; bei industriell erzeugten Nahrungsmitteln jedoch läßt das eine sich vom andern trennen, und das kann gefährlich werden. Denn nun wird es möglich, daß ein Stoff, dessen Nahrungswert nahezu gleich Null ist, höchst begehrenswert dadurch wird, daß man ihm eine Menge künstlichen Süßstoff zusetzt. Und das spricht nun unsere alte Primaten-Schwäche auf Süßes und Übersüßes an, wir machen uns darüber und stopfen uns so damit voll, daß für anderes kaum noch Platz bleibt, worauf prompt das Gleichgewicht unserer Ernährung in Unordnung gerät. Das gilt ganz besonders für die heranwachsende Jugend. Wie erwähnt, haben neuere Forschungen ergeben, daß die Vorliebe für süße und fruchtige Gerüche mit der Pubertät umschlägt in eine für blumige, ölige und moschusähnliche Düfte. Die Tatsache, daß Kinder für Süßes anfällig sind, ist sehr leicht auszunützen – und häufig geschieht das auch.

Bei den Erwachsenen besteht eine andere Gefahr. Da ihre Nahrung im allgemeinen so schmackhaft gemacht wird – weit schmackhafter, als sie in der Natur ist –, erhöht sich ihr Genußwert ganz beträchtlich. Das aber heißt: Die Reize zur Nahrungsaufnahme werden sehr stark. Und die Folge ist dann oft ein nicht eben gesundes Übergewicht. Dagegen hat man sich nun alle möglichen mehr oder weniger grotesken Sorten von Diäten ausgedacht. Dem »Patienten« wird erzählt, er dürfe nur dies oder jenes essen und müsse dies oder jenes meiden, müsse dieses tun und jenes lassen. Leider aber gibt es in diesem Fall nur eine einzige wirkliche Lösung des Problems: Weniger essen nach der Formel IdH – Iß die Hälfte. Sie ist eine wahre Zauberformel. Da sich aber über dem, auf das sie sich bezieht, nach wie vor etwas breitet, was nicht minder zauberisch wirkt, nämlich eine Vielzahl von Signalen, die äußerste Schmackhaftigkeit melden, ist es höchst beschwerlich für den Betroffenen oder die Betroffene, sich auf die Dauer an die Formel IdH zu halten. Wer an Übergewicht leidet, hat es zudem mit einer weiteren Komplikation zu tun. Es gibt da jene Übersprunghandlungen, über die wir ausführlich gesprochen haben – jene nichtssagenden und doch so vieles verratenden Handlungen, die in Konflikt- und Streß-Situationen als Spannungslöser wirken. Und eine besonders häufige, weitverbreitete Übersprunghandlung ist das »Übersprungfressen«: In Momenten der Spannung knabbern auch wir irgend etwas oder trinken ein Schlückchen, obwohl dazu eigentlich gar keine Veranlassung ist. So etwas mag die Spannung mildern, wirkt sich aber auf das Körpergewicht aus, vor allem deshalb, weil die »nichtssagende« und »unerhebliche« Art der Nahrungsaufnahme im Übersprung meist bedeutet, daß wir dafür irgend etwas Süßes wählen. Wiederholt sich das über lange Zeit, so führt das zu der wohlbekannten Sorge wegen Fettansatzes, und wir können zusehen, wie sich infolge der durch Schuldgefühl verschärften Unsicherheit die Formen immer mehr runden. In so einem Fall haben Schlankheitskuren nur dann Wert, wenn gleichzeitig Änderungen im Verhalten dahingehend erfolgen, daß die Spannung als die erste Ursache des Dilemmas gemildert oder beseitigt wird.

In diesem Zusammenhang verdient auch der Kaugummi Erwähnung. Er ist offenbar eigens für das Übersprungessen erfunden worden. Denn er liefert das zum Lösen der Spannung notwendige Element der »Beschäftigung«, ohne sich irgendwie schädigend auf die Gesamternährung auszuwirken.

Überblicken wir einmal, was alles die nackten Affen von heute zu sich nehmen, so bekommen wir eine ganz außerordentlich umfangreiche Speisekarte. Im großen und ganzen haben die Primaten ohnehin eine reichhaltigere Kost als die Raubtiere; diese sind Nahrungsspezialisten, jene hingegen Opportunisten, die jede Gelegenheit beim Schopfe fassen. So haben sorgfältige Feldbeobachtungen an einer freilebenden Population japanischer Makaken gezeigt, daß diese Tieraffen (wir kennen sie von den hübschen kleinen Plastiken »Nichts Böses sehen, nichts Böses hören, nichts Böses sagen«) nicht weniger als 119 Arten Pflanzen in Form von Knospen, Trieben, Blättern, Früchten, Wurzeln und Rinde zu sich nehmen, daneben aber auch noch vielerlei Spinnen, Käfer, Schmetterlinge, Ameisen und Eier. Die Kost eines typischen Raubtiers ist nahrhafter, aber auch sehr viel eintöniger.

Als wir Raubaffen wurden und zum Töten übergingen, haben wir von beiden, vom Primaten und vom Raubtier, das Beste für uns übernommen: Das Fleisch mit seinem hohen Nährwert kam neu hinzu, ohne daß wir vom Allesfressen des Primaten abgingen. In jüngster Zeit – und das heißt hier innerhalb der wenigen letzten Jahrtausende – haben sich zwar die Techniken der Nahrungsgewinnung verbessert, doch ist die Grundsituation dadurch eigentlich nicht verändert worden. Soweit wir heute über die früheste Landwirtschaft Angaben machen können, läßt sich diese etwa als Mischung aus Ackerbau und Viehzucht bezeichnen: Die Züchtung von Haustieren und von Nutzpflanzen ging mehr oder weniger parallel zueinander vor sich. Und auch heute noch, in einer Zeit, in der wir über unsere tierische und pflanzliche Umwelt nahezu uneingeschränkt herrschen, halten wir uns in unserer Ernährung an beides. Was hat uns wohl daran gehindert, daß wir uns statt dessen ganz in die eine oder die andere Richtung gewandt haben? Die Antwort ist offenbar die, daß ein Verlaß allein auf Fleischnahrung bei der immens steigenden Bevölkerungszahl zu Schwierigkeiten hinsichtlich der Quantität geführt hätte, während eine Beschränkung auf ausschließlich pflanzliche Kost wiederum ihre Gefahren hinsichtlich der Qualität hätte.

Nun könnte allerdings folgender Einwand vorgebracht werden: Da ja unsere Primaten-Ahnen ohne einen wesentlichen Anteil von Fleisch an ihrer Kost ausgekommen sind, warum sollten dann nicht auch wir dazu in der Lage sein? Zu Fleischessern wurden wir doch unter dem Zwang der Umwelt. Jetzt, wo wir Herren unserer Umwelt sind, jetzt, wo uns so hochgezüchtete Nutzpflanzen zur Verfügung stehen, könnte man doch eigentlich erwarten, daß wir zu jenen alten Verhaltensweisen der Nahrungsaufnahme bei den Primaten zurückkehren. Genau das aber ist das Credo der Vegetarier (oder wie ein enlgischer Kult dieser Richtung sich nennt, der Fruitarians, der Früchteesser). Trotz aller Propaganda hat sich dieser Glaube jedoch nicht durchzusetzen vermocht. Der Drang, Fleisch zu essen, ist offenbar zu tief in uns verwurzelt. Solange wir Gelegenheit haben, am Fleischtopf zu sitzen, sind wir nicht gewillt, diese Verhaltensweise aufzugeben. Und es ist bezeichnend für die Vegetarier, daß sie, nach dem Grunde für ihre Art der Beköstigung gefragt, nicht etwa einfach erklären, sie sage ihnen mehr zu als alle anderen, sondern sich höchst umständlich mit allerlei verschwommenen medizinischen Vorstellungen und weltanschaulichem Geraune rechtfertigen.

Wer sich als Vegetarier zur Pflanzenkost bekennt, sorgt für eine ausgewogene Ernährung dadurch, daß er eine Vielzahl unterschiedlichster pflanzlicher Substanzen zu sich nimmt, wie es ja auch die Primaten tun. Anders ist es in manchen Gesellschaftsordnungen, bei denen eine überwiegend fleischlose Ernährung nicht etwa aus ethischen Erwägungen einer kleinen Minderheit üblich ist, sondern unter dem harten Druck der Notwendigkeit. So ist es in gewissen Kulturen, bei denen ein fortgeschrittener Ackerbau unter gleichzeitiger Konzentration auf einige ganz wenige Kornfrüchte als Hauptnahrung zu herabgesetzter Leistungsfähigkeit geführt hat. Die intensiv betriebene Landwirtschaft läßt dort zwar ein mächtiges Wachstum der Bevölkerung zu, doch kommt es infolge der Abhängigkeit von der ganz einseitigen Kost zu bedenklicher Unterernährung. Solche Völker können stark zunehmen, aber was heranwächst, ist in körperlich schlechtem Zustand – die Völker überleben zwar, aber das ist auch alles. Wie der Mißbrauch der nicht naturgegebenen, sondern erst kulturell entstandenen Waffen die Aggression und damit die Katastrophe des Krieges heraufbeschwören kann, so der Mißbrauch nicht naturgebener, sondern kulturell entstandener Techniken der Nahrungsbeschaffung Unterernährung und Hungerkatastrophen. Gesellschaftsordnungen, die solchermaßen mit ihrer Ernährung aus dem so wesentlichen Gleichgewicht geraten sind, werden sich zwar behaupten können, müssen aber, sofern sie vorankommen und sich qualitativ weiterentwickeln wollen, ernsthaft darangehen, die Lücke an Eiweiß, Mineralsubstanzen und Vitaminen zu schließen, um gefährliche Mangelerscheinungen zu verhindern. Bei denjenigen Kulturen von heute, die als die gesündesten am kräftigsten voranschreiten, ist das Gleichgewicht zwischen Fleisch- und Pflanzenkost wohlausgewogen. Und so können wir abschließend feststellen, daß trotz all der wahrhaft dramatischen Veränderungen in den Methoden des Nahrungserwerbs der fortschrittliche nackte Affe unserer Tage sich noch weithin an denselben Speisezettel hält wie seine alten Raubaffenahnen. Wieder einmal ist der Wandel mehr scheinbar als wirklich.

7 Körperpflege

Die Körperoberfläche – das, wodurch jedes Lebewesen sein ganzes Leben lang in direktem Kontakt mit der Umwelt steht – macht im Laufe dieser Zeit einiges an rauher Behandlung durch. Es ist eigentlich erstaunlich, wie sie all das Puffen und Knuffen, Reißen und Zerren bei jedem Wetter so gut übersteht. Sie schafft es einmal durch die wunderbare Gabe, Gewebe zu ersetzen und Wunden heilen zu können, und zum zweiten dadurch, daß die Tiere über eine Vielzahl besonderer Körperpflegehandlungen verfügen, mit deren Hilfe sie Haut und Haare sauberhalten. Man mag solche Tätigkeiten der Körperpflege vielleicht für recht unwesentlich halten im Vergleich zu denen des Nahrungserwerbs, des Kämpfens und Fliehens oder der Fortpflanzung. Aber das ist keineswegs richtig: Ohne Pflege seiner Oberfläche wäre der Körper nicht voll funktionsfähig. Denken wir nur an einen kleinen Vogel. Für ihn ist es eine Frage von Leben und Tod, ob sein Gefieder in Ordnung ist oder nicht: Sind seine Federn verklebt, kann er nicht schnell genug auffliegen, um einem Feind zu entkommen, und sind sie durchnäßt, so vermag er seine Körperwärme nicht aufrechtzuerhalten, wenn es kalt wird. So ist es kein Wunder, wenn die Vögel stundenlang baden, sich kratzen und kraulen, ihr Gefieder putzen, es einfetten und ordnen, all das in langer, komplizierter Abfolge. Bei den Säugetieren sind diese Putzhandlungen zwar weniger umständlich; aber auch sie widmen sich eingehend der Körperpflege – knabbernd und leckend, kratzend und reibend, sich schüttelnd und scheuernd. Wie das Gefieder muß auch das Haar in guter Ordnung bleiben, wenn es den Körper warm halten soll. Sobald es verschmutzt und verklumpt, erhöht sich die Gefahr einer Erkrankung. Und außerdem muß das lästige Ungeziefer im Pelz kurzgehalten werden. Mit all dem machen die Primaten keine Ausnahme.

In freier Natur kann man häufig beobachten, wie Tier- und Menschenaffen sich putzen. Systematisch wird das Fell durchsucht, kleine Stückchen trockener Haut oder Fremdkörper werden in den Mund gesteckt und gefressen oder zumindest gekostet. Mit solcher Körperpflege kann sich das Tier minutenlang beschäftigen; man sieht ihm geradezu an, wie konzentriert es sich dieser Beschäftigung hingibt. Dazwischen kratzt es sich plötzlich oder knabbert irgendwo als direkte Reaktion auf einen besonderen Reiz. Die meisten Säugetiere können sich nur mit den Hinterfüßen kratzen, die Affen hingegen mit allen vieren; ihre Hände sind sogar zum Putzen wie geschaffen – anders als Klauen, Krallen und Hufe sind sie regelrechte Präzisionsreiniger: Geschickt fahren die Finger durch das Fell und finden sehr genau die Stelle, wo etwas juckt oder sonst nicht in Ordnung ist. Außerdem sind zwei Hände besser als eine, was allerdings nicht immer funktioniert; der Affe kann sich zwar mit beiden Händen an den Beinen sowie an den Seiten putzen, auf dem Rücken aber und an den Armen geht das nicht so recht. Und da er ja keinen Spiegel hat, kann er auch nicht sehen, was passiert, wenn er sich mit seinem Kopf beschäftigt. Hier kann er zwar beide Hände nehmen, muß aber blind arbeiten. Und so kommt es, daß er an Kopf, Rücken und Armen weniger sorgfältig geputzt ist als vorn, an den Seiten und an den Beinen – es sei denn, es geschieht auch dort etwas.

Es geschieht tatsächlich etwas. Die Verhaltensforscher nennen es »soziale Körperpflege« – man versteht, was gemeint ist: freundschaftlich gegenseitig betriebenes Putzen. Es ist bei Vögeln und Säugetieren weit verbreitet, erreicht aber den Höhepunkt seiner Ausbildung bei den höheren Primaten. Hier gibt es spezielle Signale, die zum Putzen einladen, und soziale »kosmetische« Handlungen von beträchtlicher Dauer und Intensität. Ein Affe, der putzen möchte, signalisiert seine Absicht einem anderen, der vielleicht geputzt werden will, mit einer ganz charakteristischen Ausdrucksbewegung des Gesichts: einem schnellen Schmatzen mit den Lippen, wobei oft zwischen einem Schmatzer und dem nächsten die Zunge vorgestreckt wird. Ist der andere willens, geputzt zu werden, so gibt er dies dem sich nähernden Putzer durch eine entspannte Haltung zu erkennen, vielleicht auch dadurch, daß er ihm einen Körperteil zum Putzen darbietet.

Das Schmatzen hat sich, wie bereits erwähnt, aus den Lippenbewegungen beim Kosten von Hautschuppen und ähnlichen Partikelchen während der Säuberung des Fells entwickelt; diese Bewegungen wurden beschleunigt, übertrieben und rhythmisiert und damit ritualisiert, und so sind sie zu einem auffallenden, unmißverständlichen visuellen Signal geworden.

Die soziale Körperpflege ist eine auf gegenseitige Hilfe abgestellte, nichtaggressive Tätigkeit, und dementsprechend wurde das Schmatzen zum Signal freundlich-friedlicher Stimmung. Wollen zwei Affen enge Freundschaft miteinander schließen, so werden sie dazu einander wiederholt putzen, und zwar auch dann, wenn

ihr Fell eine so pflegliche Behandlung gar nicht nötig hat. Überhaupt besteht offenbar zwischen der Stärke der Verschmutzung des Pelzes und der Intensität des gegenseitigen Putzens nur noch wenig Beziehung – die Handlungen der sozialen Körperpflege sind anscheinend nahezu unabhängig von den ursprünglichen Reizen geworden. Sie haben zwar noch die wichtige Aufgabe, das Haarkleid sauberzuhalten, doch ist der bestimmende Faktor deutlich mehr sozialer als kosmetischer Art. Und indem so zwei Tiere sich miteinander in nichtaggressiver Stimmung beschäftigen, tragen sie dazu bei, die persönlichen Bindungen zwischen den Individuen der Herde oder der Kolonie zu festigen.
Aus den Signalen freundlicher Stimmung bei der sozialen Körperpflege sind zwei der Umstimmung dienende Verhaltensweisen entstanden, von denen die eine auf Beschwichtigung eines Überlegenen abzielt, die andere auf Beruhigung eines Untergeordneten. Hat ein Schwacher Angst vor einem Stärkeren, so kann er diesen dadurch friedlich stimmen, daß er das Signal des Schmatzens als Aufforderung, sich putzen zu lassen, gibt und dann auch das Fell des Überlegenen säubert. Auf diese Weise wird die Aggression des Stärkeren gedämpft, und das läßt diesen den Schwächeren akzeptieren. Wenn umgekehrt ein Stärkerer einem Schwächeren die Angst nehmen will, so kann er ebenfalls schmatzen – diesmal aber, um zu betonen, daß er nicht aggressiv gestimmt ist: »Ich bin zwar der Überlegene, meine es aber nicht bös!« Diese Verhaltensweise – nennen wir sie einmal Beruhigungsgeste – ist allerdings weit seltener zu beobachten als die ihr entsprechende Beschwichtigungsgeste, und zwar einfach deshalb, weil sie im sozialen Leben der Primaten kaum gebraucht war. Denn nur selten ist damit zu rechnen, daß ein Stärkerer nicht von der Aggression Gebrauch macht, wenn er bei einem Schwächeren etwas sieht, das er selbst haben möchte. Eine Ausnahme machen dominierende, aber kinderlose Weibchen, wenn sie das Junge einer anderen Mutter hätscheln möchten. Das Junge hat natürlich Angst, wenn sich ihm eine Fremde nähert, und will ausrücken. Dann kann man manchmal beobachten, daß das Weibchen versucht, das Junge durch das Signal des Schmatzens zu beruhigen. Wenn ihm das gelingt, liebkost es das Kleine und beruhigt es durch zärtliches Putzen noch weiter.
Indem wir uns nunmehr unserer eigenen Art zuwenden, möchten wir begreiflicherweise diese oder jene Äußerung des alten Primaten-Dranges zum Putzen kennenlernen, und zwar nicht nur als

einfaches Säubern, sondern auch im Zusammenhang des Sozialverhaltens. Der große Unterschied ist aber leider der, daß wir kein üppiges Haarkleid mehr zum Putzen haben. Wenn sich also zwei nackte Affen begegnen und sich ihrer freundschaftlichen Beziehungen versichern möchten, müssen sie irgendeinen Ersatz für die soziale Körperpflege finden. Studiert man nun einmal die Situationen, in denen man bei anderen Primaten-Arten mit sozialer Körperpflege rechnen kann, so ist es sehr interessant, was da passiert. Als erstes ist offensichtlich das Lächeln an die Stelle des Schmatzens getreten. Seinen Ursprung als ein spezielles Signal des Kindes haben wir bereits erörtert und dabei gesehen, wie es, infolge Wegfalls der Klammerreaktion, für das Kleinkind lebensnotwendig wurde, um die Mutter für sich einzunehmen und zu beruhigen. Dieses nunmehr auch auf das Erwachsenendasein ausgedehnte Lächeln ist selbstverständlich ein vorzüglicher Ersatz für die »Einladung zum Putzen«. So ist also der erste Kontakt in freundlicher Stimmung hergestellt. Was nun? Irgendwie muß es doch weitergehen. Das Schmatzen wird durch Putzen verstärkt. Was aber verstärkt das Lächeln? Gewiß: Das Lächeln kann wiederholt werden und noch eine Weile nach der ersten Begegnung anhalten. Aber dann muß etwas geschehen, etwas, das, wie das Putzen, eine Art Beschäftigung ist – eine Tätigkeit muß irgendwo hergeholt und abgewandelt werden. Einfaches Beobachten zeigt, daß die Quelle, die dazu angezapft wird, die in Wörter gefaßte Lautäußerung ist.

Die Verhaltensweise des Sprechens hat sich unter der sich ständig verstärkenden Notwendigkeit des Austausches von Informationen beim Zusammenwirken und Zusammenarbeiten innerhalb der Gruppe entwickelt. Ihre Wurzel ist das bei den Tieren weitverbreitete Phänomen der nicht in Wörter gefaßten Lautäußerungen zum Ausdruck von Stimmungen. Aus den für die Säugetiere typischen und ihnen angeborenen Grunz-, Knurr- und Brüll-, Schrei- und Kreischlauten entstand so ein reichhaltigeres Repertoire erlernter Lautsignale. Diese Lautäußerungen und ihre Verbindungen miteinander in mannigfacher Kombination wurden zur Grundlage dessen, was wir als *Informationssprechen* bezeichnen können. Im Gegensatz zu den primitiveren, noch keine Wörter kennenden Stimmungssignalen versetzte diese neue Methode der Verständigung unsere Ahnen in die Lage, einander Kenntnis zu geben von den Dingen der Umwelt, und zwar von gegenwärtigen ebenso wie von solchen der Vergangenheit und der Zukunft. Bis heute ist dieses Informationssprechen für unsere Art die wichtigste Form der Verständigung mit Hilfe der Stimme geblieben. Mit der Entwicklung dazu aber war es allein noch nicht getan: Die Stimme übernahm zusätzlich noch weitere Funktionen, so die des Ausdrucks von Stimmungen. Dieses – sagen wir einmal – *Stimmungssprechen* war eigentlich unnötig, denn die alten nicht mit Wörtern gegebenen Stimmungssignale lebten ja fort, waren nicht verlorengegangen. Immer noch können wir unsere jeweilige Gefühlslage mit den Brüll- und Schreilauten der Primaten zum Ausdruck bringen, und wir tun es auch ganz fleißig, verstärken diese »Nachrichten« aber durch Wörter, mit denen wir Stimmung, Laune und Gefühl bekräftigen: Auf den Schmerzensschrei folgt sofort das Wortsignal »Es tut weh«, auf das zornige Gebrüll die Meldung »Ich bin wütend«. Manchmal allerdings wird das alte, ohne Wörter übermittelte Signal nicht in reiner Form gegeben, sondern findet seinen Ausdruck in der Stimmlage, mit der die in Wörter gefaßte Mitteilung erfolgt: Der Satz »Es tut weh« wird wimmernd oder schreiend vorgebracht, die Worte »Ich bin wütend« werden gebrüllt oder gekreischt. Der Tonfall dabei ist nicht im geringsten durch irgendwelches Lernen verändert und gleicht den alten der Worte entbehrenden Stimmungssignalen noch so sehr, daß auch ein Hund die Mitteilung versteht, ganz zu schweigen von jedem Angehörigen jeder anderen Rasse unserer Art. Die gesprochenen Wörter sind in solchen Fällen nahezu überflüssig. (Wenn Sie einmal versuchen, zornig knurrend »Braver Hund« zu sagen oder freundlich schmeichelnd »Böser Hund«, so wissen sie, was gemeint ist.) In seiner gröbsten und intensivsten Form ist das Stimmungssprechen nur wenig mehr als ein »Überlaufen« in Wörter gefaßter Lautsignale in ein Gebiet der Verständigung, das bereits mit eigenen Signalen versorgt ist. Der Wert des Stimmungssprechens besteht also im wesentlichen darin, daß es ein genaueres und mehr ins einzelne gehendes Signalisieren der Stimmung ermöglicht.

Eine dritte Form der in Wortform gegossenen Lautäußerung ist das *explorative Sprechen* – das Sprechen um des Sprechens willen, das ästhetische Sprechen oder, wenn man will, das spielerische Sprechen. Wie das Bildermachen, jene andere Form der Informationsübertragung, zum Mittel ästhetischer Erkundung und Entdeckung wurde, so auch das Sprechen: Zum Maler trat der Dichter. Im Zusammenhang dieses Kapitels jedoch müssen wir uns mit einer vierten Art des aus Wörtern gefügten Sprechens befassen, mit jener Art nämlich, die man erst jüngst als *Putzsprechen* (englisch: grooming talking) beschrieben hat. Putzsprechen, das ist jenes ebenso bedeutungslose wie höfliche Plaudern bei gesellschaftlichen Anlässen, jenes unverbindliche Gerede vom »schönen Wetter« oder jene zu nichts verpflichtende Frage: »Haben Sie schon gelesen ...?« Beim Putzsprechen geht es weder um den Austausch von Information oder von Gedanken, noch wird die wahre Stimmung des Sprechers mitgeteilt, und ein ästhetisches Vergnügen ist es schon gar nicht. Seine Funktion ist einzig und allein die, das begrüßende Lächeln zu verstärken und das soziale Beieinander aufrechtzuerhalten. Es ist unser Ersatz für die soziale Körperpflege. Es bietet uns Gelegenheit zur nichtaggressiven sozialen Beschäftigung, zu gegenseitigem Näherkommen innerhalb dieser oder jener Gruppe für eine relativ lange Zeit und damit zum Herstellen neuer Beziehungen und zum Vertiefen bereits bestehender Bekanntschaften und Freundschaften.

Für den, der erst einmal weiß, was Putzsprechen ist und welche Bedeutung es hat, ist es immer wieder ein höchst vergnügliches Spiel, das Auf und Ab des Putzsprechens im Verlauf einer gesellschaftlichen Veranstaltung zu verfolgen. Eine überragende Rolle spielt es unmittelbar nach dem einleitenden Ritual der Begrüßung. Dann klingt es allmählich ab, erreicht aber seinen zweiten Höhepunkt mit dem Aufbrechen und Verabschieden. Hat die Veranstaltung ausschließlich gesellschaftlichen Grund, so wird – wie leicht zu begreifen – das Putzsprechen unter totalem Ausschluß jeder Art von Informations-, Stimmungs- oder explorativem Sprechen als liebenswürdiges Geschwätz dahinplätschern, wie die Cocktailparty als klassisches Beispiel zeigt: Bei solchen Gelegenheiten wird sich sogar der Gastgeber oder die Gastgeberin redliche Mühe geben, jedes »ernsthafte« Gespräch aktiv zu unterdrücken und immer wieder versuchen, lange Unterhaltungen zu unterbrechen und die einander »Putzenden« sich abwechseln zu lassen, um so ein Maximum an sozialem Kontakt zu erreichen. Auf diese Weise nämlich wird jeder Teilnehmer erneut und wiederholt in die Phase des ersten Kontakts versetzt, bei dem der Reiz des Putzsprechens am stärksten ist. Wenn eine solche Nonstop-»Putzveranstaltung« ein wirklicher Erfolg werden soll, muß eine genügend große Zahl von Gästen geladen werden, denn nur so kann man verhindern, daß die Möglichkeit zu neuen Kontakten schon erschöpft ist, bevor die Party vorüber ist. So also erklärt sich die sonst ganz rätselhaft anmutende Mindestzahl an Gästen, die ganz automatisch als für das Gelingen von Veranstaltungen dieser Art wesentlich angesehen wird. Ein wenig anders ist die Situation bei kleinen zwanglosen Essen. Hier wird man beobachten, wie das Putzsprechen im Laufe des Abends immer schwächer wird und entsprechend der Austausch von Informationen und Gedanken in den Vordergrund tritt. Unmittelbar vor dem Aufbrechen indessen, beim Schlußritual des Abschiednehmens, kommt es noch einmal zu einem kurzen Ausbruch von Putzsprechen. Jetzt erscheint auch das Lächeln wieder – die soziale Bindung erhält so noch einmal einen Auftrieb, der vorhalten soll bis zum nächsten Treffen.

Sehen wir nun einmal, wie es bei den wesentlich förmlicheren geschäftlichen Begegnungen zugeht, deren Hauptfunktion ja das Informationsgespräch ist. Hier werden wir eine weitere Abschwächung, nicht unbedingt aber ein völliges Verschwinden des Putzsprechens feststellen: Es wird nahezu immer auf Beginn oder Ende der Unterhaltung beschränkt bleiben. Und es wird nicht, wie bei der Einladung zum Essen, allmählich versickern, sondern nach dem Austausch einiger weniger Höflichkeitsfloskeln jäh abbrechen. Es erscheint dann erst wieder, wie zuvor, gegen Schluß der Besprechung, sobald deren bevorstehendes Ende irgendwie signalisiert wird. Der Drang zum Putzsprechen ist sehr stark. Wenn man also in Wirtschaft und Verwaltung den Besprechungen und Sitzungen eine möglichst feste Form gibt, so deshalb, weil man eben diesen Drang zum Putzgeplauder unterdrücken will (und muß). Und jetzt versteht man auch, warum bei manchen Ausschußsitzungen die Förmlichkeit ein Ausmaß erreicht, wie man es sonst bei sozialen Anlässen nur sehr selten antrifft.

Das Putzsprechen ist zweifellos unsere wichtigste Ersatzhandlung für die soziale Körperpflege, aber nicht die einzige Möglichkeit, derlei Handlungen ablaufen zu lassen. Unsere nackte Haut freilich signalisiert nicht sonderlich starke Reize, die zum Putzen veranlassen; wohl aber gibt es eine ganze Reihe anderer, mit stärkeren Reizen aufwartender Objekte, die sich als Ersatz anbieten und auch häufig dafür benutzt werden: Flauschige Kleidungsstücke, Pelze, Wolldecken, Samtkissen, Plüschsofas und ähnliche Dinge des Hausrats lösen starke Putzreaktionen aus. Auch Haustiere laden dazu ein – wie wenige nackte Affen können der Versuchung widerstehen, der Katze das Fell zu streicheln und den Hund hinterm Ohr zu kraulen! Dabei macht die Tatsache, daß das Tier diese Handlung sozialer Körperpflege sichtlich zu schätzen weiß, nur einen Teil der Befriedigung des Putzenden aus; wichtiger noch ist, daß uns Haut und Haare des Tieres Gelegenheit geben, unserem alten Primaten-Putzdrang Betätigung zu verschaffen. Was nun unseren eigenen Körper anlangt, so sind wir ja fast gänzlich nackt. Am Kopf allerdings wächst uns lang und üppig Haar, das zum Putzen auffordert. Und in der Tat wird ihm ganz beträchtliche Aufmerksamkeit gewidmet – weit mehr, als mit einfachen hygienischen Gründen erklärbar wäre –, und zwar vor allem von spezialisierten Putzern, den Friseuren und Friseusen. Hier erhebt sich sofort die Frage: Warum gehört eigentlich nicht das gegenseitige Frisieren zu unseren normalen häuslichen und sozialen Veranstaltungen? Warum hat sich bei uns das Putzsprechen als Ersatzhandlung für das doch so viel typischere freundschaftliche Putzen der Primaten entwickelt, wo wir doch mühelos unsere eigenen Putzbemühungen auf den Kopf hätten richten können? Die Antwort auf diese Frage ist offenbar in der Sexualbedeutung der Kopfbehaarung zu suchen. In seiner gegenwärtigen Form ist das Haupthaar beim männlichen Geschlecht deutlich anders gestaltet als beim weiblichen, weshalb es auch als sekundäres Geschlechtsmerkmal dient. Die Assoziationen, die das Haar in sexueller Hinsicht weckt, haben zwangsläufig dazu geführt, daß es in die sexuellen Verhaltensweisen einbezogen wurde: Das Haar glätten ist infolgedessen wie jede andere Behandlung des Haares viel zu schwer beladen mit erotischer Bedeutung, als daß derlei noch als einfache soziale Freundschaftsgeste gelten könnte. Und darum hat man es aus allen Arten gemeinsamer Begegnungen zum Zwecke sozialer Kontakte verbannt, womit sich zugleich die Notwendigkeit einstellte, den Drang zur Haarpflege auf anderen Wegen ablaufen zu lassen. Eine Katze kraulen, eine Plüschdecke streicheln – das vermag für den Trieb, jemanden zu putzen, genügen. Wie aber ist es mit dem Verlangen, selbst geputzt zu werden? Für dessen Befriedigung mußte eine besondere Lösung gefunden werden. Und sie ist gefunden worden – in Gestalt der Frisiersalons. Hier kann sich der Kunde oder die Kundin nach Herzenslust in der Rolle dessen gefallen, der geputzt wird, ohne befürchten zu müssen, daß sich irgendein sexuelles Element in das, was da vor sich geht, einschleicht. Indem man die berufsmäßigen »Putzer« als besondere Gruppe von der gesamten übrigen »Stammesbekanntschaft« sonderte, wurde die Gefahr des Sexuellen auf diesem Gebiet erheblich gemindert; im gleichen Sinn wirkt sich auch die Bedienung von Männern durch Friseure und von Frauen durch Friseusen aus. Wo dies nicht geschieht, wird die Sexualität des »Putzens« reduziert. Frisiert ein Mann eine Frau, führt er sich ungeachtet seiner wahren sexuellen Wesensart meist weibisch auf. Männer werden gewöhnlich von Männern frisiert; wird im Frisiersalon eine Masseuse beschäftigt, gibt sich diese fast immer männlich.

Als Verhaltensweise hat das Frisieren drei Funktionen: Es dient der Pflege des Haares, sorgt für Befriedigung des Dranges nach sozialer Körperpflege und schmückt den Geputzten. Schmuck des Körpers – Putz! – in sexueller Absicht, zum Zwecke der Aggression oder in anderem sozialen Zusammenhang ist ein beim nackten Affen weitverbreitetes Phänomen. Wir haben das bereits in früheren Kapiteln diskutiert. Es gehört auch nicht eigentlich in dieses dem Körperpflegeverhalten gewidmete Kapitel, doch muß darauf hingewiesen werden, daß manche Körperzier aus dieser oder jener Haut- und Haarpflegehandlung entstanden ist; daher stammen ganz offensichtlich das Tätowieren, das Rasieren, das Auszupfen von Haaren, das Maniküren, das Durchstechen des Ohrläppchens und die bei manchen Naturvölkern üblichen Schmucknarben. Dabei ist mit den Körperpflegehandlungen etwas Ähnliches passiert wie beim Putzsprechen. Dieses wurde aus einer ganz anderen Art von Verhaltensweisen entnommen und zum Körperpflegeersatz. Und so sind umgekehrt Handlungen, die ursprünglich der Haar- und Hautpflege gedient haben, für andere Zwecke gleichsam ausgeliehen und entsprechend abgewandelt worden: Indem sie die Funktion von Schaustellungen bekamen, liefen sie schließlich auf Hautverstümmelungen hinaus.

Dieser Trend läßt sich schon bei Zootieren feststellen. Sie putzen und lecken sich mit solch abnormer Intensität, daß schließlich kahle Stellen am eigenen Körper oder an dem von Insassen des gleichen Geheges entstehen. Solch exzessives Putzen hat seine Ursache in Streß-Bedingungen oder in Langeweile. Unter ähnlichen Umständen sind wohl auch Angehörige unserer eigenen Art darauf gekommen, ihre Körperoberfläche zu verstümmeln, wobei die bereits nackte, haarlose Haut das Vorhaben sicherlich begünstigt hat. Bei uns allerdings hat der uns innewohnende Opportunismus, der uns das den jeweiligen Verhältnissen Entsprechende tun läßt, dafür gesorgt, daß wir uns solch sonst recht gefährliches und gesundheitsschädliches Tun zunutze machen – nämlich als Schaugepränge.

Noch etwas anderes, sehr viel Wichtigeres ist aus der einfachen

Hautpflege entstanden – die medizinische Betreuung. Andere Arten haben in dieser Hinsicht kaum etwas geleistet. Beim nackten Affen hingegen ist die aus dem sozialen Körperpflegeverhalten hervorgegangene Gesundheits- und Krankenpflege von eminenter Bedeutung für die erfolgreiche Entwicklung der Art geworden, insbesondere in jüngster Zeit. Bei unseren nächsten Verwandten, den Schimpansen, deutet sich diese Entwicklung bereits an. So hat man gesehen, wie ein Schimpanse sich bei der gegenseitigen Körperpflege nicht darauf beschränkt hat, pfleglich des anderen Haut und Haare durchzugehen, sondern sich auch dessen kleinerer Schäden anzunehmen: Entzündete Stellen oder Wunden wurden einer aufmerksamen Prüfung unterzogen und sauber geleckt; um einen Splitter sorgsam zu ziehen, wurde die Haut des Gefährten zwischen zwei Fingern hochgeschoben und zusammengedrückt. Sehr interessant ist folgender Fall: Einer Schimpansin war ein Rußkörnchen ins linke Auge geflogen. Wimmernd und mit sichtlichen Schmerzen ging sie zu einem Schimpansenmann. Der setzte sich vor sie hin, untersuchte sie eingehend und machte sich dann daran, das Rußstückchen sehr behutsam und akkurat zu entfernen, wobei er sich geschickt der Spitze je eines Fingers der rechten und der linken Hand bediente. So etwas ist nun in der Tat mehr als einfaches Körperpflegeverhalten – es ist der Anfang echter auf das Wohl des andern bedachter medizinischer Fürsorge. Für den Schimpansen freilich ist der eben beschriebene Fall auch der Höhepunkt seiner Leistungsfähigkeit. Bei unserer eigenen, mit so viel mehr Intelligenz und Sinn für Zusammenwirken und gegenseitiges Beistehen ausgestatteten Art wurden solche Handlungen spezialisierter Körperpflege erst zum Ausgangspunkt für eine gewaltige Entwicklung: Die Medizin hat heute eine solche Höhe und zugleich eine solch riesige Zahl von Möglichkeiten des Helfens und Heilens erreicht, daß sie, vom biologisch-sozialen Standpunkt aus gesehen, zum Hauptausdruck unseres animalischen Körperpflegeverhaltens geworden ist. Beginnend bei der Beschäftigung mit kleinen Mißhelligkeiten, hat sie sich ausgeweitet zur Behandlung ernstester Erkrankungen und schwerster körperlicher Schädigungen. Sie ist ein biologisches Phänomen einzigartiger Leistungen. Aber indem sie rational wurde, hat man die irrationalen Elemente in ihr gelegentlich übersehen. Um verständlich werden zu lassen, was gemeint ist, müssen wir zwischen ernsthaften und unbedeutenden Fällen von »Krankheit« unterscheiden. Wie ein Säugetier jeder anderen Art, kann sich auch der nackte Affe bei einem Unfall ein Bein brechen oder rein zufällig zu einer Infektion mit einem gefährlichen Krankheitserreger kommen. Bei weniger ernsthaften Unpäßlichkeiten jedoch ist das irgendwie etwas anderes. Kleinere Infektionen und sonstige Erkrankungen werden zwar rational behandelt, als seien sie leichtere Fälle ernster Krankheiten, aber ganz offensichtlich spricht bei ihnen sehr viel für die Annahme, daß sie in Wirklichkeit recht nahe verwandt sind mit dem urtümlichen »Verlangen nach Körperpflege«. In den Symptomen spiegelt sich viel mehr ein Verhaltensproblem wider, das körperliche Gestalt angenommen hat, als ein wirkliches körperliches Problem.

Zu den allgemein bekannten Beispielen von »Unpäßlichkeiten mit Aufforderung zur Körperpflege«, wie wir sie hier einmal nennen wollen, gehören Husten und Schnupfen, Grippe, Kreuz- und Kopfschmerzen, Magenunpäßlichkeiten, Hautausschläge, Halsweh, Gallenbeschwerden, Mandel- und Kehlkopfentzündung. Der Zustand des Kranken ist keineswegs ernst, aber doch so, daß er eine stärkere Aufmerksamkeit seitens der Umgebung rechtfertigt. Dabei wirken die Symptome genau wie jene Signale, die zum Ausüben von Handlungen der Körperpflege einladen, und so lösen sie denn auch das Pflegeverhalten von Ärzten, Schwestern, Apothekern, Verwandten und Freunden aus. Der zu Pflegende erregt freundschaftliche Hilfsbereitschaft und liebevolle Pflege, und das alles genügt gemeinhin schon, die Krankheit zu heilen. Das Verabreichen von Pillen und Einflößen von Medizin tritt an die Stelle der alten Körperpflegehandlungen und liefert so ein Ritual von Beschäftigungen, die das enge Verhältnis zwischen Pfleger und Gepflegtem während dieser Phase sozialer Wechselbeziehung aufrechterhält. Dabei ist es nahezu gleichgültig, welcher Art die verordneten Chemikalien sind – der Unterschied zwischen den Praktiken der modernen Heilkunde und denen des Medizinmannes von einst ist in solcherlei Fällen doch recht gering.

Als Einwand gegen diese Deutung kleinerer Unpäßlichkeiten wird gern vorgebracht, man wisse doch, daß es Bakterien und Viren gibt; wenn es sie aber gibt und wenn wir wissen, daß sie der Grund für einen Schnupfen, eine Grippe, für Bauchweh und Halsentzündung sind – wozu dann noch nach einer Erklärung vom Verhalten her suchen? Darauf ist folgendes zu antworten: Die häufigen als Krankheitserreger in Frage kommenden Bakterien und Viren sind eigentlich zumindest in der Stadt allgegenwärtig. Ständig kommen wir mit ihnen in Berührung. Aber nur gelegentlich werden wir ihre Opfer. Zudem sind bestimmte Individuen sehr viel anfälliger als andere, wobei es bemerkenswert ist, daß besonders erfolgreiche Individuen oder solche in sozial gesicherter Position nur selten unter den »zum Pflegen einladenden Krankheiten« leiden. Anders ist es bei solchen, die mit vorübergehenden oder lang anhaltenden sozialen Schwierigkeiten zu tun haben: Sie sind in hohem Maße anfällig. Und nun ist es ganz besonders interessant zu sehen, wie die Krankheiten auf die jeweils besonderen Bedürfnisse des »Pflegebedürftigen« zugeschnitten sind. Nehmen wir eine Schauspielerin, die unter gesellschaftlichen Problemen leidet, vielleicht auch etwas überarbeitet ist. Was geschieht? Sie verliert »dank« einer Kehlkopfentzündung ihre Stimme und ist so gezwungen, ihre Arbeit aufzugeben und sich auszuruhen. Man kümmert sich um sie – sie wird gepflegt. Die Spannung löst sich (mindestens für diese Zeit). Hätte sich statt der Heiserkeit ein Hautausschlag gebildet, wäre er unter ihrer Kleidung verdeckt geblieben, und sie hätte weiterarbeiten können. Aber die Spannung wäre geblieben. Nehmen wir als zweiten Fall einen Catcher. Für ihn wäre der Verlust der Stimme eine höchst unnütze »Krankheit zwecks Einladung zur Pflege«, ideal hingegen ein Ausschlag – und genau diese Krankheit wird von den Ärzten der Catcher als häufigstes Leiden der Muskelmänner festgestellt! In diesem Zusammenhang ist es ebenso aufschlußreich wie amüsant, daß eine Schauspielerin, die ihren Ruhm dem Darbieten ihrer nackten Reize im Film verdankt, bei Belastungen nicht an Heiserkeit leidet, sondern an Ausschlag. Für sie ist, genau wie für die Catcher, das Herzeigen der Haut entscheidend wichtig, und deshalb meldet sich bei ihr auch im »Notfall« deren Krankheit und nicht die der anderen Schauspielerin.

Ist das Bedürfnis nach Pflege stark, dann nimmt auch die Krankheit schwerere Formen an. Diejenige Zeit unseres Lebens, in der uns die sorgsamste Pflege und liebevoller Schutz zuteil wird, ist die im Kinderbettchen verbrachte. Eine Krankheit, die so ernst ist, daß wir hilflos im Bett liegen müssen, hat deshalb den großen Vorteil, daß sie uns all die Aufmerksamkeit und Pflege der gesicherten Tage unserer Kindheit wiederschenkt. Wir selbst mögen zwar meinen, daß wir eine gehörige Dosis Medizin nötig haben – in Wirklichkeit aber brauchen wir eine kräftige Dosis Sicherheit, und die kuriert uns auch. (Vom Krankspielen braucht dabei gar keine Rede zu sein. Die Symptome sind echt genug. Nicht die Wirkungen sind verhaltensbedingt – die Ursache ist es.)

Wir alle sind in einem solchen Ausmaß sowohl verhinderte Pfleger als auch verhinderte Gepflegte, daß die Befriedigung, die das Sorgen für einen Kranken zu verschaffen vermag, ebenso tiefverwurzelt ist wie das Bedürfnis, gepflegt zu werden als Ursache von Krankheiten. Bei manchen Individuen ist der Drang, für andere zu sorgen, sogar derart groß, daß sie es fertigbringen, die Krankheit eines ihnen Nahestehenden zu fördern und sich in die Länge ziehen zu lassen, damit sie nur ja ihrem Pflegetrieb recht stark Genüge tun können. So kommt es zu einem Circulus vitiosus: Die Beziehung zwischen Pflegendem und Gepflegtem steigert sich schließlich so weit, daß eine Situation geschaffen wird, in der ein chronisch Kranker ständige Fürsorge braucht (und erhält). Konfrontiert man ein solches »Paar im Dauerpflegeverhältnis« mit der im Verhalten zu findenden Wahrheit über die zwischen den Partnern obwaltende Wechselbeziehung, so wird man auf erbitterten Widerspruch stoßen. Dennoch ist es erstaunlich, was Wunderkuren in solchen Fällen manchmal auszurichten vermögen, vor allem dann, wenn eine größere soziale Veränderung in dem Milieu eintritt, das dieses Verhältnis Pfleger–Patient erst hat entstehen lassen. Gesundbeter haben derlei Situationen mit gelegentlich verblüffendem Erfolg zu nützen gewußt; zu ihrem Pech allerdings spielen in vielen Fällen, deren sie sich annehmen, physische Ursachen ebenso eine Rolle wie physische Wirkungen. Und was außerdem solchen Wunderheilern zu schaffen macht: Die körperlichen Auswirkungen der aus einer angeborenen Verhaltensweise entstandenen »Krankheiten mit Aufforderung zum Pflegen« können leicht irreversible organische Schäden zur Folge haben. Ist es erst einmal so weit gekommen, dann bedarf es dringendst einer sehr gründlichen rationalen ärztlichen Behandlung.

Bis jetzt haben wir uns mit den sozialen Aspekten des Körperpflegeverhaltens bei unserer Art beschäftigt und gesehen, welch weitreichende Folgerungen sich aus ihnen ergeben haben. Das alles schließt aber die einfacheren Formen der Säuberung des eigenen Körpers, der selbst betriebenen Körperpflege nicht aus und ersetzt sie nicht. Wie die anderen Primaten kratzen auch wir uns, reiben uns die Augen, drücken an entzündeten Stellen herum und lecken eine Wunde sauber. Und genau wie sie haben wir einen starken Hang zum Sonnenbaden. Darüber hinaus gibt es bei uns noch eine ganze Reihe weiterer uns eigener erlernter, also kulturell erworbener Verhaltensweisen, deren häufigste und am weitesten verbreitete das Waschen mit Wasser ist. Bei den anderen Primaten kommt es nur selten vor; manche Arten baden zwar gelegentlich, bei uns jedoch ist es in den meisten Kulturen die Haupttätigkeit beim Reinigen des Körpers.

So offenkundig die Vorteile des Waschens mit Wasser sind – es hat auch seine Nachteile: Häufig betrieben, beansprucht es jene Hautdrüsen übermäßig, die Fette und Salze mit antiseptischen und sonstigen Schutzfunktionen absondern, und so ist es in gewissem Umfang verantwortlich dafür, daß die Körperoberfläche anfällig für Krankheiten wird. Die Haut bleibt im großen und ganzen gesund eigentlich nur dadurch, daß beim Waschen zwar die natürlichen Fette und Salze entfernt werden, zugleich aber auch der Schmutz, der die Hauptursache von Krankheiten ist.

Das große Gebiet des Körperpflegeverhaltens umfaßt aber nicht nur alles, was mit der Sauberhaltung und Reinigung von Haut und Haaren zu tun hat; hierher gehören auch jene Verhaltensweisen, die auf die Erhaltung der richtigen Körpertemperatur abzielen. Wie alle Säugetiere und Vögel sind wir »Warmblüter« mit einer konstant hohen Körpertemperatur, die zugleich eine der Ursachen unserer großen physiologischen Leistungsfähigkeit ist. Solange wir gesund sind, schwankt die Temperatur im Innern des Körpers um nicht mehr als knapp 2° C, ganz unabhängig davon, wie warm oder kalt es draußen ist; die normalen Schwankungen der Innentemperatur folgen einem Tagesrhythmus, dessen Kurve am späten Nachmittag ihren Höhepunkt und morgens gegen 4 Uhr ihren Tiefstpunkt erreicht. Wenn uns zu warm oder zu kalt wird, verspüren wir sehr schnell ein erhebliches Unbehagen, das wie ein Frühwarnsystem wirkt: Es alarmiert uns, Vorsorge zu treffen, daß unsere inneren Organe nicht gefährlich unterkühlt oder überhitzt werden. Zusätzlich zu diesen wissentlichen und willentlichen Reaktionen trifft aber auch der Körper automatisch Maßnahmen zur Stabilisierung des Wärmehaushalts. Wird es in der Umgebung zu warm, kommt es zur Erweiterung der Blutgefäße. Das hat zwar zur Folge, daß die Haut wärmer wird, sorgt aber gerade dadurch dort für einen kräftigen Wärmeverlust. Außerdem beginnen wir stark zu schwitzen. Dazu dienen uns rund zwei Millionen Schweißdrüsen, die bei großer Hitze maximal einen Liter Schweiß pro Stunde absondern. Die Verdunstung dieser Flüssigkeit auf der Körperoberfläche führt ebenfalls zu einem erheblichen Wärmeverlust. Im Verlauf der Akklimatisierung an ein generell wärmeres Milieu kommt es übrigens zu einer deutlichen Steigerung der Fähigkeit zum Schwitzen, was deshalb lebenswichtig ist, weil unsere innere Körpertemperatur – und das gilt für sämtliche Rassen! – nur eine Steigerung um knapp ein Fünftel Grad Celsius verträgt.

Wird es draußen zu kalt, so reagieren wir mit Verengung der Gefäße und mit Zittern. Durch die verengten Gefäße fließt weniger Blut – die Wärmeabgabe wird verringert. Durch das Zittern aber kann die normale Wärmeerzeugung bei Ruhelage bis zum Dreifachen gesteigert werden. Wenn die Haut zu lange starker Kälte ausgesetzt ist, besteht die Gefahr, daß es infolge der entsprechend langen Gefäßverengung zu Erfrierungen kommt. Bei den Händen gibt es einen besonderen, gleichsam eingebauten und sehr wichtigen Mechanismus, der Erfrierungen vorbeugt: Auf starke Kälte reagieren die Hände zunächst mit kräftiger Gefäßverengung; nach etwa fünf Minuten aber tritt an deren Stelle eine nicht minder starke Gefäßerweiterung – die Hände werden rot und warm, ja heiß (wie man bei jeder Schneeballschlacht erlebt). Gefäßerweiterung und -verengung an den Händen wechseln dann regelmäßig ab – die Verengung mindert den Wärmeverlust, die Erweiterung beugt dem Erfrieren vor. Übrigens kommt es bei Individuen, die ständig in einem kalten Klima leben, zu körperlichen Anpassungen verschiedener Art im Sinne einer Akklimatisation, wozu auch ein etwas gesteigerter Grundumsatz des Stoffwechsels gehört.

Mit der Ausbreitung unserer Art über die ganze Erde sind zu diesen biologischen Regelmechanismen unseres Wärmehaushalts wesentliche und wichtige kulturell erworbene Verbesserungen getreten. Feuer, Kleidung und Wohnhaus haben den Wärmeverlust bekämpft, Lüftung und Kühlung helfen gegen Hitze. Aber so eindrucksvoll all die Leistungen auf diesem Gebiet auch sind – unsere Körpertemperatur ist durch sie nicht im geringsten verändert worden. Wozu sie uns verholfen haben, ist dies: Wir können uns auch weiterhin unserer guten alten Primaten-Temperatur erfreuen in einem denkbar weiten Bereich von Umweltbedingungen. Und noch eines verdient in diesem Zusammenhang klargestellt zu werden: Entgegen anderslautenden Behauptungen gehört die Verlängerung des Lebens dadurch, daß man sich für länger oder kürzer in speziellen Tiefkühltruhen einfrieren läßt, in den Bereich der Utopie.

Bevor wir mit den Reaktionen zum Regeln der Körperwärme das Gebiet des Körperpflegeverhaltens verlassen, bedarf noch eine Sonderart des Schwitzens der Erwähnung. Eingehende Forschungen haben nämlich gezeigt, daß es mit dem Schwitzen bei unserer Art nicht ganz so einfach ist, wie es zunächst scheinen mag. An den meisten Stellen der Körperoberfläche kommt es bei steigender Außentemperatur zur Absonderung von Schweiß, und zweifelsohne ist dies die ursprüngliche und hauptsächliche Reaktion des Schweißdrüsensystems. Bestimmte Hautstellen sprechen aber noch auf Reize anderer Art an; wir schwitzen manchmal auch dann, wenn es gar nicht warm ist. Stark gewürzte Speisen zum Beispiel verursachen eine spezielle Art von Schweißausbrüchen im Gesicht. Und emotionale Belastung kann sehr schnell zum Schwitzen an den Handflächen, Fußsohlen, Achselhöhlen, manchmal auch an der Stirn führen, nicht jedoch an anderen Stellen. Und auch dabei gibt es noch Unterschiede: Handflächen und Fußsohlen reagieren *nur* auf emotionale Reize, Achselhöhlen und Stirn hingegen auf emotionale *und* auf Temperaturreize. Selbstverständlich haben Hände und Füße ihr »emotionales Schwitzen« vom System zur Regelung der Körpertemperatur »ausgeborgt« und »benutzen« es jetzt in neuem Funktionszusammenhang. Das Feuchtwerden von Handfläche und Fußsohle in Streß-Situationen gehört offenbar zu der »Fertig!«-Reaktion, mit der unser Körper seine Bereitschaft bei drohender Gefahr meldet. (»Fertig!« kann dabei, wie wir wissen, je nach den sonstigen Begleitumständen bedeuten »fertig zum Angriff« oder »fertig zur Flucht«.) Das In-die-Hände-Spucken, bevor wir die Axt aufnehmen, ist gewissermaßen ein nicht-physiologisches Gegenstück zur schweißigen Hand.

Diese Reaktion des Feuchtwerdens der Handflächen ist außerordentlich fein – so fein, daß es bei ganzen Gruppen, ja Völkern zu einem plötzlich und sehr stark vermehrten Auftreten der Reaktion kommen kann, wenn die Sicherheit der Gruppe irgendwie bedroht ist. Das hat sich besonders augenfällig anläßlich einer weltpolitischen Krise in jüngster Vergangenheit gezeigt. Damals sah es eine Weile so aus, als werde es zum Atomkrieg kommen. Zu dieser Zeit liefen in einem Forschungsinstitut Untersuchungen über das Schwitzen an den Handinnenflächen. Sie mußten abgebrochen werden, weil die Ausgangssituation für die Versuche so anomal geworden war, daß die Tests keinerlei Wert mehr haben konnten. Ein Wahrsager, den wir in unserer Hand lesen lassen, wird wohl kaum etwas über die Zukunft zu erzählen haben. Ein Physiologe aber wird aus unserer Hand mit Sicherheit einiges über unsere Ängste um die Zukunft lesen können.

8 Beziehungen zu Tieren

Bisher haben wir uns mit dem Verhalten des nackten Affen befaßt, soweit es ihn selbst und seine Beziehungen zu Angehörigen seiner eigenen Art betrifft – sein innerartliches (intraspezifisches) Verhalten. Zu prüfen bleiben uns noch seine Handlungen bezüglich anderer Tiere, sein zwischenartliches (interspezifisches) Verhalten.

Bei allen höheren Formen tierischen Lebens nehmen die Individuen einer Art Kenntnis zumindest von einigen anderen Arten, die in der gleichen Umwelt vorkommen, und zwar in fünferlei Bedeutung: als Beute, als Symbionten (als Partner also einer mehr oder minder innigen Lebensgemeinschaft zu gegenseitigem Nutzen), als Konkurrenten, als Schmarotzer oder als räuberische Feinde. Im Fall unserer eigenen Art lassen sich diese fünf Kategorien zusammenfassen als »wirtschaftliche« Bedeutung, zu denen als weitere die wissenschaftliche, die ästhetische und die symbolische Bedeutung kommen. Diese weite Skala von Interessen hat bei uns eine zwischenartliche Beziehung zu den Tieren entstehen lassen, die innerhalb des Tierreichs einzigartig dasteht. Um sie zu verstehen, müssen wir Schritt für Schritt vorgehen, Verhalten um Verhalten untersuchen.

Wegen seines explorativ neu-gierigen und opportunistisch sich dem jeweils Gegebenen anpassenden Wesens ist die Liste der Tiere, die dem nackten Affen als Beute dienen, immens groß. Zu dieser oder jener Zeit und an diesem oder jenem Ort hat er nahezu jedes nur denkbare Tier getötet und verzehrt. Die Ausgrabungen der Prähistoriker haben uns gezeigt, was er vor fünfhunderttausend Jahren gejagt hat. An einer einzigen Fundstelle waren es: Wisent, Wildpferd, Nashorn, Hirsch, Bär, Wildschaf, Mammut, Kamel, Strauß, Antilope, Büffel, Wildschwein und Hyäne. Es wäre witzlos, für neuere Zeiten oder für die Gegenwart eine »Speisekarte nach Arten« zusammenstellen zu wollen (man denke nur daran, daß sie in unserer Kultur »unten« mit Auster, Weinbergschnecke und Tintenfisch, Krebs, Hummer und Languste beginnt, in anderen aber schon mit Würmern, Käferlarven, Heuschrecken und Seegurken). Ein Zug unseres räuberischen Verhaltens aber verdient besondere Beachtung, nämlich unser Hang, bestimmte ausgewählte Beutetiere als Haustiere auszubeuten. Denn obwohl wir je nach Lust und Gelegenheit nahezu alles essen, was eßbar ist, beziehen wir den Hauptteil unserer Nahrung von einigen wenigen Tierarten, fast ausnahmslos Großtieren.

Die Domestikation einstiger Beutetiere zum Nutzvieh einschließlich der auslesenden Züchtung wird, soweit wir wissen, seit mindestens zehntausend Jahren betrieben, in gewissen Fällen wahrscheinlich seit sehr viel längerer Zeit. Ziege, Schaf und Rentier sind offenbar die ersten Wildarten gewesen, die gezähmt und gezüchtet wurden. Mit der Entstehung und Ausbreitung beständiger Siedlungen und des mit ihnen verbundenen Pflanzenbaus kamen Schwein und Rind (Hausrind, Wasserbüffel und Yak) hinzu. Vom Hausrind wissen wir, daß es bei ihm bereits vor viertausend Jahren mehrere deutlich zu unterscheidende Rassen gegeben hat. Während Ziege, Schaf und Ren wohl direkt vom Jagdtier zum Nutztier umgewandelt worden sind, stellt man sich vor, daß dies bei Schwein und Rind auf dem Umweg über deren räuberische Einfälle in Äcker und Felder geschehen ist: Sobald erst einmal Pflanzungen da waren, zogen sie als neue reiche Weideplätze Wildschwein und Auerochs an, mit dem Erfolg, daß beide von den frühen Bauern zu Haustieren gemacht wurden (wobei man wahrscheinlich die wehrhaften Alttiere jagte und erlegte, die wehrlosen Jungtiere als »lebende Konserven« in den Pferch sperrte).

Die beiden einzigen Kleinsäugetiere, die regelrecht domestiziert wurden, sind Kaninchen und (in den alten Kulturen Südamerikas) Meerschweinchen; das Kaninchen ist allerdings erst relativ spät zum Haustier geworden. An Vögeln hat man schon vor Jahrtausenden Huhn, Gans, Ente und Taube aus einstigem Federwild zu Federvieh gemacht, später und in geringerem Ausmaß kamen Fasan, Perlhuhn und Truthuhn hinzu. Die einzigen Fische mit einer langen Geschichte als Haustiere sind – sieht man einmal von der bei den alten Römern gezüchteten Muräne ab – Karpfen und Goldfisch, wobei der Goldfisch sehr bald seine Bedeutung als Speisefisch verlor und zum Zierfisch wurde. Die Domestikation aller drei Arten erfolgte erst innerhalb der letzten zweitausend Jahre und spielt zudem im Rahmen der großen Geschichte unserer organisierten räuberischen Ausbeutung der Tierwelt nur eine untergeordnete Rolle.

Die zweite Gruppe auf unserer Liste der interspezifischen Beziehungen ist die der Symbionten. Wir sagten es schon: Eine Symbiose ist das Zusammenleben zweier verschiedener Arten zu gegenseitigem Nutzen. Es gibt im Tierreich zahlreiche sehr interessante Beispiele dafür; recht bekannt ist die Partnerschaft zwischen den Madenhackern, afrikanischen Verwandten unseres Stars, und Großtieren wie Nashorn, Giraffe und Kafferbüffel: Die

Vögel suchen die Haut der Säugetiere nach Zecken, Bremsen und anderen Quälgeistern ab und halten sie so sauber und gesund, wofür sich die Großtiere »bedanken«, indem sie mit eben dieser Haut den Madenhackern eine reichliche Futterquelle bereithalten; die Vögel wiederum erweisen sich ihren Gastgebern außerdem dadurch erkenntlich, daß sie Alarm schlagen, sobald sie mit ihren scharfen Augen einen sich nähernden Feind erkannt haben. Berühmt sind auch die Ameisen, die »ihre« Blattläuse »melken« und sie »hüten«.

Wo wir selbst nun Partner einer symbiontischen Gemeinschaft sind, verschiebt sich der aus ihr gezogene Nutzen meist ganz erheblich zu unseren Gunsten; dennoch fällt unser Verhältnis zu vielen Tieren in diese Gruppe, da es hier, im Gegensatz zur Raubtier-Beute-Beziehung, nicht um das Töten des andern geht: Der Partner wird von uns genützt, und wir füttern und pflegen ihn. Es handelt sich also um eine nach einer (unserer) Seite hin verlagerte Symbiose, da ja wir die Situation beherrschen, unsere Partner aus dem Tierreich hingegen in dieser Hinsicht wenig oder keine Chancen haben.

Unser ältester Symbiont ist zweifellos der Hund. Wir können nicht genau angeben, wann unsere Vorfahren begonnen haben, diesen treuen Helfer und Freund zu zähmen und zu züchten; höchstwahrscheinlich liegt dieser Zeitpunkt mindestens zehntausend Jahre zurück. Wie die Domestikation sich abgespielt hat, ist eine spannende Geschichte. Die wilden Ahnen unseres Haushunds aus der Wolfssippe müssen nämlich sehr ernst zu nehmende Konkurrenten unserer jagenden Altvordern gewesen sein: Beide waren sie Rudeljäger auf Großwild, so daß anfangs die Zuneigung füreinander sicherlich nicht groß gewesen ist. Nun verfügten die Wildhunde über Jagdtaktiken, die unseren Ahnen abgingen: Sie verstanden es sehr geschickt, die Beute zusammenzutreiben, und das außerdem mit hoher Geschwindigkeit. Und ihr Geruchs- und Gehörsinn war erheblich besser. Wenn es gelang, diese Fähigkeiten im Austausch gegen einen Anteil der Wildhunde an der Beute nutzbar zu machen, dann war das gewiß ein gutes Geschäft. Irgendwie – wir wissen nicht genau wie – kam es tatsächlich zustande; das Band von Art zu Art wurde geknüpft. Vielleicht begann es damit, daß man Welpen ins Stammeslager brachte, um sie dort als späteren Braten zu mästen. Auf jeden Fall hat man wohl gefangengehaltene Tiere schon sehr früh schätzen gelernt, weil sie Lärm schlugen, sobald sich nachts außerhalb des Lagers etwas regte. Es sind auch sicherlich nicht alle geschlachtet worden; die durch das Leben im Lager zahm gewordenen wurden von den Männern auf ihre Jagdzüge mitgenommen, und hier erwiesen sie sich sehr bald als wertvolle Helfer beim Aufspüren, beim Hetzen und beim Stellen der Beute. Besonders gut ging das mit solchen Hunden, die man von klein an aufgezogen hatte: Sie fühlten sich ja als dem Rudel nackter Affen zugehörig und waren ganz instinktiv bereit, mit den als ihresgleichen Anerkannten bei der Jagd zusammenzuarbeiten. Durch züchterisches Auslesen von Generation zu Generation wurden dann schon sehr bald auch die Bösartigen und die Unruhestifter ausgeschaltet, und so entstand allmählich ein zunehmend besser geeigneter und leichter zu lenkender Schlag von gezähmten Jagdhunden.

Wahrscheinlich hat dieser erste große Fortschritt in der Beziehung zum Hund auch die ersten Möglichkeiten zur Domestikation von Huftieren ermöglicht. Ziege, Schaf und Ren waren nämlich schon vor Beginn des eigentlichen Landbaues so etwas wie Haustiere; dazu hat, wie man vermutet, der frühe Jagdhund einen entscheidenden Beitrag geliefert, denn durch Hunde wurde das mühselige und über weite Entfernungen und lange Zeit sich hinziehende Zusammentreiben der Herde wesentlich erleichtert. Bei Untersuchungen über das Verhalten von heutigen Schäferhunden beim Umkreisen und Zusammenhalten ihrer Herde und von Wölfen beim Hetzen und Zusammentreiben ihrer Beute haben sich vielerlei Ähnlichkeiten in den dabei verwendeten Methoden aufzeigen lassen. Das spricht sehr deutlich dafür, daß diese Annahme zutrifft.

In sehr viel jüngerer Zeit ist durch intensive Zucht- und Auslesemaßnahmen eine Vielzahl von Hundeformen für spezielle symbiontische Zwecke entstanden. Der Ur-Jagdhund war noch ein Allzweckhund gewesen; bei seinen späteren Abkömmlingen jedoch wurde die eine oder die andere spezielle Komponente des Gesamtverhaltens gezielt vervollkommnet. Dazu betrieb man Inzucht mit solchen Individuen, die in der gewünschten Richtung über mehr als durchschnittlich gut ausgebildete Fähigkeiten verfügten. Wie bereits erwähnt, wurde so aus Jagdhunden, die sich besonders aufs Einkesseln des Wildes verstanden, der die nunmehr gezähmte Beute umkreisende Schäfer-, Hüte- und Hirtenhund. Aus Hunden, die mit Hilfe ihres hervorragenden Witterungsvermögens die Fährte gut zu halten vermochten, wurden Bracken und Schweißhunde (Schweiß ist ein altes Jägerwort für

Blut). Ausnehmend schnelle Läufer wurden zu Hetz- und, sofern sie das Wild mit den Augen erfaßten, zu Wildhunden. Die Eigenschaft, reglos zu verharren, »vorzustehen«, sobald der Wildhund Witterung von einer Beute hat, und dann plötzlich zuzupacken, wurde genützt bei der Züchtung der Vorstehhunde, der Pointer, Setter und Deutsch-Kurzhaar, -Stichelhaar und -Drahthaar; das »Vorstehen« blieb, das Packen wurde fortgezüchtet. Es entstanden durch Verfeinerung des Triebs, Beute heranzuschleppen, die Apportierhunde, es wurden mächtige Schläge zum Packen wehrhaften Wildes gezüchtet – die Doggen, Bulldoggen und Mastiffs, die einst auch als Kampfhunde dienten und heute bewährte Schutzhunde sind. Uralt ist der Spitz als Nachfahre besonders wachsamer, besonders gern Alarm gebender Lagerhunde. Und kleine, schneidige Jäger auf kleines Raubzeug und Ratten wurden zu Schnauzern, Pinschern und Terriern.

Zu all diesen Formen der Nutzung alten Raubtierverhaltens kamen jedoch noch vielerlei andere, zum Teil ganz ungewöhnliche, für die man durch auslesende Züchtung eigene Schläge und Rassen schuf. Eines der absonderlichsten Beispiele ist der Nackthund der mittel- und südamerikanischen Indianer, eine erblich haarlose Rasse mit enorm hoher Hauttemperatur: Er diente als Wärmflasche!

Bei den nordamerikanischen Steppenindianern hingegen schleppte der Hund die Stange und die Plane für das Zelt, in hochnordischen Gebieten wurde er zum Schlittenhund, bei uns zum Zieh- und Karrenhund. Und immer neue Aufgaben teilte man ihm zu: Im Krieg wurde er Meldehund, Sanitätshund und Minenspürhund. In den Alpen halfen die Hospizhunde bei jeder Art von Berg- und Wintersnot. Es gibt Polizeihunde, die des Verbrechers Fährte aufnehmen und ihn stellen, es gibt Blindenhunde, und selbst zu Insassen von Weltraumraketen sind Hunde geworden. Keine andere mit uns in Symbiose lebende Art hat uns so vielfältige Dienste geleistet wie der Hund, und selbst heute, in unserer technischen Welt, wird er nach wie vor für die meisten seiner alten Aufgaben gebraucht. Von den vielen hundert Rassen, die man unterscheidet, dienen allerdings die meisten nur noch sozusagen zur Verzierung. Dennoch liegt der Tag, an dem es für den Hund nichts mehr zu tun gibt, in weiter Ferne.

Als Jagdgefährte hat sich der Hund so bewährt, daß es kaum nötig war, andere Arten für diese Sonderform der Symbiose zu domestizieren. Die einzigen bemerkenswerten Ausnahmen sind der

Gepard und einige Greifvögel, vor allem Falken; diese werden jedoch nur gezähmt, nicht aber gezüchtet. Stets ist also ein erneutes Abrichten der für die Jagd vorgesehenen Individuen notwendig. In Ostasien dient der Kormoran, ein Schwimm- und Tauchvogel, als Helfer beim Fischfang. Man läßt Kormoraneier von Hennen ausbrüten, zieht die Jungen von Hand auf und dressiert sie: Der Vogel taucht, bringt den gefangenen Fisch zum Boot zurück und würgt ihn dort aus; ein Ring um den Hals hindert ihn daran, die Beute zu schlucken. Auch beim Kormoran hat man keinerlei Versuch zu züchterischer Verbesserung unternommen.

Ebenfalls alt ist die Verwendung kleiner Raubtiere als Schädlingsbekämpfer; wichtig wurde sie, als es mit der Entwicklung der Landwirtschaft zur Vorratshaltung insbesondere von Getreide kam und die Nagetiere kurzgehalten werden mußten. Dabei haben sich Katze, Iltis und Mungo bewährt, von denen die Katze und der Iltis (dieser als Frettchen) unter züchterischer Auslese zu richtigen Haustieren geworden sind.

Zur vielleicht wichtigsten Form der Symbiose wurde die Nutzung folgender Großtiere zum Befördern schwerer Lasten: Pferd, Onager (der asiatische Halbesel), Esel, Rind, Wasserbüffel und Yak, Ren, Kamel, Lama und Elefant. In den meisten Fällen sind die Wildformen dieser Haustiere durch sorgfältige Zuchtwahl »veredelt« worden; Ausnahmen bilden lediglich Onager und Elefant. Der Onager wurde schon vor mehr als viertausend Jahren von den Sumerern als Trag- und Zugtier verwendet, dann aber bald durch das leichter zu handhabende Pferd verdrängt. Der Elefant – und zwar nahezu ausschließlich die indische Art – tut auch heute noch Dienste als Arbeitstier, doch war und ist seine Züchtung zu schwierig, so daß es bei ihm niemals zu einer gezielten Auslese gekommen ist.

Eine weitere Untergruppe innerhalb der Symbiose bilden die Lieferanten bestimmter Produkte. In dieser ihrer Eigenschaft werden die Tiere nicht getötet, so daß sie diesbezüglich nicht zur Gruppe der Beutetiere gehören (was nicht ausschließt, daß die meisten dadurch, daß man sie auch schlachtet, außerdem unter diese Kategorie fallen). Es sind Rind und Ziege mit ihrer Milch, Schaf und Alpaka mit ihrer Wolle, Huhn und Ente mit ihren Eiern, die Biene mit Honig und Wachs sowie der Seidenspinner, ein Schmetterling, mit der Seide seiner Raupe.

Außer Jagdgefährten, Schädlingsbekämpfern, Lastenbeförderern und Rohstofflieferanten gibt es noch eine Reihe weiterer Tiere, denen als Symbionten weniger alltägliche Aufgaben zugewiesen sind. Schon seit Jahrtausenden wird das erstaunliche Heimfindevermögen der Taube dazu genutzt, sie Nachrichten überbringen zu lassen. Da man dies gern auch im Krieg tat, hat man in neuerer Zeit gegen Brieftauben eine Art Anti-Symbiose erfunden: Falken wurden auf das Abfangen der geflügelten Boten dressiert. Zum Zwecke aufregender Turniere (mit entsprechend hohen Wetten) hat man seit langer Zeit den siamesischen Kampffisch und den Kampfhahn gezüchtet. Und in der Medizin sind Meerschweinchen, weiße Ratten und »Versuchskaninchen« unentbehrlich geworden, in der Vererbungsforschung die in vielen Hunderten von Rassen gezüchtete Drosophila-Taufliege.

Dies also sind die hauptsächlichen Symbionten aus dem Tierreich, die von unserer so einfallsreichen Art zu dieser oder jener Form der Partnerschaft mit ihr gezwungen worden sind. Der Vorteil, den die Symbiose ihnen bringt, ist der, daß sie nicht mehr unsere Feinde sind. Und so konnten ihre Individuenzahlen meist enorm steigen, was, vom rein statistischen Standpunkt aus gesehen, einen gewaltigen Erfolg bedeutet – aber doch einen sehr bedingten Erfolg. Denn der Preis, den alle diese Arten dafür haben zahlen müssen, ist die Freiheit ihrer Entwicklung: Sie haben ihre genetische Unabhängigkeit verloren, und das heißt, daß ihr Erbgut nicht mehr ihnen selbst gehört. Wohl werden sie gehegt, gepflegt und gefüttert. Aber dafür sind sie unseren züchterischen Einfällen und Launen ausgeliefert.

Die dritte große Gruppe in der Liste unserer Beziehungen zu anderen Tierarten umfaßt die der Konkurrenten. Jede Art, die mit uns um Nahrung oder Raum konkurriert oder unser Leben irgendwie stört, wird rücksichtslos bekämpft. Es hat gar keinen Sinn, da erst eine Liste aufstellen zu wollen. Denn jedes Tier, das entweder nicht eßbar ist oder für eine Symbiose nicht taugt, wird angegriffen und ausgerottet. Und das geschieht auch heute noch in allen Teilen der Erde. Handelt es sich um weniger ernsthafte Konkurrenten, so ist die Verfolgung mehr vom Zufall abhängig. Wirklich ernst zu nehmende Konkurrenten jedoch haben kaum Aussichten. Einst waren unsere nächsten Verwandten aus der Primaten-Sippe die uns gefährlichsten Rivalen, und es ist ganz gewiß kein Zufall, daß wir als einzige Art aus der ganzen Familie der Hominiden, der Menschenartigen, wie die Zoologie sie nennt, übriggeblieben sind. Die großen Raubtiere als die zweite Gruppe gefährlicher Konkurrenten sind ebenfalls überall dort, wo die

Kopfstärke unserer Art eine bestimmte Höhe überschritten hat, vernichtet worden. In Europa gäbe es heute kein einziges Großtier mehr außer den vielen Millionen nackter Affen, wenn sich diese nicht doch eine ganze Menge aufgespart hätten – als Symbionten, als Haus- und Nutztiere also; als Beutetiere, um ihnen in großen und kleinen Jagdrevieren mit der alten Leidenschaft nachstellen zu können; und als solche Tiere, die in Naturschutzgebieten und in Nationalparks geschont werden, damit der nackte Affe seinem explorativen Drang frönen kann.

Für die nächste Gruppe, die der Schmarotzer, sieht die Zukunft womöglich noch trüber aus als für die Konkurrenten. Gegen sie wird der Kampf mit aller Erbitterung geführt; dem einen oder anderen stattlichen Nahrungskonkurrenten mögen wir vielleicht noch ein wenig nachtrauern – darüber, daß der Floh immer seltener wird, vergießen wir nicht eine einzige Träne. Mit fortschreitender medizinischer Wissenschaft wird die Bedrohung durch Parasiten immer geringer. Das aber bedeutet für alle anderen Arten eine erhöhte Gefährdung, denn mit dem Verschwinden der Krankheitserreger und der dadurch bedingten Verbesserung unseres Gesundheitszustandes vergrößert sich unsere Kopfzahl immer mehr, und das wiederum verschärft den Zwang zur Ausrottung auch der harmloseren Konkurrenten.

Die Angehörigen der fünften großen Gruppe, die räuberischen Feinde, werden auch immer weniger. Nun haben wir allerdings niemals zur Hauptnahrung irgendeiner Art gehört, und unsere Zahl ist, soweit wir in der Geschichte zurückblicken können, nie ernsthaft durch Raubtiere vermindert worden. Immerhin haben uns die größeren Raubtiere wie die Großkatzen und Wildhunde, die stärkeren Arten aus der Sippe der Krokodile, die Haie, vielleicht auch die eine oder andere Art Greifvögel dann und wann ein wenig zu schaffen gemacht – ihrer aller Tage sind jedenfalls gezählt. Ein Treppenwitz der Naturgeschichte aber ist es, daß ausgerechnet die Arten, die (sieht man einmal von den Parasiten ab) weitaus mehr nackten Affen den Tod gebracht haben als alle anderen Arten, die von ihnen Umgebrachten gar nicht fressen können. Diese unsere tödlichen Feinde sind die Giftschlangen; und sie sind, wie noch zu erörtern sein wird, die uns verhaßteste Form allen höheren tierischen Lebens.

Alle fünf Gruppen überartlicher Beziehungen – zur Beute und zum Symbionten, zum Konkurrenten, Parasiten und räuberischen Feind – gibt es auch zwischen anderen Artenpaaren. Wir freilich gehen in diesen Beziehungen extrem weit – aber im Grund sind es überall dieselben Beziehungen. Von unserm Standpunkt aus gesehen, können wir sie, wie schon erwähnt, zusammenfassen als unser wirtschaftliches Verhältnis zu den Tieren. Daneben haben wir noch die uns allein gegebenen: die wissenschaftliche, die ästhetische und die symbolische Beziehung zum Tier.

Das wissenschaftliche Verhältnis zum Tier ist ebenso wie das ästhetische ein Ausdruck unseres mächtigen explorativen Dranges nach Neuem. Unsere Neugier, unser Forschertrieb zwingt uns, alle Naturerscheinungen zu untersuchen, und unter ihnen hat seit eh und je den Tieren besondere Aufmerksamkeit gegolten. Für den Zoologen sind alle Tiere gleich interessant (oder sollten es zumindest sein, aber jeder Tierkundige hat da wohl seine besonderen Lieblinge). Für ihn gibt es keine »schlechten« oder »bösen« und keine »guten« Tiere; ihnen allen gilt sein Forschen, das er um des Forschens willen betreibt. Das ästhetische Verhältnis zum Tier beruht auf dem gleichen explorativen Drang, der sich hier aber anderer Ausdrucksmittel bedient, weil er sich auf andere Aspekte richtet: Der unübersehbare Reichtum an Formen und Farben, an Strukturen und Bewegungen wird studiert unter dem Gesichtspunkt der Schönheit und nicht unter dem der rationalen Analyse.

Ganz anders liegen die Dinge beim symbolischen Verhältnis zum Tier. An ihm ist weder ein wirtschaftliches Interesse noch die Wißbegier beteiligt. Hier dienen die Tiere vielmehr zur Verdinglichung und Personifizierung von Vorstellungen, Begriffen, Gedanken, Wünschen, Emotionen. Sieht ein Tier grimmig aus, so wird es zum Symbol des Krieges, sieht es pummelig und kuschelig aus, »herzig«, wird es zum Kindchen-Symbol. Ob es in Wirklichkeit wild und grimmig ist oder »lieb« und »süß« und kuschelig, spielt kaum eine Rolle; seine wahre Wesensart wird in diesem Zusammenhang nicht überprüft, denn es geht ja nicht um Wissenschaft. Das »herzige« Tier mag getrost ein von rasiermesserscharfen Zähnen starrendes Gebiß haben und gefährlich aggressiv sein können – sofern diese Eigenschaften nicht auffallen, wohl aber seine »süße« Pummeligkeit, ist es voll und ganz geeignet zum idealen Kindchen-Symbol. Beim Symboltier braucht nichts zu stimmen – es muß nur so aussehen, als ob es stimmt.

Das symbolische Verhältnis zum Tier hat man anfangs als »anthropoidomorphe« Einstellung bezeichnet – dieses nicht eben schöne Kunstwort aus dem Griechischen bedeutet »menschenähnlich gestaltet« und will sagen, hier wird eine Tiergestalt mit Ähnlichkeit beim Menschen verglichen. Erfreulicherweise hat man das Wort etwas vereinfacht, wodurch es nicht nur leichter auszusprechen, sondern uns auch bekannter ist: »anthropomorph« bedeutet wörtlich »menschlich gestaltet«, und unter Anthropomorphismus versteht man (nach Knaurs Lexikon) die Vorstellung über- oder untermenschlicher Wesen (Götter, Naturwesen) nach dem Bilde des Menschen. Beim Symboltier ist es freilich umgekehrt: Menschliches wird ins Tier hineinprojiziert und von dort als Symbol zurückgeholt. Den Begriff »anthropomorph« benützen die Wissenschaftler übrigens stets mit einem Unterton von Geringschätzung, womit sie durchaus recht haben. Denn sie müssen um jeden Preis objektiv bleiben, wenn sie im Tierreich sinnvolle Forschungsarbeit leisten wollen. Doch das ist keineswegs so leicht, wie es scheinen mag.

Wir bedienen uns tierischer Gestalten nicht nur bewußt, indem wir sie zu Idolen, Allegorien, Symbolen und Emblemen werden lassen; ganz unabhängig davon wirkt sehr heimlich und verborgen in uns etwas, das uns ständig zwingt, andere Arten als unseresgleichen oder aber auch als Karikaturen von uns anzusehen. Selbst der kritischste Wissenschaftler wird seinen Hund mit »Na, alter Freund!« begrüßen – er weiß natürlich ganz genau, daß der Hund nicht versteht, was er sagt, aber er kann einfach nicht anders. Was aber ist dieses Etwas, das uns zu derlei Anthropomorphismen zwingt und sich so schwer unterdrücken läßt? Warum machen wir bei diesem Tier »Aaah!« und bei jenem »Hu!«? Diese Frage ist keineswegs töricht. Denn hinter ihr verbirgt sich ein Gutteil unseres derzeitigen Verhältnisses zu den Tieren. Wir lieben manche Tiere heiß und innig und hassen andere ebenso leidenschaftlich – und das läßt sich weder mit Gründen unserer wissenschaftlichen noch mit solchen unserer explorativen Beziehungen zu ihnen erklären. Ganz offenbar wird in uns irgendeine elementare, uns ganz unbewußte Reaktion durch spezifische Signale ausgelöst, die wir empfangen. Und wir geben uns einer Selbsttäuschung hin, wenn wir meinen, daß wir auf das Tier als Tier reagieren. Wir sagen, es sei reizend, hinreißend, scheußlich. Aber weshalb?

Um eine Antwort auf diese Frage zu finden, tragen wir, wie wir es stets getan haben, zunächst einmal Tatsachen zusammen. Diese müssen sich auf folgende Fragen beziehen: Welche Tiere sind in unserer Kultur besonders beliebt, welche gelten als besonders verhaßt? Und wie unterscheiden sich Vorliebe und Ablehnung je nach Alter und Geschlecht? Sollen darüber stichhaltige Aussagen gemacht werden, so bedarf es eines quantitativ erfaßbaren Materials hinreichend großen Umfangs. Die Beschaffung dieses Materials erfolgte durch Befragung von 80 000 britischen Kindern im Alter von vier bis vierzehn Jahren. Im Verlauf eines Zoo-Fernsehprogramms wurden ihnen folgende einfache Fragen vorgelegt: »Welches Tier hast du am liebsten?« und »Welches Tier magst du am wenigsten?« Aus der Flut der Einsendungen wurden aufs Geratewohl 12 000 Antworten entnommen und analysiert.

Da wären als erstes die zwischenartlichen »Vorlieben«. Sie verteilen sich auf die großen Tiergruppen wie folgt: 97,15 Prozent aller Kinder hatten irgendein Säugetier als Lieblingstier gewählt; die Vögel kamen nur auf 1,6 Prozent, die Reptilien erreichten 1,0 Prozent, die Fische 0,1 Prozent, die Wirbellosen ebenfalls 0,1 Prozent, die Amphibien (Frösche und Molche) gar nur 0,05 Prozent. Diese überwältigende Vorliebe für Säugetiere hatte ganz offensichtlich etwas zu bedeuten.

Vielleicht sollte an dieser Stelle erwähnt werden, daß die Antworten schriftlich und nicht mündlich gegeben wurden, und daß es manchmal nicht ganz leicht war, die Tiere nach den ihnen von den Kindern gegebenen Namen zu identifizieren; das gilt vor allem für kleinere Kinder. Es machte zwar keine Schwierigkeiten, Worte wie *loin* (statt lion, Löwe), *hore* (statt horse, Pferd), *bore* (statt boar, Wildschwein), *penny king* (»Pfennigkönig«, statt penguin, Pinguin), *pander* (bedeutet »Kuppler«, könnte heißen panther, Leopard oder Panther, meint aber sicherlich panda, Bambusbär), *taper* (»Wachskerze«, statt tapir, Tapir) und *leapold* (Leopard) zu deuten; schwieriger war es schon mit *otamus* (hippopotamus, Nilpferd) oder *coco-cola* (Krokodil). Manche dieser Namen waren höchst lustig, und man konnte seine helle Freude daran haben, sich etwa einen *skipping worm* vorzustellen, einen »Hüpfenden Wurm«, doch mußten solche Einsendungen schweren Herzens von der Bearbeitung ausgeschlossen werden.

Als die zehn beliebtesten Tiere stellten sich heraus: 1. Schimpanse (13,5 Prozent); 2. Affe (13 Prozent); 3. Pferd (9 Prozent); 4. Galago (englisch bushbaby, großäugiger afrikanischer Halbaffe mit dichtem, wollig weichem Fell – 8 Prozent); 5. Bambusbär (7,5 Prozent); 6. Bär (7 Prozent); 7. Eelefant (6 Prozent); 8. Löwe (5 Prozent); 9. Hund (4 Prozent); 10. Giraffe (2,5 Prozent).

Es liegt auf der Hand, daß die Vorliebe für diese Tiere nichts von dem erkennen läßt, was wir als wirtschaftliche oder ästhetische

Einflüsse bezeichnet haben. Eine Liste der zehn ökonomisch wichtigsten Tiere sähe ganz anders aus. Und diese zehn beliebtesten Tiere sind keineswegs die elegantesten, schönsten und buntesten Arten. Die Liste enthält vielmehr in hohem Maße Tiere, die eher etwas schwerfällig, untersetzt und kaum auffallend gefärbt oder gezeichnet sind. Wohl aber lassen sie deutlich anthropomorphe Züge erkennen – und diese sind es, auf die das Kind bei seiner Wahl reagiert. Dabei handelt es sich nicht um einen bewußten Vorgang. Bei allen zehn Tieren lassen sich nämlich gewisse Schlüsselreize feststellen, die stark an Eigenheiten unserer Art erinnern; auf diese Reize reagieren wir automatisch, ohne uns klarzumachen, was eigentlich das ist, was uns anspricht. Die auffallendsten anthropomorphen Züge der zehn beliebtesten Tiere sind:

1. Sie alle besitzen Haare, nicht aber Federn und Schuppen; 2. Sie sind »rundlich« (Schimpanse, Affe, Galago, Bambusbär, Bär, Elefant); 3. Das Gesicht ist flach (Schimpanse, Affe, Galago, Bär, Bambusbär, Löwe); 4. Es gibt bei ihnen ein Mienenspiel (Schimpanse, Affe, Pferd, Löwe, Hund); 5. Sie können kleinere Objekte »handhaben« (Schimpanse, Affe, Galago, Bambusbär, Elefant); 6. Ihre Körperhaltung ist irgendwie oder irgendwann mehr oder weniger aufrecht (Schimpanse, Affe, Galago, Bambusbär, Bär, Giraffe).

Je mehr von diesen sechs Punkten ein Tier auf sich vereinigt, desto höher rangiert es in der Liste. Nicht zu den Säugetieren gehörende Tiere sind weit weniger beliebt, weil sie gerade hinsichtlich dieser Punkte wenig aufzuweisen haben. Unter den Vögeln sind am beliebtesten der Pinguin (0,8 Prozent) und der Papagei (0,2 Prozent). Der Pinguin steht an der Spitze aller Vögel, weil er der »aufrechteste« Vogel ist. Auch der Papagei sitzt nahezu aufrecht auf seiner Stange, und für ihn spricht noch manch anderes: Sein stark gekrümmter Schnabel verleiht ihm ein sonst bei Vögeln nur selten anzutreffendes flaches Gesicht; beim Fressen führt er das Futter mit dem wie eine Hand zugreifenden Fuß zum Schnabel statt den Kopf zu senken, und er vermag unsere Stimme zu imitieren. Ungünstig für seine Beliebtheit wirkt sich aus, daß er sich beim Laufen mehr oder weniger waagerecht hält – dadurch verliert er Punkte an den aufrecht dahinwatschelnden Pinguin.

Bei den Lieblings-Säugetieren bedürfen ein paar Einzelheiten noch etwas eingehenderer Erörterung: Warum zum Beispiel erscheint der Löwe als einzige Großkatze auf der Liste? Die richtige Antwort dürfte die sein, daß die mächtige Mähne des Löwenmännchens das Gesicht flach erscheinen läßt (was einem besonders klar wird, wenn man einmal sieht, wie Kinder das Löwengesicht auf ihren Zeichnungen darstellen, oder wenn man sich barocke bayerische Wappenlöwen – etwa an der Parktreppe des Schlosses Nymphenburg in München – daraufhin anschaut). Dieses scheinbar flache Gesicht verhilft dem Löwen zu Sonderpunkten.

Mienenspiel und lebhaft wechselnder Gesichtsausdruck sind, wie wir bereits in früheren Kapiteln gesehen haben, besonders wichtig, nämlich als Grundelemente der visuellen Verständigung innerhalb unserer eigenen Art. Zu komplizierter Form haben sie sich nur bei einigen wenigen Säugergruppen entwickelt, bei den höheren Primaten, den Einhufern (Pferden), Hunden und Katzen. So ist es kein Zufall, wenn fünf der zehn Lieblingstiere zu diesen Gruppen gehören. Wechsel im Mienenspiel bedeutet Wechsel in der Stimmung, und das ist es, was die Verbindung zwischen dem Tier und uns herstellt auch dann, wenn wir nicht immer genau verstehen, was der Gesamtausdruck jeweils bedeutet.

Was das »Handhaben« von Gegenständen anlangt, so stellen Bambusbär und Elefant einzigartige Sonderfälle dar. Der hübsch schwarzweiße Bambusbär besitzt einen verlängerten Handwurzelknochen; mit dessen Hilfe kann er die dünnen Bambusstengel fassen, von denen er sich ernährt, und sie zum Mund führen, während er aufrecht sitzt. Und zudem ist er flachgesichtig. Alle diese Anthropomorphismen zählen natürlich sehr stark zu seinen Gunsten. Auch der Elefant kann mit seiner zum Rüssel verlängerten Nase allerlei »in die Hand nehmen« und sich in den Mund stopfen, was wiederum »menschenähnlich« wirkt.

Die für unsere Art so charakteristische aufrechte Körperhaltung gibt all den Tieren, die sich ebenfalls aufrichten können, sofort etwas Anthropomorphes und damit »Ansprechendes«: Primaten, Bären und Bambusbär sitzen häufig aufrecht; manchmal stehen sie auch so oder gehen ein paar unsichere Schritte auf zwei Beinen – prompt erscheinen sie unter den zehn Lieblingstieren. Die Giraffe steht zwar auf allen vieren, wirkt aber durch ihre so eigenartige Körpergestalt gewissermaßen »senkrecht«. Anders beim Hund. Bei ihm zählt als erstes sehr stark sein anthropomorphes Sozialverhalten. Dafür enttäuscht er etwas durch seine eindeutig horizontale Körperhaltung. Da uns dies nicht paßte, lösten wir, erfinderisch wie wir sind, das Problem auf unsere Weise: Wir haben dem Hund beigebracht, beim Betteln Männchen zu machen. Aber damit hatte unser Drang nach »Vermenschlichung« noch nicht genug: Da wir keinen Schwanz haben, kupieren wir den Hund. Und da wir flachgesichtig sind, gingen wir daran, beim Hund durch züchterische Auslese die Schädelknochen der Schnauzgegend zu verkürzen, bei manchen Rassen so sehr, daß sie jetzt ein abnorm flaches Gesicht haben – unser Drang nach Anthropomorphismen ist einfach so stark, daß er seine Befriedigung haben muß, und sei es auf Kosten der Leistungsfähigkeit des Hundegebisses. Wir müssen uns eben immer vor Augen halten, daß diese unsere Einstellung zu den Tieren denkbar egozentrisch ist: Wir sehen die Tiere nicht als Tiere, sondern lediglich als Widerspiegelungen unser selbst; ist das Spiegelbild allzu verzerrt, so biegen wir es zurecht, oder wir schieben es beiseite.

Bisher haben wir die Lieblingstiere von Kindern zwischen vier und vierzehn Jahren generell betrachtet. Wenn wir jetzt diese Reaktionen nach Altersgruppen aufgliedern, werden wir bemerkenswerte Feststellungen machen: Bei manchen Tieren sinkt die Beliebtheit mit zunehmendem Alter der Kinder, bei anderen hingegen steigt sie.

Gänzlich unerwartet kam nun aber die Entdeckung, daß es eine ganz deutliche Beziehung zu einer Eigenschaft der Lieblingstiere gibt, nämlich zu ihrer Größe: Kleinere Kinder mögen größere Tiere mehr, älteren Kindern sind die kleineren lieber. Als Beispiel seien von den zehn die zwei größten genommen, Elefant und Giraffe, und die zwei kleinsten, Galago und Hund. Der Elefant, der im Gesamtdurchschnitt 6 Prozent erreicht, kommt bei den Vierjährigen auf 15 Prozent; von hier ab fällt der Anteil allmählich bis auf 3 Prozent bei den Vierzehnjährigen. Ähnlich ist es bei der Giraffe, deren Beliebtheit von 10 auf 1 Prozent sinkt. Hingegen beginnt die Kurve für den Galago mit nur 4,5 Prozent bei den Vierjährigen und endet mit 11 Prozent bei den Vierzehnjährigen; für den Hund sind die entsprechenden Zahlen 0,5 und 6,5 Prozent. Bei den mittelgroßen Lieblingstieren ist dieser auffallende Trend nicht festzustellen.

An Hand unserer Befunde lassen sich nunmehr zwei Regeln über die Beliebtheit von Tieren formulieren: »Die Beliebtheit eines Tieres steht in direktem Verhältnis zur Zahl seiner anthropomorphen Züge« und »Das Alter eines Kindes ist umgekehrt proportional der Größe des Lieblingstieres«.

Wie aber läßt sich die zweite Regel erklären? Wenn wir daran denken, daß die Beliebtheit auf symbolischer Gleichsetzung beruht, so bietet sich als einfachste Deutung die an, daß die kleineren Kinder in den Tieren einen Eltern-Ersatz sehen, die größeren einen Kinder-Ersatz. Nicht genug also, daß das Tier uns an unsere eigene Art erinnern soll – es muß auch noch an eine besondere Kategorie innerhalb der Art gemahnen. Für das sehr kleine Kind haben die Eltern übermächtige Schutzbedeutung. Sie beherrschen das kindliche Bewußtsein als große, freundliche Wesen, und große, freundliche Tiere werden deshalb auch leicht mit den Elterngestalten identifiziert. Mit dem Heranwachsen beginnt das Kind sich durchzusetzen, mit den Eltern zu konkurrieren. Es sieht sich selbst die Situation beherrschen; einen Elefanten oder eine Giraffe zu beherrschen, das ist jedoch eine schwierige Sache. Deshalb muß das Lieblingstier beherrschbarer, sprich kleiner werden. Und das Kind wird auf eine sonderbar frühreife Art zum Elter (diese Einzahlform des sonst nur in der Mehrzahl gebräuchlichen Wortes ist in der Biologie durchaus statthaft und üblich), das Tier zum Symbol *seines* Kindes: Das wirkliche Kind ist zu jung, als daß es ein wirklicher Elter sein könnte, und so wird es statt dessen zum symbolischen Elter. Damit bekommt der Besitz von Tieren, das Halten von lebenden Spieltieren, Bedeutung als eine Form »kindlichen Elterntums«. Und so ist es kein Zufall, daß im englischsprachigen Gebiet der Galago, seitdem er im Tierhandel auch für die Haltung daheim erhältlich ist, zu dem Namen bush*baby* gekommen ist. (An dieser Stelle ist ein warnendes Wort an die Eltern am Platz: Der Drang zum Halten lebender Spieltiere meldet sich erst in der späteren Kindheit. Es ist ein schwerer und schlimmer Fehler, kleinen Kindern lebende Tiere zum Spielen zu geben, denn sie reagieren auf diese mit ihrem sicher auch hier, wie überall, zerstörerisch auswirkenden Erkundungstrieb oder aber damit, daß sie die Tiere als etwas Lästiges und Fremdes behandeln, was diesen ebenfalls nicht guttut.)

Eine verblüffende Ausnahme von der zweiten Regel über das Verhältnis zum Tier bildet das Pferd. Die Reaktion auf dieses Tier ist auf zweierlei Weise ungewöhnlich: Erstens ergibt die Analyse seiner Beliebtheit proportional dem zunehmenden Alter der Kinder zunächst ein leichtes Ansteigen der Kurve, gefolgt von einem ebenso leichten Absinken; der Gipfel der Beliebtheitskurve fällt zusammen mit dem Beginn der Pubertät. Und zweitens führt die

Analyse hinsichtlich der Geschlechter zu dem Ergebnis, daß das Pferd bei Mädchen dreimal so beliebt ist wie bei Knaben; bei keinem anderen Lieblingstier gibt es auch nur einen annähernd gleich starken Unterschied nach den Geschlechtern. Mit der Reaktion auf das Pferd haben wir also etwas ganz aus der Regel Fallendes vor uns, das einer besonderen Betrachtung bedarf.

Unter den zehn Lieblingstieren steht das Pferd insofern einzig da, als man es besteigt und reitet. Koppeln wir diese Tatsache mit der Feststellung, daß die Kurve der Beliebtheit des Pferdes ihren höchsten Wert zur Zeit der Pubertät erreicht, so drängt sich uns die Schlußfolgerung auf, daß die Reaktion auf das Pferd ein starkes sexuelles Element enthalten muß. Wenn es allerdings eine symbolische Gleichsetzung zwischen dem Besteigen des Pferdes und dem sexuellen Besteigen gibt, dann ist es zunächst überraschend, daß das Tier bei Mädchen so sehr viel beliebter ist. Dazu ist aber zu bedenken, daß das Pferd ein mächtiges, muskelbepacktes, dominierendes Tier und damit eigentlich so recht geeignet ist, eine männliche Rolle zu übernehmen. Objektiv gesehen, besteht das Reiten aus einer sehr lang sich hinziehenden Reihe rhythmischer Bewegungen bei weit gespreizten Beinen in engem Kontakt mit dem Körper des Tieres. Wenn also das Pferd bei Mädchen so beliebt ist, so hat das seinen Grund anscheinend in einer Kombination seiner »Männlichkeit« mit der Art der Haltung und der Bewegungen auf seinem Rücken. (Es sei hier mit Nachdruck betont, daß sich unsere Überlegungen auf die Befragung einer sehr großen Zahl von Kindern als einer Gesamtheit beziehen. Von je elf Kindern hat nur eines das Pferd als das ihm liebste Tier genannt. Und nur ein kleiner Bruchteil dieses Prozentsatzes wiederum wird Gelegenheit haben, ein Pony oder ein Pferd sein eigen nennen oder reiten lernen zu können. Diese aber werden sehr schnell die vielen ganz anderen Freuden kennenlernen, die das Reiten einem schenkt. Wenn sie dann begeisterte Reiter oder Reiterinnen werden, so hat das selbstverständlich nicht notwendigerweise irgendwelche Bedeutung in dem hier diskutierten Zusammenhang.)

Zu erklären bleibt nun noch das Absinken der Beliebtheitskurve nach Eintreten der Pubertät. Man sollte doch eigentlich meinen, daß mit der Entfaltung der Sexualität auch die Beliebtheit zunimmt, anstatt sich abzuschwächen. Eine Erklärung findet man, wenn man die Kurve für die Beliebtheit des Pferdes mit der für das Vorkommen von sexuellen Spielen bei Kindern vergleicht.

Beide Kurven ähneln einander darin, daß mit zunehmender sexueller Bewußtheit und dementsprechend zunehmender Heimlichtuerei die Reaktion auf das Pferd ebenso abnimmt wie die offen betriebenen sexuellen »Balgereien«. Besonders kennzeichnend ist in diesem Zusammenhang, daß genau zu dieser Zeit auch die Affen weniger beliebt werden. Der Grund: Manche Tieraffen haben besonders auffallende, oft stark geschwollene und lebhaft gefärbte Geschlechtsorgane. Für das kleinere Kind sind diese bedeutungslos, und so kann die sonst von den so kräftig anthropomorphen Zügen der Tieraffen ausgehende Anziehung voll wirksam werden. Die Größeren jedoch werden durch die nicht zu übersehenden Geschlechtsorgane in Verlegenheit gebracht, und infolgedessen sind nun die Affen weit weniger beliebt.

Soweit also die Vorliebe von Kindern für bestimmte Tiere. Was die Reaktion von Erwachsenen anlangt, so sind sie sehr viel unterschiedlicher und zudem stärker vom Verstand beeinflußt, doch bleibt auch bei ihnen der Anthropomorphismus die Grundtendenz. Der ernsthafte Naturforscher und Zoologe mag dies bedauern, wird es aber in Rechnung stellen – er weiß ja, daß die symbolischen Reaktionen dieser Art keinerlei Aussagen machen über die wirkliche Wesensart dieses oder jenes Tieres, daß sie auch meist keinen Schaden anrichten, wohl aber sich zusätzlich insofern als ganz nützlich erweisen, als sich mit ihnen manche Emotionen Luft machen können.

Bevor wir nun die Kehrseite der Medaille betrachten – diejenigen Tiere, die Widerwillen, Abscheu oder Ekel auslösen –, ist noch ein Einwand zu besprechen. Es könnte nämlich vorgebracht werden, daß die bisher diskutierten Ergebnisse lediglich kulturell bedingt seien, also keine Bedeutung für unsere Art als Gesamtheit hätten. Das ist richtig, soweit es um die Tiere im einzelnen geht: Um beispielsweise auf der Bambusbären reagieren zu können, muß man erst einmal lernen, daß es ihn überhaupt gibt – man muß ihn kennenlernen. Eine angeborene Reaktion auf den Bambusbären gibt es nicht. Aber das ist auch nicht das Ausschlaggebende. Daß der Bambusbär auf die Liste der beliebtesten Tiere gesetzt wird, mag kulturell bedingt sein, nämlich durch Lernen bedingt; die Gründe jedoch, warum er auf die Liste gesetzt wird, weisen auf einen tiefer liegenden biologischen Vorgang hin, der hier am Werk ist. Wäre die Untersuchung in einer anderen Kultur vorgenommen worden, hätten sicherlich andere Tiere ihren Platz auf der Liste gefunden – ausgewählt worden aber wären sie auf

Grund der gleichen, unserer Art eigenen elementaren symbolischen Bedürfnisse: Die erste und zweite Regel für die Beliebtheit von Tieren hätte auch dort gegolten.

Wenden wir uns nun den Tieren zu, die unbeliebt sind, verhaßt, als scheußlich oder eklig gelten, so erhalten wir nach dem gleichen Verfahren folgende Liste: 1. Schlange (27 Prozent); 2. Spinne (9,5 Prozent); 3. Krokodil (4,5 Prozent); 4. Löwe (4,5 Prozent); 5. Ratte (4 Prozent); 6. Skunk (3 Prozent); 7. Gorilla (3 Prozent); 8. Nashorn (3 Prozent); 9. Nilpferd (2,5 Prozent); 10. Tiger (2,5 Prozent). Allen diesen Tieren ist ein wichtiger Zug gemeinsam: Sie sind gefährlich. Krokodil, Löwe und Tiger sind große Raubtiere, die große Beutetiere töten. Gorilla, Nashorn und Nilpferd können, wenn man sie reizt, zur tödlichen Gefahr werden. Der Skunk heißt nicht umsonst auch Stinktier wegen des pestilenzialischen Geruchs seiner chemischen Abwehrwaffe. Die Ratte ist ein übler Schädling, der Seuchen überträgt. Und sowohl unter den Schlangen als auch unter den Spinnen gibt es giftige Arten.

Weiter: Den meisten der gesamten zehn Tiere fehlen jene anthropomorphen Züge, die so typisch sind für die zehn Lieblingstiere. Ausnahmen bilden Löwe und Gorilla. Der Löwe ist das einzige Tier, das in beiden Listen erscheint. Die darin sich ausdrückende Ambivalenz der Reaktion auf diese Art wird bedingt durch die beim Löwen einzigartige Kombination von anziehenden anthropomorphen Merkmalen und gefährlich räuberischem Verhalten. Beim Gorilla sind die anthropomorphen Züge sehr stark ausgeprägt; was ihn auf die Liste der am wenigsten beliebten Tiere hat geraten lassen, ist sein furchterregender Gesichtsausdruck, der so wirkt, als sei das Tier ständig in aggressiver Stimmung. Das ist jedoch eine rein zufällige Folge seiner Schädelstruktur und hat nicht die geringste Beziehung zu seiner wahren (und eher sanften) Wesensart – in Verbindung aber mit seiner mächtigen Statur und seiner enormen Körperkraft läßt es ihn zum perfekten Symbol wilder Roheit werden.

Am überraschendsten an dieser Liste der zehn am stärksten abgelehnten Tiere ist die sehr starke Reaktion auf Schlange und Spinne. Diese Tatsache läßt sich nicht allein damit erklären, daß es in diesen beiden großen Gruppen auch gefährliche Arten gibt. Hier muß noch anderes mitspielen. Analysiert man, was als Grund für die so starke Ablehnung dieser beiden Tierformen angegeben wird, so ergibt sich, daß Schlangen verabscheut werden, weil sie »glitschig« und »eklig« sind; bei Spinnen lauten die entsprechenden Wörter »haarig« und »gruselig«. Das aber kann nur bedeuten, daß beide Tiere entweder eine sehr kräftige symbolische Bedeutung irgendwelcher Art haben, oder daß wir über eine starke angeborene Reaktion verfügen, die uns veranlaßt, diese Tiere als »abstoßend« zu meiden und zu verabscheuen.

Die Schlange hat lange Zeit als phallisches Symbol gegolten; indem sie ein giftiger Phallus war, stellte sie das unerwünschte Geschlechtliche dar. Das mag eine Teilerklärung für ihre Unbeliebtheit abgeben. Sie allein genügt jedoch nicht. Wenn wir nämlich die Ablehnung der Schlange durch Kinder in den verschiedenen Altersstufen zwischen vier und vierzehn Jahren untersuchen, dann stellt sich heraus, daß der Gipfel der Unbeliebtheit bereits früh erreicht wird, lange vor Eintreten der Pubertät. Schon im Alter von vier Jahren liegt die Rate des Abscheus hoch – bei rund 30 Prozent –; sie steigt allmählich weiter bis zum Höhepunkt, der mit sechs Jahren erreicht wird, und sinkt dann auf etwas unter 20 Prozent beim Alter von vierzehn. Zwischen den beiden Geschlechtern ist der Unterschied nur gering; bei allen Altersgruppen ist allerdings die Reaktion der Mädchen etwas stärker als die der Knaben. Das Eintreten der Pubertät scheint bei beiden Geschlechtern keinen Einfluß auf die Reaktion zu haben.

Angesichts dieser Tatsachen fällt es einem schwer, die Schlange einzig und allein als starkes sexuelles Symbol gelten zu lassen. Es sieht doch ganz so aus, als sei es wahrscheinlicher, daß wir es hier mit einem unserer Art angeborenen Abscheu vor schlangenähnlichen Gestalten zu tun haben. Damit würde sich nicht nur das frühe Reifen der Reaktion erklären, sondern auch der enorm hohe Prozentsatz, den die Liste ausweist – die Ablehnung der Schlange liegt mit 27 Prozent genau doppelt so hoch wie die Beliebtheit des Schimpansen mit 13,5 Prozent! –, und zudem würde die Annahme einer angeborenen Schlangenfurcht auch übereinstimmen mit dem, was wir von unseren nächsten lebenden Verwandten wissen, von Schimpanse, Gorilla und Orang-Utan: Alle haben sie große Angst vor Schlangen, und auch bei ihnen reift dieses Verhalten früh. Bei ganz jungen Affen ist die Schlangenfurcht noch nicht ausgebildet; voll entwickelt tritt sie auf, wenn die Tiere, wenige Jahre alt, die Phase erreicht haben, in der sie anfangen, die Sicherheit, die der mütterliche Körper bietet, für kurze Zeit zugunsten neugieriger Ausflüge in die Umgebung aufzugeben. Von nun an hat die Schlangenfurcht selbstverständlich einen erheblichen Überlebenswert – und so dürfte sie auch für unsere frühen Ahnen von großem Nutzen gewesen sein. Demgegenüber hat man nun aber behauptet, der Abscheu vor Schlangen sei gar nicht angeboren, sondern ein kulturelles, also aus individuellem Lernen entstandenes Phänomen. Zur Begründung wurde vorgebracht, daß bei jungen Schimpansen, die man in extrem strenger Isolation aufgezogen hatte, angeblich keine Furchtreaktion beobachtet worden sei, als man sie zum erstenmal mit Schlangen zusammenbrachte. Dem ist zu entgegnen, daß diese Experimente nicht zu überzeugen vermögen. In einigen Fällen waren die Schimpansen bei den ersten Versuchen noch zu jung. Hätte man die Experimente wenige Jahre später wiederholt, dann wäre auch die Reaktion eingetreten. Außerdem können aber auch die Wirkungen der strikten Einzelhaltung so nachhaltig gewesen sein, daß sich bei den betreffenden Jungtieren psychische Schäden eingestellt haben. Derartige Experimente und die Schlüsse aus ihnen beruhen auf einem fundamentalen Irrtum hinsichtlich des Wesens angeborener Reaktionen, die eben nicht ganz für sich allein und ohne jeden Bezug auf das äußere Milieu reifen. Man sollte sie sich deshalb als mehr als angeborene Bereitschaft vorstellen – was im Fall der Reaktion auf Schlangen heißt, daß es für den jungen Schimpansen beziehungsweise das Kind notwendig wäre, in früher Jugend einer gewissen Zahl verschiedener Objekte zu begegnen, die Furcht erregen, und so zu lernen, negativ auf diese zu reagieren. Das im Falle der Schlangen angeborene Element würde sich dann in Form einer Reaktion äußern, die auf diesen Reiz sehr viel kräftiger antwortet als auf andere. Die Schlangenfurcht wäre also unverhältnismäßig stärker als die sonstigen Ängste – und in diesem so stark verschobenen Verhältnis käme der angeborene Faktor zum Ausdruck. Die geradezu panische Angst, die normale junge Schimpansen angesichts einer Schlange haben, und der intensive Abscheu vor Schlangen bei unserer eigenen Art lassen sich schwerlich auf andere Weise deuten.

Bei der Reaktion von Kindern auf Spinnen liegen die Dinge anders. Hier läßt sich bei den Geschlechtern ein deutlicher Unterschied feststellen. Knaben zeigen im Alter von vier bis vierzehn Jahren eine Zunahme des Abscheus vor Spinnen, doch ist der Anstieg der Kurve nur leicht. Bei Mädchen ist es zunächst ebenso, dann aber kommt es mit dem Beginn der Pubertät zu einem dramatischen Steigen dergestalt, daß die Prozentzahl bei Mädchen im Alter von vierzehn doppelt so hoch ist wie bei Knaben. Hier haben wir es also offenbar mit einem bedeutenden symbolischen Faktor zu tun. Entwicklungsgeschichtlich gesehen, sind giftige Spinnen für Angehörige des männlichen Geschlechts ebenso gefährlich wie für die des weiblichen. Ganz gleich also, ob es bei beiden Geschlechtern eine angeborene Reaktion auf Spinnen gibt oder nicht – der so auffallende mit der weiblichen Pubertät einsetzende Sprung in der Kurve des Abscheus läßt sich so nicht erklären. Den Schlüssel zum Verständnis liefert vielmehr die immer wieder von weiblicher Seite vorgebrachte Erklärung, Spinnen seien widerliche, haarige Dinge. Die Pubertät nämlich ist dasjenige Stadium, in dem bei Knaben und Mädchen Haarbüschel zu sprießen beginnen. Kindern aber muß die Haarigkeit des Körpers als ein wesentlich männliches Merkmal erscheinen. Wenn also am Körper eines jungen Mädchens Haare zu wachsen beginnen, wird es dadurch unbewußt erheblich stärker beunruhigt sein als ein Knabe. Die langen Beine einer Spinne aber sind auffallend haarähnlich, und zwar weit mehr als bei anderen Kleintieren, etwa Fliegen, und so kann die Spinne durchaus zu dieser ihrer Rolle als Symbol gekommen sein.

Dies also sind unsere Vorlieben und Abneigungen, die sich bei uns regen, wenn wir anderen Arten begegnen oder sie betrachten. Zusammen mit unseren wirtschaftlichen, wissenschaftlichen und ästhetischen Interessen bedingen sie ein einzigartig komplexes zwischenartliches Verhältnis, das sich mit dem Lebensalter wandelt, und zwar können wir insgesamt sieben Phasen unterscheiden. Die erste ist die *Kindheitsphase:* Völlig abhängig von den Eltern, reagieren wir stark auf sehr große Tiere als Elternsymbole. Ihr folgt die *Kind-Eltern-Phase:* Wir beginnen mit den Eltern in Konkurrenz zu treten und reagieren lebhaft auf kleine Tiere, die als Kind-Ersatz dienen; in dieser Phase sind lebende Tiere als Spielzeug beliebt. In der dritten, der *objektiven* Vor-*Erwachsenen-Phase*, beginnen die explorativen Interessen – und zwar sowohl die wissenschaftlichen als auch die ästhetischen – die symbolischen zu überwiegen; diese Phase ist die Zeit des Käfer- und Schmetterlingssammelns, des Aquariums und Terrariums, des Mikroskopierens. In der vierten, der *Phase des jungen Erwachsenen*, sind die Angehörigen des anderen Geschlechts unserer eigenen Art die wichtigsten Lebewesen; andere Arten finden kaum Interesse, es sei denn aus rein wirtschaftlichen Gründen. Die fünfte ist die *Erwachsenen-Eltern-Phase*. In ihr treten wieder symbolische Tiere auf, diesmal jedoch als Spieltiere für die Kinder.

Die sechste, die *Nach-Eltern-Phase*, ist die, in der, nachdem die Kinder das Haus verlassen haben, häufig wiederum Tiere als Kind-Ersatz angenommen werden. (Bei kinderlosen Paaren kann dies bereits früher geschehen.) Die siebente Phase schließlich, die *Altersphase*, ist gekennzeichnet durch ein verstärktes Interesse für den Tierschutz, insbesondere aber für die Erhaltung solcher Arten, deren Bestand so sehr dahinschwindet, daß mit ihrer Ausrottung zu rechnen ist. Dabei spielt es nun kaum noch eine Rolle, ob diese Arten anziehend oder abstoßend sind, nützlich, nutzlos oder schädlich. Wesentlich ist nur noch, ob sie bedroht sind. Nashorn und Gorilla beispielsweise, zwei zunehmend seltener werdende Arten, gegen die wir als Kinder Abneigung empfunden haben, stehen jetzt im Brennpunkt des Interesses. Sie müssen geschützt werden. Was die symbolische Gleichsetzung jetzt bedeutet, ist deutlich genug: Das alternde Individuum schwindet nun dahin, und so dienen ihm dahinschwindende Arten als Symbole für sein eigenes Schicksal – das emotionale Eintreten für ihren Schutz vor Ausrottung spiegelt den Wunsch wider, selbst länger zu leben.

In neuester Zeit hat das Interesse an der Erhaltung der Tierwelt sich in gewissem Maß auch auf die Altersstufen unterhalb der letzten Phase ausgedehnt, offenbar als Folgeerscheinung der immer stärkeren Gefährdung unserer Art durch die Atomwaffen: Sie bedrohen uns alle unmittelbar mit Ausrottung, so daß wir alle ein starkes emotionales Bedürfnis nach Tieren haben, die als Symbole für schutzbedürftige Seltenheit dienen können.

Diese Feststellung sollte man nun allerdings nicht so deuten, als werde sie hier als der einzige Grund für die Erhaltung der heute noch wild lebenden Tiere angesehen. Es gibt daneben wissenschaftliche und ästhetische Gründe genug, die uns veranlassen, solchen Arten Hilfe zu leisten, die in der Auseinandersetzung mit uns wenig oder gar keine Aussicht auf Erfolg haben. Wenn wir uns auch weiterhin an der so reichen Vielfalt des Tierlebens erfreuen wollen, wenn uns die Tiere der freien Wildbahn auch weiterhin als Objekte unseres explorativen Dranges im Wissenschaftlichen und Ästhetischen dienen sollen, dann müssen wir ihnen Schutz bieten. Sollten wir es aber zulassen, daß sie verschwinden, dann würde unsere Umwelt durch uns selbst auf eine höchst unglückselige Weise veröden: Wir sind nun einmal eine äußerst explorative Art, und schon deshalb können wir es uns kaum leisten, eine so wertvolle Quelle für die Befriedigung unseres Forscherdranges zu verschütten.

Auch die wirtschaftlichen Faktoren sind bei der Erörterung des Schutzes für die wild lebende Tierwelt in Erwägung gezogen worden, indem man vorgebracht hat, daß ein vernünftig betriebener Schutz mancher Arten von Großwild unter gleichzeitiger wohldosierter Nutzung dem Eiweißmangel bei der Bevölkerung in einigen Teilen der Erde abhelfen könnte. Auf kurze Sicht gesehen, ist das durchaus richtig; für längere Zeit jedoch dürften die Aussichten nicht sonderlich ermutigend sein. Denn wenn unsere Zahl auch weiterhin in dem gleichen beängstigenden Maße zunimmt wie derzeit, wird schließlich ein Punkt erreicht sein, an dem es nur noch die Wahl zwischen uns und ihnen gibt: Ganz gleich, wie wichtig uns die Tiere symbolisch, wissenschaftlich oder ästhetisch sind – wesentlich wird die Frage nach der wirtschaftlichen Notwendigkeit sein, und sie wird so beantwortet werden müssen, daß alles gegen die Tiere der freien Wildbahn spricht. Es bleibt die bittere Tatsache, daß für sie kein Platz mehr ist, sobald unsere eigene Bevölkerungsdichte einen bestimmten Grenzwert erreicht hat. Und leider erweist sich das Argument, die Wildtiere bildeten doch aber eine beachtliche Nahrungsquelle, bei genauem Hinsehen als nicht stichhaltig. Es ist nun einmal zweckmäßiger, pflanzliche Nahrung unmittelbar zu nutzen, als sie vom Tier in Fleisch verwandeln zu lassen und dann erst die Tiere zu essen (ganz davon zu schweigen, daß die Umwandlung pflanzlicher Kost in tierisches Eiweiß und Fett bei den daraufhin gezüchteten Haustieren mit ungleich höherem Wirkungsgrad erfolgt). Und wenn der Raumbedarf weiter wächst, wird es zwangsweise zu noch drastischeren Maßnahmen kommen müssen, nämlich zur Produktion synthetischer Lebensmittel. Falls wir also den Bevölkerungsdruck nicht dadurch wirksam herabsetzen, daß wir entweder andere Planeten in ganz erheblichem Umfang besiedeln oder aber die Geburtenkontrolle sehr ernsthaft betreiben, werden wir in nicht allzu ferner Zukunft alle anderen Lebensformen von der Erde entfernen müssen.

Wem dies gar zu übertrieben klingt, mag sich folgende Zahlen vor Augen halten. Am Ende des siebzehnten Jahrhunderts betrug der Weltbestand an nackten Affen nur 500 Millionen. Er ist seitdem auf das Sechsfache, auf 3 Milliarden, gestiegen. Alle vierundzwanzig Stunden kommen weitere 150 000 hinzu. (Für die Verkünder einer Auswanderung nach anderen Planeten bedeutet die Zahl eine nicht eben ermutigende Herausforderung.) In 260 Jahren werden, falls das Wachstum weiterhin beständig anhält –

was unwahrscheinlich ist –, 400 Milliarden nackte Affen auf der Erde herumwimmeln: vierhundert Milliarden! Das bedeutet eine Zahl von 4250 pro Quadratkilometer Festland oder, mit anderen Worten, eine Bevölkerungsdichte überall auf der ganzen Erde so wie heute in den Großstädten. Was das für alles Getier bedeutet, das heute noch in mehr oder weniger freier Wildbahn lebt, liegt klar auf der Hand. Und nicht minder deprimierend ist es, sich vorzustellen, welche Auswirkungen eine solche Dichte auf unsere eigene Art hätte.

Doch wir sollten uns über diesen Alptraum nicht allzu große Kopfschmerzen machen: Die Wahrscheinlichkeit, daß er zur Wirklichkeit wird, ist doch recht gering. Wie ich in diesem Buch immer wieder betont habe, sind wir, trotz all unserer großen Fortschritte im Technischen, noch immer und weitgehend ein einfaches biologisches Phänomen. Bei all unseren ach so grandiosen Ideen, bei all unserem aufgeblasenen Eigendünkel sind wir doch noch immer armselige Lebewesen geblieben, nach wie vor unterworfen den fundamentalen Gesetzen tierischen Verhaltens. Und deshalb dürfen wir, lange bevor die eben genannten Bevölkerungsdichten erreicht sind, gegen so viele Gesetze verstoßen haben, die unsere biologische Wesensart beherrschen, daß unsere Rolle als dominierende Art ausgespielt ist. Wir neigen freilich zu jener sonderbaren Selbstgefälligkeit, die uns meinen läßt, derlei könne uns nicht passieren, denn wir hätten ja etwas ganz Besonderes an uns und in uns – etwas, das uns erhebt über die biologischen Regel- und Steuermechanismen. Aber so ist das keineswegs. Es hat in der Vergangenheit viele sehr ungewöhnliche Arten gegeben, die dann doch ausgestorben sind, und wir bilden da keine Ausnahme. Früher oder später werden auch wir gehen müssen, Platz machen für andere. Wenn das aber lieber später geschehen soll als früher, dann werden wir uns sehr ausgiebig mit uns selbst beschäftigen müssen – mit uns selbst als den Angehörigen einer biologischen Art –, um einiges Verständnis für die Grenzen zu bekommen, die uns gesetzt sind.

Das ist der Grund, warum ich dieses Buch geschrieben habe, warum ich hier von uns ganz bewußt herabsetzend als von nackten Affen gesprochen habe, anstatt uns bei dem Namen zu nennen, der sonst üblich ist. Ich habe es getan, weil ich meine, daß es uns hilft, das rechte Maß zu wahren und auf das zu achten, was ganz dicht unter der Oberfläche unseres Daseins geschieht. In der Begeisterung meines Engagements bin ich vielleicht in meinen Ausführungen etwas zu weit gegangen, indem ich einiges unberücksichtigt gelassen habe. Ich hätte manches Loblied singen, hätte von vielen großartigen Errungenschaften schreiben können. Ich habe es nicht getan, und so war es gar nicht zu vermeiden, daß das von mir entworfene Bild einseitig geworden ist. Wir sind eine ganz außergewöhnliche Art, und ich denke nicht im geringsten daran, dies abstreiten oder uns verächtlich machen zu wollen. Aber gelobt und gepriesen haben wir selbst uns schon so oft, allzu oft. Und deshalb war ich der Meinung, es sei hohe Zeit, einmal die Kehrseite der Medaille anzuschauen. Die Kehrseite der Medaille – das ist in unserem Fall das, woher wir kommen, und das, was in uns seitdem fortwirkt. Da wir aber, verglichen mit anderen Tieren, eine so machtvolle, eine so erfolgreiche Art geworden sind, sind wir leider immer irgendwie beleidigt, wenn man uns zumutet, wir sollten doch einmal auf unsere bescheidenen Anfänge zurückblicken. Deshalb erwarte ich auch keinerlei Dank für das, was ich hier getan habe. Die Geschichte unseres Weges nach oben ist eine Geschichte vom schnellen Reichwerden, und wie alle Neureichen sind wir, was die Herkunft anlangt, sehr empfindlich. Aber wir sind auch ständig in Gefahr, uns in dieser Hinsicht zu verraten.

Nun gibt es freilich auch Optimisten. Sie sind der Ansicht, daß wir dank unserer so hochentwickelten Intelligenz und mit Hilfe unseres so stark ausgeprägten Erfinderdranges schon in der Lage sein werden, jede auf uns zukommende Schwierigkeit zu meistern. Sie meinen, wir seien so flexibel, daß wir unsere Lebensweise umgestalten und uns all den neuen Anforderungen, die der schnell sich steigernde Rang unserer Art mit sich bringt, anpassen können. Sie meinen, daß wir, wenn es an der Zeit ist, die Probleme der Übervölkerung, der dadurch bedingten Streß-Situationen, des Verlustes unserer Privatsphäre und der Freiheit des Handelns schon bewältigen werden. Sie meinen, daß wir unsere Verhaltensweise ummodeln und wie riesige Ameisen leben werden. Sie meinen, daß wir unsere aggressiven Stimmungen, unsere Erregung, wenn es um den Revierbesitz geht, unsere sexuellen Triebzwänge und unsere Elterngefühle in den Griff bekommen und unter Kontrolle halten werden. Sie meinen, daß, wenn aus uns Brutmaschinen-Affen werden sollen, wir es auch tatsächlich werden. Sie meinen, daß unsere Vernunft all unsere elementaren biologischen Triebe zu beherrschen vermag.

Dazu sei gesagt, daß dies Unsinn ist. Unsere im Grund animalische Natur wird dies niemals zulassen. Selbstverständlich sind wir flexibel. Selbstverständlich sind wir Verhaltens-Opportunisten, die aus jeder Situation das Beste herausholen. Aber diesem Opportunismus sind eben Grenzen gezogen – jene Grenzen, deren Wesen ich dadurch aufzuzeigen versucht habe, daß bei meiner Darstellung das Schwergewicht auf die biologischen Kennzeichen unserer Art gelegt worden ist. Wenn wir diese Begrenzungen deutlich erkennen und sie anerkennen, wird sich unsere Chance, als Art zu überleben, ganz wesentlich erhöhen. Das meint nun keineswegs die naive Forderung einer »Rückkehr zur Natur«. Es bedeutet vielmehr ganz einfach, daß wir das, was unser Verstand so opportunistisch an Neuem schafft, in Einklang bringen mit dem, was unsere Verhaltensweisen an Elementarem fordern. Und wir müssen mehr auf eine Verbesserung im Qualitativen als nur im Quantitativen bedacht sein. Wenn wir dies tun, dann können wir weiter vorankommen, in einem technologisch und technisch dramatisch erregenden Fortschritt, ohne unser stammesgeschichtliches Erbe zu verleugnen. Tun wir es nicht, so werden unsere unterdrückten biologischen Triebe sich immer höher und höher aufstauen, bis der Damm bricht und die Flut all unsere so mühsam aufgebaute, so hochentwickelte Existenz mit sich reißt.

Literaturnachweis

Es ist unmöglich, die zahlreichen Veröffentlichungen aufzuführen, die ich bei der Arbeit an meinem Buch *Der nackte Affe* zu Rate gezogen habe. Die besonders wichtigen sind nachstehend Kapitel um Kapitel und Thema um Thema genannt, und zwar nach Autor und Jahr des Erscheinens. Die genauen Nachweise dieser Bücher und Aufsätze finden sich in der Biographie S. 233 ff.

Kapitel 1: Herkunft
System der Primaten: Morris 1965. Napier und Napier 1967.
Stammesgeschichte der Primaten: Dart und Craig 1959. Eimerl und De Vore 1965. Hooton 1947. Le Gros Clark 1959. Morris und Morris 1966. Napier und Napier 1967. Oakley 1961. Read 1925. Washburn 1962 und 1964. Tax 1960.
Verhalten der Raubtiere: Guggisberg 1961. Kleiman 1966. Kruuk 1966. Leyhausen 1956. Lorenz 1950. Moulton, Ashton und Eayrs 1960. Neuhaus 1953. Young und Goldman 1944.
Verhalten der Primaten: Morris 1967. Morris und Morris 1966. Schaller 1963. Southwick 1963. Yerkes und Yerkes 1929. Zuckerman 1932.

Kapitel 2: Sex
Werbung im Tierreich: Morris 1956
Sexualreaktionen: Masters und Johnson 1966
Statistik des Sexualverhaltens: Kinsey u. a. 1948 und 1953
Innerartliche Mimikry: Wickler 1963 und 1967
Stellungen bei der Begattung: Ford und Beach 1952
Bevorzugte Gerüche: Monicreff 1965
Maßnahmen zur Erhaltung der Keuschheit: Gould und Pyle 1896
Homosexualität: Morris 1955

Kapitel 3: Aufzucht
Stillen: Gunther 1955. Lipsitt 1966
Reaktion auf den mütterlichen Herzschlag: Salk 1966
Wachstum: Harrison, Weiner, Tanner und Barnicott 1964
Schlaf: Kleitman 1963
Phasen der kindlichen Entwicklung: Shirley 1933
Entwicklung des Wortschatzes: Smith 1926
Lautnachahmung beim Schimpansen: Hayes 1952
Schreien, Lächeln und Lachen: Ambrose 1960

Ausdrucksbewegungen des Gesichts bei Primaten: Van Hooff 1962.
Gruppendichte bei Kindern: Hutt und Vaizey 1966

Kapitel 4: Neugier
Neophilie und Neophobie: Morris 1964
Bildermalen bei Menschenaffen: Morris 1962
Bildermalen bei Kindern: Kellogg 1955
Exploratives Verhalten beim Schimpansen: Morris und Morris 1966
Wirkungen der Isolation während der Kindheit: Harlow 1958
Verhaltens-Stereotypien: Morris 1964 und 1966

Kapitel 5: Kämpfen
Aggression bei Primaten: Morris und Morris 1966
Vegetativ bedingte Veränderungen: Cannon 1929
Entstehung von Signalen: Morris 1956 und 1957
Übersprunghandlungen: Tinbergen 1951
Ausdrucksbewegungen des Gesichts: Van Hooff 1962
Augenflecken als Signale: Coss 1965
Rötung des Gesäßes: Comfort 1966
Umlenkung der Aggression: Bastock, Morris und Moynihan 1953
Übervölkerung bei Tieren: Calhoun 1962

Kapitel 6: Nahrungsaufnahme
Strukturen der Gruppenbildung bei Männern: Tiger 1967
Organe des Geschmacks- und Geruchssinnes: Wyburn, Pickford und Hirst 1964
Ernährung mit Kornfrüchten: Harrison, Weiner, Tanner und Barnicott 1964

Kapitel 7: Körperpflege
Soziale Körperpflege: Van Hooff 1962. Sparks 1963 (Mein besonderer Dank gilt Jan van Hooff dafür, daß er den Begriff »Putzsprechen« geschaffen hat.)
Drüsen der Haut: Montagna 1956
Temperatur-Reaktionen: Harrison, Weiner, Tanner und Barnicott 1964
»Ärztliche« Hilfe bei Schimpansen: Miles 1963

Kapitel 8: Beziehungen zu Tieren

Domestikation: Zeuner 1963
Lieblingstiere: Morris und Morris 1966
Verabscheute Tiere: Morris und Morris 1965
Furcht vor Tieren: Marks 1966
Bevölkerungsexplosion: Fremlin 1965

An deutschsprachigen Werken zur Verhaltensforschung seien außer den in der Bibliographie genannten folgende empfohlen:

LORENZ, KONRAD: *Über tierisches und menschliches Verhalten – Aus dem Werdegang der Verhaltenslehre.* 2 Bände. München 1965

LORENZ, KONRAD: *Das sogenannte Böse – Zur Naturgeschichte der Aggression.* Wien 1963

EIBL-EIBESFELDT, IRENÄUS: Ethologie, die Biologie des Verhaltens, in: *Handbuch der Biologie,* Band II, 4: *Allgemeine Biologie, Zweiter Teil,* S. 341–559. Frankfurt am Main 1966

WICKLER, WOLFGANG: Vergleichende Verhaltensforschung und Phylogenetik, in: *Die Evolution der Organismen,* herausg. v. G. HEBERER, 3. Aufl. Band I, S. 420–508. Stuttgart 1967

AMBROSE, J. A.: *The smiling response in early human infancy* (Philos. Dissertation, London University 1960) S. 1–660

BASTOCK, M., D. MORRIS und M. MOYNIHAN: Some comments on conflict and thwarting in animals, in: *Behaviour 6* (1953) S. 66–84

BEACH, F. A. (Herausgeber): *Sex and Behaviour* (Wiley, New York 1965)

BERELSON, B., und G. A. STEINER: *Human Behaviour* (Harcourt, Brace and World, New York 1964)

CALHOUN, J. B.: A »behavioral sink«, in: *Roots of Behaviour* (herausg. v. E. L. BLISS (Harper and Brothers, New York 1962) S. 295–315

CANNON, W. B.: *Bodily Changes in Pain, Hunger, Fear and Rage* (Appleton-Century, New York 1929)

CLARK, W. E. LE GROS: *The Antecedents of Man* (Edinburgh University Press, 1959)

COLBERT, E. H.: *Evolution of the Vertebrates* (Wiley, New York 1955) – deutsch: *Die Evolution der Wirbeltiere* (G. Fischer, Stuttgart 1965)

COMFORT, A.: *Nature and Human Nature* (Weidenfeld and Nicolson, London 1966)

COSS, R. G.: *Mood Provoking Visual Stimuli* (University of California, 1965)

DART, R. A., und D. CRAIG: *Adventures with the Missing Link* (Hamish Hamilton, London 1959)

EIMERL, S., und I. DEVORE: *The Primates* (Time Life, New York 1965) – deutsch: *Die Primaten* (Time Life International Amsterdam 1967)

FORD, C. S., und F. A. BEACH: *Patterns of Sexual Behaviour* (Eyre and Spottiswoode, London 1952)

FREMLIN, J. H.: How many people can the world support?, in: *New Scientist 24* (1965) S. 285–7

GOULD, G. M., und W. L. PYLE: *Anomalies and Curiosities of Medicine* (Saunders, Philadelphia 1896)

GUGGISBERG, C. A. W.: *Simba. The L...* ...(Bailey Bros. and Swinfen, London 1961) – deutsch: *Simba. Eine Löwenmonographie* (Hallwag, Bern 1960)

GUNTHER, M.: Instinct and the nursing couple, in: *Lancet* (1955) S. 575–8

HARDY, A. C.: Was man more aquatic in the past?, in: *New Scientist* 7 (1960) S. 642–5

HARLOW, H. F.: The nature of love, in: *Amer. Psychol.* 13 (1958) S. 673–85

HARRISON, G. A., J. S. WEINER, J. M. TANNER und N. A. BARNICOTT: *Human Biology* (Oxford University Press, 1964)

HAYES, C.: *The Ape in our House* (Gollancz, London 1952)

HOOTON, E. A.: *Up from the Ape* (Macmillan, New York 1947)

HOWELLS, W.: *Mankind in the Making* (Secker and Warburg, London 1960) – deutsch: *Die Ahnen der Menschheit* (Müller, Rüschlikon 1963)

HUTT, C., und M. J. VAIZEY: Differential effects of group density on social behaviour, in: *Nature* 209 (1966) S. 1371–2

KELLOGG, R.: *What Children Scribble and Why* (Selbstverlag, San Francisco 1955)

KINSEY, A. C., W. B. POMEROY und C. E. MARTIN: *Sexual Behaviour in the Human Male* (Saunders, Philadelphia 1948) – deutsch: *Das sexuelle Verhalten des Mannes* (G. B. Fischer, Frankfurt a. M. 1955)

KINSEY, A. C., W. B. POMEROY, C. E. MARTIN und P. H. GEBHARD: *Sexual Behaviour in the Human Female* (Saunders, Philadelphia 1953) – deutsch: *Das sexuelle Verhalten der Frau* (S. Fischer, Frankfurt a. M. 1964)

KLEIMAN, D.: Scent marking in the Canidae, in: *Symp. Zool. Soc.* 18 (1966) S. 167–77

KLEITMAN, N.: *Sleep and Wakefulness* (Chicago University Press 1963)

KRUUK, H.: Clan-system and feeding habits of Spotted Hyenas, in: *Nature* 209 (1966) S. 1257–8

LEYHAUSEN, P.: *Verhaltensstudien an Katzen* (Paul Parey, Berlin 1956)

LIPSITT, L.: Learning processes of human newborns, in: *Merril-Palmer Quart. Behav. Devel* 12 (1966) S. 45–71

LORENZ, K.: *Er redete mit dem Vieh, den Vögeln und den Fischen* (Borotha-Schoeler, Wien 1949)

LORENZ, K.: *So kam der Mensch auf den Hund* (Borotha-Schoeler, Wien 1950)

MARKS, I. M., und M. G. GELDER: Different onset ages in varieties of phobias, in: *Amer. J. Psychiat.* (July 1966)

MASTERS, W. H., und V. E. JOHNSON: *Human Sexual Response* (Churchill, London 1966)

MILES, W. R.: Chimpanzee behaviour: removal of foreign body from companion's eye, in: *Proc. Nat. Acad. Sci.* 49 (1963) S. 840-3

MONICREFF, R. W.: Changes in olfactory preferences with age, in: *Rev. Laryngol.* (1965) S. 895-904

MONTAGNA, W.: *The Structure and Function of Skin* (Academic Press, London 1956)

MONTAGU, M. F. A.: *An Introduction to Physical Anthropology* (Thomas, Springfield 1945)

MORRIS, D.: The causation of pseudofemale and pseudomale behaviour, in: *Behaviour* 8 (1955) S. 46-56

MORRIS, D.: The function and causation of courtship ceremonies, in: *Fondation Singer Polignac Colloque Internat. sur L'Instinct, June 1954* (1956) S. 261-86

MORRIS, D.: The feather postures of birds and the problem of the origin of social signals, in: *Behaviour* 9 (1956) S. 75-113

MORRIS, D.: »Typical Intensity« and its relation to the problem of ritualization, in: *Behaviour* 11 (1957) S. 1-12

MORRIS, D.: *The Biology of Art* (Methuen, London 1962) – deutsch: *Biologie der Kunst* (Rauch, Düsseldorf 1963)

MORRIS, D.: The response of animals to a restricted environment, in: *Symp. Zool. Soc. Lond.* 13 (1964) S. 99-118

MORRIS, D.: *The Mammals: a Guide to the Living Species* (Hodder and Stoughton, London 1965)

MORRIS, D.: The rigidification of behaviour, in: *Phil. Trans. Roy. Soc. London,* B. 251 (1966) S. 327-30

MORRIS, D. (Herausgeber): *Primate Ethology* (Weidenfeld and Nicolson, London 1967)

MORRIS, R., und D. MORRIS: *Men and Snakes* (Hutchinson, London 1965)

Morris, R., und D. Morris: *Men and Apes* (Hutchinson, London 1966)

Morris, R., und D. Morris: *Men and Pandas* (Hutchinson, London 1966)

Moulton, D. G., E. H. Ashton und J. T. Eayrs: Studies in olfactory acuity. 4. Relative detectability of n-Aliphatic acids by dogs, in: *Anim. Behav.* 8 (1960) S. 117–28

Napier, J., und P. Napier: *Primate Biology* (Academic Press, London 1967)

Neuhaus, W.: Über die Riechschärfe der Hunde für Fettsäuren, in: *Z. vergl. Physiol.* 35 (1953) S. 527–52

Oakley, K. P.: *Man the Toolmaker.* Brit. Mus. (Nat. Hist.), London 1961

Read, C.: *The Origin of Man* (Cambridge University Press, 1925)

Romer, A. S.: *The Vertebrate Story* (Chicago University Press, 1958)

Russell, C., und W. M. S. Russell: *Human Behaviour* (André Deutsch, London 1961)

Salk, L.: Thoughts on the concept of imprinting and its place in early human development, in: *Canad. Psychiat. Assoc. J.* 11 (1966) S. 295–305

Schaller, G.: *The Mountain Gorilla* (Chicago University Press, 1963)

Shirley, M. M.: The first two years, a study of twentyfive babies, Vol. 2, in: *Intellectual development. Inst. Child. Welf. Monogr.*, Serial No. 8 (University of Minnesota Press, Minneapolis 1933)

Smith, M. E.: An investigation of the development of the sentence and the extent of the vocabulary in young children, in: *Univ. Iowa Stud. Child. Welf.* 3, No. 5 (1926)

Sparks, J.: Social grooming in animals, in: *New Scientist* 19 (1963) S. 235–7

Southwick, C. H. (Herausgeber): *Primate Social Behaviour* (van Nostrand, Princeton 1963)

Tax, S. (Herausgeber): *The Evolution of Man* (Chicago University Press, 1960)

Tiger, L.: Research report: Patterns of male association, in: *Current Anthropology* (vol. VIII, No. 3, June 1967)

TINBERGEN, N.: *The Study of Instinct* (Oxford University Press, 1951) – deutsch: *Instinktlehre* (Parey, Berlin 1966)

VAN HOOFF, J.: Facial expressions in higher primates, in: *Symp. Zool. Soc. Lond.* 8 (1962) S. 97–125

WASHBURN, S. L. (Herausgeber): *Social Life of Early Man* (Methuen, London 1962)

WASHBURN, S. L. (Herausgeber): *Classification and Human Evolution* (Methuen, London 1964)

WICKLER, W.: Die biologische Bedeutung auffallend farbiger, nackter Hautstellen und innerartliche Mimikry der Primaten, in: *Die Naturwissenschaften* 50 (13) (1963) S. 481–2

WICKLER, W.: Socio-sexual signals and their intra-specific imitation among primates, in: *Primate Ethology* (herausg. v. D. MORRIS) (Weidenfeld and Nicolson, London 1967) S. 68–147

WYBURN, G. M., R. W. PICKFORD and R. J. HIRST: *Human Senses and Perception* (Oliver and Boyd, Edinburgh 1964)

YERKES, R. M., und A. W. YERKES: *The Great Apes* (Yale University Press, 1929)

YOUNG, P., und E. A. GOLDMAN: *The Wolves of North America* (Constable, London 1944)

ZEUNER, F. E.: *A History of Domesticated Animals* (Hutchinson, London 1963) – deutsch: *Geschichte der Haustiere* (BLV, München 1967)

ZUCKERMAN, S.: *The Social Life of Monkeys and Apes* (Kegan Paul, London 1932)

Register

Abrüstung 164
Abtreibung 166
Affen 16
Aggression 114 ff., 134 ff., 161 ff., 164, 171, 180, 190
– Grundtypen 134, 136
– Umlenkung 82, 85 145 ff., 155 ff., 190
Aggressionshemmung 24, 35, 82, 141, 144, 147, 164 ff.
Aggressionssignale 137, 138 ff., 142, 147 ff., 173
Angriffsgesicht 150
Angst 138 ff.
Anstarren 152 ff.
Anthropomorphismen 212 ff.
Appetenzverhalten 71, 126
Arbeit 76, 83, 179
Art-Entstehung 11, 12
Aufrechte Körperhaltung 19, 30, 31, 32, 66 ff.
Augenflocken 153, 154
Auto 154
Autofahrer und Polizei 160 ff.

Bärenfellmütze 151
Bambusbär 21, 214 ff.
Beat-Musik 99
Begattung 44, 48, 49, 50 ff., 57, 68, 71
Begrüßungssignal 110
Berührungsverbot 79, 174
Beschwichtigungssignale 144, 145 ff., 151 ff., 155, 164, 167, 190
Beutetiere 205
Bevölkerungsexplosion 91 ff., 165 ff., 226 ff.
Bewegungsstereotypien 130 ff.
Bildermalen 119 ff.
Blicksenken 152 ff.
Blutfülle, sexuelle 52, 53
Blutschandeverbot 74
Brille 153
Brüste als Sexualsignal 64 ff., 69 ff., 97

Demutgebaren 24, 144 ff., 151 ff., 155, 160, 167
Drohgehabe 138 ff., 147 ff., 150, 154
Dschelada 65 ff., 69
Duftmarkierung 139, 140

Elternbindung 59
Emanzipation der Frau 83 ff.
Empfängnisverhütung 91, 92 ff., 95, 166 ff.
Endhandlung 23, 34
Entsexualisierung 77 ff.
Erhöhung 151
Ernährung 185 ff.
Erniedrigung 151
Erziehungsphasen 129 ff.

Ethologie 10, 15
Exogamie 73, 74
Explorativer Drang 8, 9, 117, 212, 225
Exploratives Sprechen 192
Exploratives Verhalten 117 ff., 123, 126

Familienrevier 136, 171 ff.
Faust, Ballen der 148
–, Schütteln der 148
Feigenblatt 77, 78
Fleckenhyäne 25
Fleischnahrung 17 ff., 22, 176, 185 ff.
Flöhe 29, 34, 35
Frisieren 195, 196
Frontale Paarungsstellung 66 ff.
Futterbetteln 145, 155

Geburt 94 ff.
Geburtenkontrolle 91, 92 ff., 165, 166, 226
Gehirn 16, 19, 30 ff., 38, 45, 58, 77
Genitalien 49, 53 ff., 61, 67, 72 ff., 78
Gerätcherstollung 20
Geruchsreize, sexuelle 69 ff.
Geruchssinn 23, 26, 69 ff., 182 ff.
Geschmackssinn 182 ff.
Giftschlangen 211
Glücksspiel 179
Götter 167 ff.
Gorilla 7, 13, 16, 27, 135, 149
Graphisches Gestalten 119, 120
Grenadiermütze 151
Gymnastik 125

Haar, sexuelle Bedeutung 195
Haarsträuben 137, 140
Hackordnung 135
Händedruck 154
Handkuß 154
Haustiere 204 ff.
Hautrötung, sexuelle 52
Herrentiere 7
Herzschlag, Prägung auf 97 ff., 130
Hierarchie 134, 135
Homosexualität 85 ff., 177
Hund 206 ff.
Hutabnehmen 151
Hyänen 25
Hymen 74

Imponiergehabe 141
Informationssprechen 191, 194
Innerartliche Mimikry 65, 69
Innerartlicher Kampf 65 ff., 69
Insektenfresser 15 ff., 18
Intentionsbewegungen 141, 148 ff.
Intimsphäre 78
Introvertierte 128, 130 ff., 132

Inzest-Tabu 74 ff.
Isolierung, Aufziehen in 128 ff., 223
–, soziale 130 ff.

Jagd 20, 24, 28 ff., 34, 42, 45, 58, 135, 163, 178 ff., 206 ff.
Jagdgemeinschaft 176, 177
Jagdmethoden 24 ff., 206
Jagdsport 178 ff.
Jungfernhäutchen 74

Kämpfen 134 ff., 161, 162
Kampf, innerartlicher 144 ff., 146 ff., 162
Kampftänze 141
Kaugummi 184
Keuschheitsgürtel 78
Kinderkunst 119 ff.
Kinderzahl, Beschränkung der 91, 92 ff., 165, 166
Kindheit, verlängerte 31
»Kluger Hans« 113
Körperbewegungen, Reifung 101, 102
Körperpflege 146 ff., 188 ff., 197 ff.
Körpertemperatur, Regelung 14, 44 ff., 188, 201 ff.
Kommentkämpfe 147
Konfliktsituation 138 ff., 142 ff.
Kopfkratzen 158, 164
Kornfrüchte 186
Kotabsetzen 24, 27 ff., 34, 41, 139, 176
Krankenpflege 197
Krankheiten mit Aufforderung zur Pflege 198 ff.
Krieg 163
Kriegstanz 150
Kulturelle Entfaltung 21, 37, 229
Kunst 123

Lachen 104, 105 ff.
Lächeln 104, 109 ff., 191, 194
Lager 20, 34
Lanugo 39
Lautsignale 103 ff.
Lernen durch Nachahmung 115, 116
Lernfähigkeit 32, 102, 115
Lieblingstiere 213 ff.
Lippen als Sexualsignale 62 ff., 69 ff.

Männerbünde 177 f.
Mahlzeiten 180, 181
Makaken 185
Malen 119 ff.
Mandrill 65
Markierung des Reviers 140, 171
Masturbation 86 ff., 132
Medizin 197
Menschenaffen 7, 10, 13, 16, 17 ff., 18, 29, 57, 173, 182
Militärischer Gruß 151
Mimikry, innerartliche 65, 69

Monogamie 75
Musik 124, 125
Mutation 38, 164
Mutterbindung 106, 112 ff.

Nacktheit 13, 38 ff., 147
Nahrung, Erhitzen 181
Nahrungsaufnahme 23 ff., 27 ff., 33, 34, 176 ff., 180 ff.
Nahrungserwerb 22, 34, 176 ff., 186
Nahrungssuche 26, 33, 34
Nahrungsverteilung 25, 26, 35 ff., 181
Nase als Sexualsignal 61
Natürliche Auslese 31
Neophilie 118, 127, 133
Neophobie 118, 127, 131, 133
Neotenie 30 ff., 34, 39, 40, 118
Neugier 116, 117 ff.
Nichtspezialisierte Tiere 117 ff., 185

Ohrläppchen 61
Opportunismus 117 ff., 185
Orgasmus 51, 52, 53, 54, 56 ff., 71

Paarbildung 48 ff., 73
Paarbindung 36, 44, 57, 58, 59, 75, 82 ff., 85, 166
Paarungsstellung, frontale 66 ff.
Parasiten 40 ff., 188, 211
Parasympathicus 136 ff.
Pferd 218 ff.
–, denkendes 113
Pflanzenkost 18, 185 ff.
Pionierformen 22
Polizei und Autofahrer 16 ff.
Polygamie 75 ff.
Prägung auf Herzschlag 97 ff.
Prägung, sexuelle 87 ff.
Primaten 7, 13, 14, 15, 19, 20, 26 ff., 33 ff., 57 ff., 134 ff., 181
Proskynesis 151
Prostitution 85
Prügelstrafe 156
Psychiatrie 9
Psychoanalyse 9
Putzen 146 ff., 188 ff.
Putzsignale 189 ff.
Putzreize 194 ff.
Putzsprechen 193 ff.

Radfahrerreaktion 149
Rangordnung 28, 115, 134 ff., 173 ff.
Raubaffe 19, 21, 30 ff., 58 ff.
Raubtiere 22 ff.
Religion 167 ff.
Revier 20, 28 ff., 74, 134, 171 ff., 228
Reviermarkierung 139, 171 ff.
Revierverteidigung 35, 135, 136, 160, 161, 165, 171

239

Ritualisiertes Kämpfen 138 ff.
Rock-Musik 99
Rudeljagd 20, 24, 28 ff., 136, 206

Schauspieler 84, 108, 159, 160, 199
Schimpanse 7, 13, 16, 31, 39, 41 ff., 62 ff., 96 ff., 102, 111, 119 ff., 124 ff., 149, 158, 162, 197, 222
Schlaf 100 ff.
Schlangen 211, 222 ff.
Schlangenfurcht 222 ff.
Schmarotzer 29, 40, 204, 211
Schmucknarben 196
Schreckgesicht 150
Schreckzeichnung 153
Schreiben 125
Schreien 104 ff., 192
Schutz der Tierwelt 225
Schwangerschaft 94
Schweißdrüsen 46, 140, 201
Schwitzen 201 ff.
–, emotionales 203
–, sexuelles 54
Selbstvernichtung 163
Selektion 38
Sexualität 47 ff., 57, 60, 77, 79
– und Lebenslauf 55 ff.
Sexualreaktionen 33, 37, 51 ff., 68 ff.
Sexualreize 48 ff., 50, 55
Sexualsignale 43, 48, 52, 60 ff., 65 ff., 69, 77, 80, 96
–, künstliche 81 ff.
– und Aggression 82, 85, 146
Sexualverbote 77 ff., 80, 82
Soziale Körperpflege 146, 189 ff., 193, 196
Sozialisation 129
Sozialordnung 33, 35 ff., 80, 134 ff., 164 ff.
Sozialstatus 173
Spezialisierung 117 ff.
Spiel 119 ff.
Spielgruppe 128
Spielregeln der Explorativen 126 ff.
Spielsignale 107
Spinnen 223 ff.
Sprache 125 ff., 191 ff.
Sprachschatz, Entwicklung 102 ff.
Stammesgeschichte 15 ff., 41 ff.
Stammesgruppen, Größe von 173
Steppenaffen 17 ff.
Stereotypien 130 ff.
Stierkampf 180
Stillen 95 ff.
Stimmungssprechen 141, 192
Süßes, Vorliebe für 26, 183
Symbionten 204, 205 ff., 209
Symboltiere 212 ff.
Sympathicus 136 ff.

Tanz 125
Tätowieren 196
Tieraffen 7, 10, 13, 16 ff., 29, 57, 173
Tiere, ästhetisches Verhalten zu 212, 226
– als Feinde 211
– als Konkurrenten 210
– als Rohstofflieferanten 209
–, Beziehungen zu 204 ff.
–, Lieblings- 213 ff.
–, symbolisches Verhältnis zu 212
–, verabscheute 220 ff.
–, wirtschaftliches Verhältnis zu 204, 226
–, wissenschaftl. Verhältnis zu 212, 226
Tötungshemmung 144 ff.
Tragtiere 209

Übersprunghandlungen 142 ff., 147, 157, 164, 184
Übervölkerung 91 ff., 165 ff., 186, 226 ff.
Umstimmung 82 ff., 145 ff., 190
– ins Sexuelle 82, 85, 146, 155
– durch kindliches Verhalten 155
– durch Körperpflegehandlungen 146 ff., 156 ff.
– durch soziale Körperpflege 189, 190
Unterhaut-Fettschicht 42, 46
Unterordnung 135, 144, 151 ff., 159
Unterwerfungssignale 144 ff., 173

Vagus 137
Vegetarier 22, 186
Vegetatives Nervensystem 136, 223 ff.
Verbeugung 151
Verhaltenslügen 159
Verhaltens-Stereotypien 130
Verständigung 20, 35, 61 ff., 103, 141
Völkerkunde 8, 9
Vorräte 24, 34, 176
Vorspiel 48, 49 ff.
Voyeurtum 84

Wachstum 99 ff.
Wärmehaushalt 44 ff., 201
Waffengebrauch 162
Warmblütigkeit 14
Wasserstadium der Stammesgeschichte 41 ff.
Werbungsverhalten 48 ff.
Werkzeugbenutzung 20
Wissenschaft 127 ff.
Wutblässe 147

Zornesröte 147
Zugtiere 209
Zukunft des Menschen 165 ff., 228
Zusammenarbeit 20, 35, 36, 74, 136, 163, 168, 191
Zwangshandlungen, stereotype 130 ff.
Zwischenartliche Beziehungen 204 ff.